From
GOOD GRADES
——— *to* ———
ACADEMIC PROWESS

你学习那么好，
为什么写不好论文？

田洪鋆　赵海乐 ——— 著

图书在版编目(CIP)数据

你学习那么好,为什么写不好论文?/田洪鋆,赵海乐著. —北京:北京大学出版社,2022.6
ISBN 978-7-301-32861-3

Ⅰ.①你… Ⅱ.①田… ②赵… Ⅲ.①论文—写作—研究生—教学参考资料 Ⅳ.①G642.477

中国版本图书馆 CIP 数据核字(2022)第 024830 号

书　　　名	你学习那么好,为什么写不好论文? NI XUEXI NAMEHAO, WEI SHENME XIE BU HAO LUNWEN?
著作责任者	田洪鋆　赵海乐　著
特约编辑	陈夏红
责任编辑	张　亮　王建君
标准书号	ISBN 978-7-301-32861-3
出版发行	北京大学出版社
地　　　址	北京市海淀区成府路 205 号　100871
网　　　址	http://www.pup.cn　http://www.yandayuanzhao.com
电子信箱	yandayuanzhao@163.com
新浪微博	@北京大学出版社　@北大出版社燕大元照法律图书
电　　　话	邮购部 010-62752015　发行部 010-62750672 编辑部 010-62117788
印　刷　者	北京宏伟双华印刷有限公司
经　销　者	新华书店
	850 毫米×1168 毫米　A5　13.875 印张　278 千字 2022 年 6 月第 1 版　2023 年 1 月第 5 次印刷
定　　　价	58.00 元

未经许可,不得以任何方式复制或抄袭本书之部分或全部内容。
版权所有,侵权必究
举报电话:010-62752024　电子信箱:fd@pup.pku.edu.cn
图书如有印装质量问题,请与出版部联系,电话:010-62756370

写在前面的话

在介绍这本书之前,率先介绍下本书的两位作者——吉大秋果与爬树鱼。吉大秋果本名田洪鋆,为吉林大学法学院教授,博士生导师,在学术研究之余也进行了大量教学研究与写作,现任吉林大学教师教学发展中心副主任,吉林大学课程思政教学研究中心副主任,著有《批判性思维与写作》《批判性思维视域下课程思政的教与学》《国家社科基金申报指导手册》等多部著作。爬树鱼(我),本名赵海乐,为吉林大学法学院副教授、博士生导师,目前仍在认真积累硕士生、博士生培养经验当中。

此次与大家见面的《你学习那么好,为什么写不好论文?》是吉大秋果和我自2017年起陆续撰写并发表于"女教授跟生活的死磕"微信公众号的与硕士生、博士生培养相关的130余篇推文的合集。老实说,当秋果对我说,我们写下的推文已攒够了一本书的量(20多万字),我还是相当惊讶的。因为,每天只管写文章、推送,几年来从未数过帖子的具体数量;却突然有一天被告知,两个人写下的文字各自已经超过了一篇博士论文的字数。这真的有一种"翻翻收起来的衣服居然发现100元"的惊喜!其实,除了字数之外,另一件让我惊讶的事是,关于硕士生、博士生培养,居然会有超过20万字的要点!我自己读博的时候,可不记得导师对我唠叨过长达20多万字的注意事项。那么,这20多万字的要点是怎么来的?

答案很简单:从秋果和我指导的学生的错误当中总结出来的。不论是我还是秋果,我们读书时几乎不可能"单枪匹马"犯下长达20万字"罄竹难书"的错误而不自知。但当我们真正从事了硕士生、博士生的指导,乃至通过微信公众号与读者朋友们进行交流,我们才发现,在硕士生、博士生教育当中,存在着相当多的"我不知道你不知道"的现象。即在导师们看来无比简单的一件事,但在硕士生、博士生看来,却是百思不得其解但又不敢问自己导师的。比如,有的同学直到博三,还对"问题意识"没有一个清醒的认识;有的同学读博士数年越读越抑郁,进而从博三直接拖延到博六;等等。而对于这些现象,我们决定,在为提问者进行解答的同时,把它们写下来,传播出去,让更多的同学看到。如果能够起到"治未病"的效果,帮助同学们在问题尚未形成之时就将其消灭在萌芽状态则更好。以上写作初衷直接决定了,我们的文章具有如下特点:

其一,题材广泛,不仅包括论文选题、问题意识、文献阅读、资料整理等纯学术题材,也包括心态调整、避免延期、师生关系等非学术题材。在市面上的与硕士生、博士生培养相关的书籍当中,后者往往不是讨论的重点;然而,或许由于本书的两位作者均为女性,因此,对于某些更加类似于学生"私事"的非学术性困惑反而会给予与学术困惑同等的关注。事实上,秋果和我的博士阶段的导师均为男导师,因而在读书时,导师对于女学生的非学术性困惑往往关注较少。当然,导师对学生的关注不仅仅会与性别相关,更很可能与性格直接相关,然而,也正是基于此,在微信公众号后台,非学术题材的推文往往会引发读者朋友热议,这意味着,此类题材的确具有关注的必要性与现实性。

其二,问题意识浓厚。所谓的"问题意识"简称"对症下药"(在写作中也同样成立),而本书的全部推文恰恰均来源于现实中学生所提出的疑问、犯过的错误,以及微信公众号后台读者朋友的留言提问。因此,本书中的全部文章均产生于现实需求,所解决的均为"真问题"。正如互联网流行语所云,"当你在家里发现了一只'小强',那么,在你看不见的地方,很可能已经有了一百只'小强'"。同理,当学生们真实反映出某一问题,此问题很可能已经具有了相当的普遍性。此种基于问题的解答,相较于体系化的"硕博士生成长教程",往往更能有的放矢,贴近学生实践。从这一角度来讲,此书完全可以又名《那些年我们踩过的坑》或者《那些年我们避过的雷》。

其三,用最不正经的语言,讨论最正经的事儿。本书当中的文章,不论是学术题材还是非学术题材,原本都是以一种"谈心"的方式阐释出来的,这直接有别于教科书式的问题解决方式。事实上,本书也的确不是一本严谨的学术著作,而更像是在茶余饭后、动车上、飞机上随手捧读的一本半休闲式书籍。较之于正式、严谨的学术著作而言,如果本书能够在碎片化的阅读时间当中给予硕士生、博士生一点启发,甚至引发硕士生、博士生们的一点共鸣,就是本书的价值所在。

本书共分为五部分：写作意识篇、师生互动篇、问题意识篇、文献使用篇与写作流程篇。五部分内容分别解决如下问题：如何坚定开始写作的决心；如何"使用"你的导师；如何选择一个应研究的问题；如何科学利用文献；如何完成从提纲到论文完成的整个流程。当然，以上分类仅仅是便于读者迅速找到所需的题材，并不必然代表阅读顺序。读者朋友们既可以顺序阅读，也可以在遇到某些困惑时直接查询目录，"按图索骥"。尤其是对于刚刚迈上科研门槛的年轻硕士生、博士生而言，完全可以跳过某些"尚未发生的问题"，更多关注正在面临的问题。我们有充分的信心，如果一位读者朋友能够对全书所描述的所有问题均有着切身的体会，那么，这位读者朋友，一定是位优秀的毕业生！

最后需说明的是，本书仅仅为"硕博士生成长指导系列"的第一本。吉大秋果和我一个是刚过不惑之龄（秋果）、一个是还未到不惑（我），未来均还有二十余年的学术生命，也还将指导更多的硕士生、博士生；"女教授跟生活的死磕"微信公众号目前的关注人数已超过十万，未来必然会吸引更多读者朋友关注和咨询问题；不仅如此，微信公众号相当一部分读者为高校硕士生、博士生导师和"青椒"同志，在对相关推文产生共鸣的同时，他们也将奉献宝贵的建议与灵感。这些均会激励我们针对新问题，写出新文章，并最终作为系列图书中的后续结集出版。

爬树鱼

2022 年 3 月 22 日于长春

目 录

写作意识篇

读博,你准备好去写作了吗? …… 003
爬树鱼说:读博能够带给我什么? …… 006
用"机会成本"计算读博划不划算?开始算,你就
 输了! …… 009
不爱科研,请勿直博 …… 012
你那么向往赚钱,当初就不该读博士! …… 015
吉林大学法学院硕博新生入学讲话
 ——延禧攻略版 …… 017
从教育学角度看,写作是最好的学习方式! …… 026
你热爱的是学习还是研究? …… 034
我学习成绩那么好,为什么写不好论文? …… 037
衡水模式,无助于你成为优秀的博士生 …… 040
你基础不好,照样可以写论文啊! …… 043
论文是写出来的,不是学出来的 …… 046
要有把任何"枯燥无聊"的事情做出意义感的
 能力! …… 050

只有母鸡才能下蛋,公鸡并不能 ·············· 053
你总想一口吃成个胖子,然而你并没有这样的
　实力 ································ 055
研究方向不仅是想出来的,也是做出来的 ······ 057
博士生之间,有啥好攀比的? ················ 060
一个需要动手的工作,你却只带了脑袋 ········ 062
不要总想着"我不会",要想着"怎么解决" ······· 065
你的同学就是你的江湖 ····················· 068
致博士生:别向你身边的天才取经 ············ 072
盯着自己的缺陷却不思改进的,都是假焦虑 ···· 075
你以为你"不闲着"就不是"拖延症"? ··········· 078
博士学位是你想放弃就能放弃的吗? ·········· 081
翟天临得多努力才能博士毕业?没有一颗耐得住
　寂寞的心就别凑热闹了! ··················· 083
博士毕不了业?难的不是论文,而是人性中的"总
　想投机取巧"! ···························· 087
勤写作、不延期、有诀窍! ···················· 090
写博士论文,别给自己找退路! ················ 094
研究生各种"学术情绪"对照表及排遣方式 ····· 097
没痛苦过,你怎么好意思说你读过博? ········· 100
写博士论文遇见的各种难,其实都是你性格和才
　能的短板 ································ 103
博士研究生"自我放弃"指南 ··················· 106

师生互动篇

导师使用说明书 ･･･････････････････････････････ 113
知否知否:导师是来帮你的,不是来为难你的! ･････ 116
乍见之欢不如久处无厌
　　——确认过眼神,我才是对的导师 ･･････････ 119
你问我读博士是否可以,我问你男朋友是否托底 ･･･ 122
孩子,你需要把自己放在关系中思考问题 ･･･････････ 125
学习不是老师做了什么,而是你做了什么! ･････････ 129
活儿都是给自己干的,不是给别人干的! ･･････････ 132
导师的指导代替不了你自己的努力! ････････････ 135
写论文不跟老师联系,后面一定会遇到大坑 ･････････ 138
写论文谁带节奏? 导师还是学生? ･･･････････････ 142
导师独白:写一篇论文,你应该来找我这么几次 ･･･ 145
跟导师联系请直奔主题,别瞎客套! ････････････ 148
思路不在书面上,一定不靠谱 ･････････････････ 150
同学,请别再这样和我谈论文了 ･･････････････ 152
老师是怎样在几分钟之内判断一篇论文的
　　质量? ･･････････････････････････････････ 154
导师教你写论文最负责任的方式,就是在你写完后
　　批你一顿 ･･･････････････････････････････ 157
没有远见,就得返工,必然的! ･････････････････ 160
不要跟我说你不喜欢写作
　　——哪有什么喜不喜欢,还不都因为你怂 ･･････ 162
我不是嫌你论文写得不好,而是看出了你的

敷衍！ ……………………………… 164
毕业后，我才知道我有一位好导师 ……………… 166

问题意识篇

论文选题要具有学术性，不能停留在现象级别上 …… 173
谈论文选题
——"有妖气" ……………………………… 176
同学，相信我，你掌控不住跨学科题目 …………… 179
同学，你可能对老师说的"问题意识"有误解 ……… 182
啥叫"问题意识"？本文给你说个明白 …………… 185
写论文找不到问题意识的人，在社会上混得也不
　会太好！ ……………………………… 188
问题越研究越多咋办？ …………………… 191
你动了不该动的几类题目 …………………… 194
教你如何蹭热点：论文选题吃瓜指南 …………… 197
博士生，请保持你和题目之间的距离 …………… 200
导师要不要给研究生题目？ ………………… 203
你别去找题目，得让题目来找你！ ……………… 206
硕士生、博士生，你真的会提问题吗？ …………… 209
到底什么是老师总说的"选题大"？L号算大，还是
　XL号算大？ ……………………………… 211
选题到位，下笔不累！ ……………………… 214
准备成啥样才能开题？ ……………………… 217
开题的时候，老师都想听你说些啥？ …………… 220
开题指南：教你如何不挨骂 ………………… 223

你的选题能不能通过不取决于我让不让你写，而是
　　取决于你能不能说服我 ………………………… 226
致要答辩的研究生：你知道"标题"和"大纲"没有
　　调整好就动笔写正文的后果是什么吗？ ……… 229
写博士论文就像下厨，只有佐料和食材是不
　　行的！ …………………………………………… 233

文献使用篇

手拿文献跟老师谈开题
　　——这是对论文最起码的尊重 ………………… 237
教你如何筛选文献 …………………………………… 240
案例研究式论文，如何选择案例？ ………………… 242
资料分类存储指南 …………………………………… 246
参考文献的"四性"：同学，你做了个"假"参考
　　文献 ……………………………………………… 250
事出异常必有妖：参考文献的分布状态能告诉你
　　什么 ……………………………………………… 253
博士研究生都应该看些什么书，以及怎么看？ …… 256
参考文献太少是病，得治！ ………………………… 259
再论参考文献：参考文献多，一定等于论文质量
　　高吗？ …………………………………………… 262
你导师的论文，你究竟读过没有？ ………………… 265
心中没有学科体系，你还敢写论文？ ……………… 268
博士研究生听课指南 ………………………………… 271
论文一篇，读书十年 ………………………………… 274

不以"写作"为目的的"看书"都是"扯犊子" ……… 278
你脑子里的才是知识,电脑里的不算 ………… 281
研究生们,你这种文献的读法根本写不出毕业
　论文 ……………………………………………… 284
阅读文献的时候,思维导图是怎么做出来的(附
　实例) …………………………………………… 289
咋读书?有技巧吗? ……………………………… 295
看论文,你需要注意什么 ………………………… 298
答读者问:英文著作快速阅读指南 ……………… 301
读文献时,有没有怀疑过自己的智商? ………… 304
看了大佬的文章,感觉自己的文章像小学作文,
　咋办? …………………………………………… 307
看不懂的书,你还要反复读吗? ………………… 310
你贪多,还嚼不烂 ………………………………… 313
读书笔记咋做?你再抄书,书都不高兴了! …… 316
答读者问:书太多、读不完,还得读三遍才做笔
　记吗? …………………………………………… 319
这材料跟你有仇?为啥非得用上? ……………… 322
文献综述都做错了,还怎么能写出来博士论文? … 325
"一边看书一边写论文",这句话到底啥意思? … 328
读过的资料用不上,心有不甘!怎么办? ……… 331
知道学术训练的重要性,却不知道应该怎么
　融入日常学习中　334

写作流程篇

不要想着花大块时间专门看书,边看边写才是
　王道! ……………………………………………… 339
你的论文提纲,得砍一刀 ………………………… 342
让你写摘要,你非得写成电视剧预告! …………… 345
像《流浪地球》那样写论文开头 ………………… 348
论文有必要从"一只蝙蝠"讲起吗? ……………… 351
什么叫"叙多议少"?
　——要论证不要描述! ………………………… 353
要用知识回答问题,而不是感觉,更不是信口
　开河! ……………………………………………… 356
案例评述,有"感"而发 …………………………… 359
不想动笔?你就是懒! …………………………… 363
论文写到一半就写不下去了,正常吗? …………… 366
每天写1000字,半个月写8000字,你信不? ……… 369
你只有100天时间,却想要一天写1000字 ………… 372
你以为你写的是比较法论文,那其实只是外国法
　简介 ……………………………………………… 376
你的博士论文能"保鲜"吗? ……………………… 379
来,咱们一起寻找创新点! ……………………… 382
你的论文里究竟有多少创新点? ………………… 385
啥是创新性?为啥老师总是问我的文章中有没
　有它? …………………………………………… 388
老师,我没什么创新之处! ……………………… 391

一篇论文里,究竟有多少是你自己的见解? ………… 394
从初稿到定稿到底要修改几遍? ………… 397
老师,我的论文还有错别字以及形式问题吗? …… 400
用多长时间修改老师返回的论文才不会惹怒
    你导? ………… 403
你就是不自信,连稿都不敢投 ………… 405
一共就写过两篇论文,还想都能发核心,做梦呢? …… 409
萌新博士生投稿,如何选择目标刊物? ………… 413
关于拒稿的那些小事儿 ………… 416
那些没能写出毕业论文的博士生,究竟是败在了
    哪里? ………… 418

你为什么不会写论文?(代后记) ………… 423

写作意识篇

读博，你准备好去写作了吗？

如果问一个理科生、工科生、医科生，读博到底是做什么，估计答案会千篇一律：无非就是做实验、发论文、忙毕业。不过，如果问一个文科生，读博到底要做什么，估计没读过的人很难想象具体要做什么。毕竟，博士生几乎没什么课要上，碰到仁慈一点的导师甚至不会让学生做太多杂活儿，看上去的确是有大把的时间可供支配。例如，在我读博时，只要没课也没事，就几乎没在八点钟之前起床过。又如，我的某位同学在读博期间潜心修炼爵士舞，毕业后的主业是北京某大学教师，副业是某舞蹈班舞蹈教师。但是，我在此郑重提示，只看见贼吃肉没看见贼挨打，是人的共性。事实上，读博3年或者4年即便完全没有经济压力无须打工赚钱，也真的很忙。

其一，忙小论文。工作后，我常常碰到抱怨毕业难的博士生，说发表2篇或3篇小论文真的是要了亲命。论文发表难，这是真的；但深入了解后发现，抱怨的同学，通常是一篇论文都迟迟无法写完的。我对此十分好奇：真的有人会自信地认为，自己的第一篇论文就可以发表在南大核心的期刊吗？的确有这样的大神存在，但是，这种大神也通常不会抱怨发表难，只会抱怨见刊不够快。因此，绝大多数学校的毕业要求是，发表2～3篇小论文。但是，一个博士生要达到这个要求，最理想的方式是先写出若干论文投普刊试试，积累了一定的信心和经验再瞄准核心期刊。这就意味着，从理论上讲，博士3年，正常的产出应当在4～5篇。按每篇论文2～3个月的时间计算，至少需要花费一年半的时间。（注：根据我对数名同事的访问，一名博士生每2～3个月出1篇成果已经是很快的了。请不要将新手的写作速度与老教授的写作速度相比哦！）

其二，忙毕业论文。在动笔之前，很多同学有一种误解：我能够用1个月的时间写1万字，因此，完全可以用10个月的时间写10万字。的确，1篇博士论文至少10万字，但10个月的时间却远远不足以完成这一浩大工程的布局谋篇。一方面原因是个人能力问题，一篇博士论文涉及的海量资料阅读起来往往会产生"熊瞎子掰苞米"的效果，读到最后一篇文献时已然忘记了第一篇文献究竟说了什么。另一方面原因则是个人精力问题，用一位留英博士的话讲，博士论文写到最后，会有一种六亲不认的效果。没写论文之前我还不大理解这是什么效果，写的过程中我完全理解了此种效果——简单地说，就是焦躁，越写越烦。再引用一位师兄的话，如果你第一天写了2000字，第二天写了1000字，请先不要高兴得太早。因为，你第三天很可能发现前面写的都是口水话，于是把那3000字全删了！因此，写博士论文，往往至少要留出一年的时间，且充分考虑到自己的心理抗压能力。

小论文加大论文，理想状况下两年半完成，这几乎已经能够覆盖博士阶段的全部日程了。那么,还有什么别的事需要做吗?真的有!

第一,给导师打下手。这不仅是个近距离向导师学习的过程,更重要的是,哪个导师会喜欢一个一头扎进书本里常年看不到人影的学生?

第二,练习讲课。毕竟高校博士最终走向讲台之前是要去试讲的。

第三,劳逸结合,适当培养个人爱好。当"越写越烦"的状况出现时,适当的个人爱好是避免抑郁的有效途径。就像前文提到的那位"爵士舞博士"。

爬树鱼说：读博能够带给我什么？

读博不易，人尽皆知；但如果说读博只有投入无收益也不尽然。在尽数读博的难点的同时，本文意在揭示若干读博的优势，以此为博士生们与准博士生们加油鼓气。读博后，你将拥有如下能力：

其一，重新规划自己未来职业发展的能力。我读研所在的法学院，非常善于培养涉外律师，其毕业生遍布首都各大红圈所。每位研一新生报到之后都不免憧憬一下自己成为合伙人的光明前途，我也如此。直到研二开学，我在早上8时发现两位穿戴齐整的同学在水房洗漱并表示刚下班。于是，我在恐慌之下联系了后来的博导。感谢他老人家居然还有名额。

其二，自信心。我这人其实不怎么会说话，既不能歌善舞，也不会口吐莲花，所以在本科、硕士阶段一直是墙角的背景植物角色。我参加的活动不多，简历上也没啥"副部级学生干部"等亮眼头衔可写。不过，读博之后，我突然发现，导师这个项目似乎不难做；好像写篇论文也不是很累；我去讲节课好像大家听得也挺认真，还有人做笔记，太惊悚了！要毕业了，我的简历貌似还挺长？那往外投试试？这真是一个逐步树立自信的过程啊！

其三,战斗友情。你或许不会记得读书时一起去网吧包宿的兄弟,但是,你一定会记得读书时一起写毕业论文的兄弟。那将是一段长达一年的每天朝九晚十的战斗友情。

其四,一种你从未经历过的学习方式。相当一部分文科研究生,在读研阶段并没有真正进入知识产出的模式,上课时往往还是注重知识的学习,或者至少是导师指明了路径情况下的有目的地探索。此种方式当然无可厚非,但直到我读了博士才发现:选题,老师不给;资料,老师没有;能不能做出来结果,老师也不知道!刚开始写作时心里没底儿,写了一篇试着投出去,结果居然能发!那再写一篇?写完之后隔上一两个月再回头看看,才感慨:啊,我居然能写出这么好的论文!(这真的一点都不夸

张。此种感觉很多人都有,约等于你现在回顾一下高考前夕那个文能诵《离骚》,理能解微分的你)

综上,划个重点,读博其实没那么惨,完美地适合"社恐"、不善应酬、不想上班、渴望交到一辈子的好朋友的人士。如果你情商又高又会写论文?那当然适合读博士啊,这样的人才当然哪里都欢迎!

用"机会成本"计算读博划不划算？开始算，你就输了！

首先，我来对标题进行一下解析，给大家展示一个关于读博划算与否的机会成本论证：

"我现在很犹豫，要不要去读博。读博吧，至少3年时间没了。不仅不能挣钱，而且八成还得朝家里要钱。我的硕士同学们，刚工作就至少年薪10万元了。也就是说，读个博，至少损失20万元。毕业之后进了高校或者研究所，年薪也顶多十几万元。这个时候，我的硕士同学早就年薪30万元了！"

这种言论，相信很多同学都听说过，而且我也承认这些都是事实。至少，在我的硕士同学中，目前已经有若干位荣升为律所初级合伙人，年薪50万元打底的人了。当我以此为由鼓励本科生们为光明的未来而奋斗时，就有同学问我："老师，你们班应该也有人收入没那么高吧？"我："对啊，我啊！"

那么，机会成本计算有错吗？

从经济学的角度来讲，的确没错。但是，只要开始算，你就输了。经济学计算，只适用于在无明显偏好情况下的理性选择。举例来讲，赵丽颖用1个小时给某杂志拍摄封面照,收益10万元;她也可以用这一个小时时间烤蛋糕,收益60元(购买同类蛋糕的价格减去自己烤蛋糕的鸡蛋、奶油等成本)。那么,一个理性的赵丽颖,这辈子都不会亲手烤蛋糕;除非,烤蛋糕是她的爱好,对吧?

读博也是同理啊!只有当你对读博和工作这两件事全无偏好时,才会产生关于机会成本的论证。只有在"没有偏好"的情况下,你才会诉诸金钱计算,给自己折腾出一个偏好来。但是,一旦你本身有了倾向,就会发现真爱是无法用银子计算的。例如,赵丽颖从烤蛋糕这件事上得到的愉悦感价值多少?又如,拿到博士学位这件事能给你的愉悦感价值多少?再功利一点地讲,即便你不喜欢读博,但为了去高校教书而不得不读,那么在高校工作一辈子这件事,给你带来的愉悦感能够计算吗?这就好比一个帅哥把所有暗恋自己的女生进行列表打分,长相秀丽10分、父母有退休金10分、家有弟弟扣5分……诸如此类,能据此找到真爱的概率比用1个月时间写一篇博士论文,然后盲审顺利通过的概率还要低。

综上,以金钱计算的机会成本,就天然与"梦想"一词相冲突。这又可以进一步衍生出两个结论:其一,从正面讲,一旦决定读博,就相当于选择了一种特定的生活方式,一种没那么有钱却还不乏坎坷,且绝大多数人未必会去选择的生活方式。因此,你得给自己一点信心:我因我的选择而快乐,而我的快乐无价!其二,从反面讲,读博的收益主要不在于金钱而在于精神层面。因此,如果你有一点点犹豫,开始计算机会成本了,那么重要的话说三遍:慎重读博,慎重读博,慎重读博!为什么?因为会犹豫说明你未必会因为读博这件事感到快乐。而这,恰恰是读博能够带来的主要收益。没有这种愉悦感,又会有什么力量支持你钻到图书馆,蹂躏电脑辛辛苦苦码字儿呢?要知道,很多博士,到了论文交稿子前夕,可都是只靠一口仙气儿撑着的。人生道路千万条,为什么非得跟自己过不去呢?

不爱科研,请勿直博

"没拿到保研资格,直博是否为一个退而求其次的选择?"——这是一条来自读者的留言。

说实话,刚刚看到这个问题,我是懵的。直博什么时候成了退而求其次的选择了?在我大四那年,要是给我直博,我做梦都能笑醒好不好?不用跨校考研,不用匆匆忙忙地再考一次博,一票到底。这是多么的划算,怎么还有人犹豫呢?或者说,犹豫是否要直博的人,究竟在犹豫什么?

值得犹豫的肯定不是学费问题,毕竟直博生通常都能拿到奖学金。当然也不是导师问题,因为直博的前提就是与导师双向选择成功。那么唯一值得犹豫的,就只有一点:直博,相当于签了个长期合同,本硕博 8 年一票到底。中途无论是自己想放弃,还是能力不足真的读不下去,就意味着一个毕业证都没有。对大三都没念完的学生而言,这真的挺吓人的,对吧?

对,也不对。面对未知感到恐惧,这是人之常情。但是,犹豫只能证明一点:你并未想好未来是否要终身从事科研工作。或者说,至少读博目前尚未成为你人生规划的一部分。只不过,保研希望不大,你因此瞄上了另一个能够读研的渠道而已。如果当年给我一个直博的机会,我不会犹豫,那是因为我早已将高校教师作为了最终的职业追求。而犹豫的人,犹豫的也并非"直博好不好",而是"我的未来究竟在哪儿"。

因此,真诚地建议对直博感到犹豫的同学,你要思考的不是要不要直博的问题;而是你的职业规划是否必须要有一个博士学位。如果是,那么一切都不是问题;如果不是,或者如果你对职业全无规划、只是想在学校再待几年,那么一定要给自己留一个后悔的机会。否则,直博不是把就业这件事儿推后,而是把痛苦提前到了大四,然后反复折磨自己5年。

有人会说真有这么恐怖吗?真有。

其一,你的导师会对你抱有极高的期望。直博生通常会在大四上学期确定下来,于是,一个在科研道路上几乎一张白纸的小萌新,就被交到导师手里了。为了避免5年后萌新一如既往的无知,你的导师一定会让你立即进入科研状态的。于是,当你的同班同学保研成功到处庆贺的时候,你在图书馆埋头啃《普通法的历史基础》;1年后,当你研一的同班同学按部就班地上课时,你在替导师查询美国国际贸易代表办公室网站里的第一百零一个案例;3年后,当你的博士同学跟导师互相熟悉的时候,你又被导师骂了:"读了3年书了,一篇论文都写不出来。还不如某某某这个刚读博的"!

其二,你会发现,自己想做的事情都没法做。如果你想看看律师实务是什么样的?当然可以去,不过,仅限于"看看"。只要你想长期去做实务,就一定会被导师揪回来:"不想毕业了是吧？赶紧给我泡图书馆去！"

其三，你最终会发现，毕业，其实是个很难很难的事儿。本科和研究生阶段或许是严进宽出，但博士阶段一定是严进严出。暂且不论小论文发表，只说毕业论文，我所在的学校近年来可都是只有40%左右的通过率。

综上，直博不是"退而求其次"，而是完全独立于保研的一个选择。直博的价值，并不在于在保研失败后多一个选择，而是它有自己独立的价值，一条直接通往科研和学术职业的路。

你那么向往赚钱，当初就不该读博士！

一名博士生找我写推荐信，要去某大企业实习。我惊愕地看着他问道："你都已经博三了，这时候不应该安静地写论文吗？"事实上，整个博士期间不都应该安静地搞搞研究，写写论文吗？不然为什么叫作博士"研究"生呢？该博士生义正词严地告诉我："不行，我等不及了，我的同学都已经月入2万元了，我还每月只有2000元补助，我要工作，我要赚钱！"我问他："那你的博士论文怎么办？"他说："边工作边写论文。"最后，我没签推荐信，原因是我觉得一个在学校"安静"待了2年都没有什么成果的博士"研究"生，很难边工作边写论文。更主要的是，要是不能踏实地做点儿研究，一心想要赚钱，考什么博士呢？这种头脑不清晰的人，一向不受我待见，于是我打发他回去仔细思考自己的人生。

我自己的学生也有"着急的"，有一天，一个学生跑到我跟前说，他的某某同学已经在国外拿到LLM学位，到了某国的大律所，月入3万元。"哦，那又怎样？"我反问道，"我大学同学现在都有年入千万元的了，跟我有什么关系？"我们那一届同学已经毕业20年了，大家基本上也都混得有模有样。在我看来，当初2001年毕业的时候,大家差距不大,都是清一色的本科应届毕业生,但20年后的差距也不大。为什么?因为如果你认可你的职业和你的现状,那么大家只存在差别,不存在差距。差别就在于当年大家的选择不同。世界上有一种最可悲的事情:选择了当老师却不认为收获了知识和智慧;选择了当律师却不认为收获了财富和金钱。那些当老师的人总是在跟当律师的人比较时迷失了自己,同样那些当律师的人总是跟做学问的人在一起时怀疑自己的人生。不过,就现在的社会而言,律师拥有的财富可能更容易符合主流审美。所以,比较容易迷失的是在学校的这帮人,无论老师还是学生。

话说回来,你如果不能意识到读博士(至少读博的过程中)是需要踏实搞科研,促成思维的深化和知识的积累,至少这个阶段你跟财富是没什么关系的,那就别读了。

吉林大学法学院硕博新生入学讲话
——延禧攻略版

各位新入学的研究生:

大家好!首先真心恭喜大家来到我们吉林大学法学院,在中国法学的江湖上,吉林大学法学院也算豪门和大家族了。我今天就以我在法学院生活21年的经验,为在座的各位指一条明路。咱们先讨论博士,因为他们的命运更惨点。但其实硕士、博士在学术训练上是一样的,只是管理的不同,使得硕士看起来很闲,没有那么紧迫。根据我的观察,其实从全国来看也是这样的,约50%的博士不能够顺利在3年内毕业,即延期;还有很高比例的博士可能最后是毕不了业的。我们国际法专业今年夏天一个毕业生都没有,反而有几个读了8年还没毕业的同学有被清退的可能。

我曾在个人公众号上推了一篇文章《博士研究生"自我放弃"指南》。这是这些年观察那些不能按时毕业的学生基本的生活状态总结而出的。他们的自我堕落从第一天就开始了,经过若干年的累计和叠加,最终成功放弃了博士学位,这是极容易"成功"的。从这个意义上来讲,我在这里给你们这些马上就要开始攻读博士学位的人做一下讲解,如果你有一天折在了博士学位这个坎儿上,你至少要明白你是怎么"死"的!

如果你不是来混学位的,博士和硕士在学术训练上都是一样的。显性能力包括:文献阅读的积累、逻辑思维的培养、语言表达的训练。隐性的能力包括:行动力、持续力和抗压力等。这些能力的养成是要落实到每一天的,而无法一蹴而就。也就是说,博士、硕士都是研究生,都要做一些"研究"。

只不过,我们对博士和硕士的要求不同,导致了硕士现在很轻松,没有学术研究的概念。但是现在对博士生的管理有过程控制和结果控制,也就是说,读博过程中,博士必须要发至少 2 篇 CSSCI 期刊论文,博士毕业论文至少要 10 万字。2 篇 CSSCI 期刊论文就意味着你必须得练习写东西,而且你写的东西还要拿到学术界进行客观评判,质量好就发表,质量不好就出局。论文发表不出来,博士就毕不了业,这个压力是很大的。博士毕业论文需要 10 万字,这个数字在这儿摆着,能写出来就不容易,而且还得通过教育部的盲审。你不仅得写出来,还得有创新性、逻辑性,论证还要清晰有力。盲审不过就不能答辩,不能答辩就不能毕业。

相比之下,硕士没有这些客观的过程控制,不要求发文章,硕士毕业论文也没有严格的教育部盲审。这些导致对硕士们的毕业论文要求并不高,进而硕士们也不重视他们的论文写作工作,写作能力其实也就没有得到培养和锻炼。硕士们的主要工作就是上上课,考考法考,有一些志向远大的还能学学外语,他们以为这就是研究,这就是研究生该有的工作。但其实这不是,这是学习,跟研究差十万八千里呢。明摆着的一个事实就是:你过了法考却不会分析案件;你上完了课却发现你连一个普通的模拟法庭工作都做不好。这些年我发现很多学生在跟老师沟通的时候,连话都不会说,有学生在给我发邮件时附上了他的论文初稿,最后留了一句话:谨以此文与老师共勉!写成这个样子,你跟我共勉什么?

我们用布鲁姆的金字塔来说明什么是真正的研究。真正的研究其实是一种思维,法学的研究其实也是法律思维的培养,而最能体现这种思维的其实是法学论文写作。法学论文写作背后需要一大堆能力:文献检索的能力、文献阅读、文献综述、论文写作(选题、逻辑确定、动手写作、规范分析、形式规范等),它要求人有明确的问题意识、有明确的解决问题的思维和能力,能够利用所学知识提供解决方案。但这也是被绝大多数研究生所忽略的。当我们观察博士培养的过程,你会发现其实他每天看文献、每天思考,最后要围绕一个问题进行分析,拿出解决方案进而形成一部论文,这才是一个真正的思维培养过程。教育部要求任何学位的获得都要伴随着毕业论文写作和设计,其宗旨也就是要锻炼大家思维。

即便不是为了毕业,从未来工作的角度来看,写作能力(其实质是一种研究能力)也是非常重要的。首先,我们法学院毕业的同学未来都是躲不开写作的。无论你从事的是律师、法官还是检察官的工作,每天都要面临写作,帮客户起草合同、写好一份代理词、写好判决书,这都是你们能力和水平的体现,同时也是工作的必备能力。

其次,写作代表着思维的层次。我随后就要去某法院讲法学论文写作。该法院每年都要举办论文大赛,据说一等奖的奖金不菲。那为什么要举办呢?因为论文写作代表着一个思维的层次,是一种高层次思维的状态。同样都是法官,有些人就是个"工匠",只能审审案子,稍微复杂一点的就不会了;但有些人是研究型法官,不仅一般案子会审,碰到疑难的案子还会研究并且还会表达。为什么有些法官能出书?因为他能写,他能写就代表着他的思维层次到了。最后,会写作的人不容易被机器人取代。如果大家对学术研究有清醒的认识,对研究生生活有一个科学合理的安排,那么在毕业的时候收获的将不仅是一个毕业证,还有行走江湖的能力。现在老板也不傻,不仅要看你的学历,还要看你的能力。为什么现在很多公司连个像样的文员都找不到?因为现在会写的人太少了,能把文字写得干净的人太少了!还有一个事我也得给大家提个醒,人工智能浪潮呼啸而来,前三次社会革命替代的都是人的体力,这第四次革命,替代的将是人的脑力。什么样的人容易被替代?轻脑力劳动者。也就是说,你得用你的大脑去分析、去评价、去创新,去做一些机器人干不了的事。

所以,大家在研究生阶段的学习,其实是一个练习思考、练习写作的过程,而且这个阶段有老师指导,特别难得。但只可惜,有些硕士生是不理解的,还把论文写作放在一个极其次要的位置上。我说:"你这论文不行,得重写。"他会说:"哎,老师那么较真干什么?"我也不知道这人是聪明还是傻。

那怎样才能在法学院的研究生生活中成功晋级,最后笑傲江湖呢?为了让你们感兴趣,我看了几集《延禧攻略》,剧中魏璎珞这个人身上还是有很多值得我们学习的地方的:

第一,目标明确。魏璎珞进宫是为了做什么?是为了查明她姐姐的死因,让她姐姐沉冤得雪。那你进入法学院为了什么?为了毕业?为了拿学位?这只是表面的东西,真正的东西是你得拿到与你这个毕业证和学位证相匹配的能力。你得会思考、会写作,得积累专业知识,最后能写出漂亮的论文。因为这代表你的分析能力、评价能力、创新能力。背法条,你比机器人差远了;但是运用所学到的知识结合特殊的个案情况从事一些高级的法律分析、评价工作,机器人比你差远了!但前提是你得是这种高级的人才。机器人只能替代轻脑力劳动,繁重的脑力劳动,它还取代不了。

第二,专业技能突出。魏璎珞是做什么的?绣娘,且绣工了得。她凭借这个技能进宫,凭借这个技能混到了皇后身边,还混成了一个红人。那你想混是不是也得有专业技能。会背很多法条或者过了法考都太基础了,你得有法律思维。要想有法律思维,就得训练,老老实实地从文献检索开始,再进行文献阅读、整理综述、发现问题、分析问题、解决问题。这才是区分人和人专业素养的因素。我曾经遇到一个案子,一家德资公司和我国另一家企业打官司。因为有德资公司,当事人认为这是涉外案件,主张本案要适用国际公约,双方争执不下。但当专业人士遇到时马上就会告诉他:从当事人角度这不是涉外案件,因为德资公司属于三资企业,是我国的法人;但是从标的物(在国外)角度,可以认定为涉外案件。在法律适用上,我国参加缔结的国际条约可以优先于国内法适用,这就是解决问题的思维。那怎么培养专业技能呢?这就需要跟着你的导师好好磨炼思维,好好学习写作,写作是对思维最好的训练!!!

第三,专心做事不要情绪化。魏璎珞遇到问题不慌乱也不抱怨,而是马上聚焦在问题如何解决上。从一进宫对付乌雅氏,到后来为皇后做凤袍,遇到困难解决困难,没什么情绪。最近几年,我被某些女同学折磨得不轻。我跟她说:"你看看,你得抓紧了!"女同学说:"老师我最近都上火了,我都失眠了,你别说我了!"我一寻思:得,放两天吧。过几天女同学又说:"老师,你偏心,你总管某某某,不管我!"我的心里这个害怕啊,我要是个男老师,还不整出绯闻来了?我批评她文献检索不到位,她说:"老师你干嘛这么凶?"我说你参考文献格式不对,她委屈地说:"哪里有不对啊,我已经尽力了。"我心里就想:如果我要是皇上,就直接把你打入冷宫!太难伺候了!

第四,二线知识丰富、口才一流。魏璎珞虽然没读过什么书,但是她知道步步生莲的典故,知道枇杷老叶无毒,新叶却有毒的医学知识。如果专业知识是一线知识,那么其余的对专业有支撑作用的就是二线知识。以我们国际法为例,国际条约、国际法理论是一线知识,但是如果你只知道这些,不知道世界历史,查理曼大帝和路易十四傻傻分不清,不知道欧洲教廷和皇室的斗争,那还是别学了。法学这东西是脱离不了生活的,也脱离不了相关行业的知识。举个例子,有个大律师跟我说,他在上海机场偶遇一个大老板,大老板生意做得大,谈话间提到了"石墨烯"。大律师趁上厕所期间检索了一下啥是石墨烯,回来跟老板侃侃而谈,最后把案件拿下。还有一个做房地产的律师,直接能跟施工方讨论图纸、设计,所以没有这些知识,别玩儿法律!口才好就更不用说了,魏璎珞几次危难都是靠非常清晰的语言表达成功脱险的。反观我们现在的孩子,他们的语言表达经常是不够清晰的。我现在讲座最害怕孩子问问题,因为有时候明明30个字能说明白的事,他们非得跟你扯上300个字不算完,然后还不知道他们最后想要表达的是啥。人其实一张嘴,大脑就开始接受检验,如果大脑不清晰,你的语言就很难清晰,但有时候语言又是一项单独的能力,有的人心里明白，但是嘴上说不出来，那就是表达能力一般。我们学习法学的人终究是要靠表达能力吃饭的。我曾经看到过我们的一个毕业生在谈客户，那表达真是让人头疼，逻辑不清，还张嘴闭嘴全是法律术语，把客户整得云里雾里的。

第五，对老板要诚信、真诚。皇后娘娘是魏璎珞的老板，魏璎珞对她特别忠诚，以致皇后想要把她送给皇帝固宠，她都拒绝了，这不容易。现在有些研究生把老师叫作老板，虽然我不太同意这种说法，但是姑且先用这种称呼吧。关于老板选人的原则，巴菲特说，选人第一要诚信，第二要机敏，第三要有能量。如果没有诚信，那这个人还是蠢一点吧。董明珠说，如果没有忠诚，一切能力都是没有意义的。我曾遇到了一个外国留学生，他向我申请读博士，我经过一番考核后觉得可以接受，就给他发了确认信，结果被退回了，再打手机也是失联状态。原因是他同时联系了很多导师，有的导师已经先于我给他回信了。这样的做法其实跟一稿多投没什么区别。我有一个朋友，跟我说他第一年没有招收到博士，原因是在录取结束之后，被录取的那名同学收到了一份工作邀请，于是决定不读博了，这个导师的名额就这么浪费了。吉林大学法学院每年也都有这种情况，一个学生同时联系很多老师，她在其中游刃有余。这种情况可能从你们的角度看来没啥，但是从我的角度看来，这就是缺乏诚信、缺乏真诚。就像投稿一样，至少要等收到拒稿信后我才能转投下一家。否则两家同时录了稿子怎么办？那些特别善于谋算的人，最终还是会聪明反被聪明误。

除了要真诚之外，还要信任老师，不能老师让你看书,你就打游戏,觉得看书没意思。老师跟你说让你练笔,你说没用。还有就是每个老师都要带几十个学生,做学生的要多主动联系老师,别指望老师挨个找你们,因为老师真的忙不过来。聪明的学生都是主动性很强的。

关于读硕士博士的话题很多,篇幅有限,不能一一展开。此外,我还要给大家提个醒,我今天给大家讲的都是道理,这些道理你们听的时候比较热闹,但是其实一走出这间教室你们就会忘了。有些东西自己没有亲身经历其实也是不深刻的。最后,我还要献上我对大家最诚挚的祝福:一祝愿在座的各位硕士都能得偿所愿,收获与学历匹配的能力,不虚度时光;二祝愿在座的各位博士,努力成为分子,那样才能脱颖而出,不要变成分母,因为那些人都是炮灰。2018年是我们法学院成立70周年,让我们一起祝福它,一起把它建设得更加美好,因为这是我们吉林大学法律人的骄傲!

从教育学角度看,写作是最好的学习方式!

后台有同学提问:什么样的学习不是"纯知识类"的学习?留言的是一名高二的小朋友。网络上的一篇文章《中大中文系不开网课:在家上课,不如读书写作》在现在全民直播的场景下引发了众人的关注,文章中的学习方式被认为是一股清流。这就产生了一个问题:到底怎样学才是一种高质量的学习,才是脱离了纯知识记忆类的学习,才是真正的学习?

先说几个生活上的小事。一件是很多律所招聘毕业生,它们表面上要名校毕业生,其实内里隐含着一个诉求,即这些毕业生的写作能力要稍微好一点。另一件是前几年比较火的电视剧《人民的名义》中有一个角色——刘新建,剧中介绍他为什么被赵立春看上的时候有一段话:刘新建原来在军队,因为"文笔好"被赵立春看上,于是调到身边做秘书。还有一件小事,一个朋友在基层公安部门工作被借调到了省厅,时间到了省厅不放人,原单位还着急要人。我笑着问他,你怎么这么招人稀罕,大家都不舍得放你走。朋友笑一笑说,跟我没关系,只是现在哪里都缺能写的人,我恰好能写各种公文而已。这倒是真的,女教授也是因为能写,才在网络上混成网红的,而且身在教育圈,我特别知道能写意味着什么,写作意味着高级层次的思维。学生的写作能力,成了衡量学生素质的硬指标。很可惜现在普遍不重视写作,学生写作能力普遍一般,这也是社会对能写作的人求贤若渴、供不应求的原因之一。

为了说明这个问题,还得借助教育学的两张图。

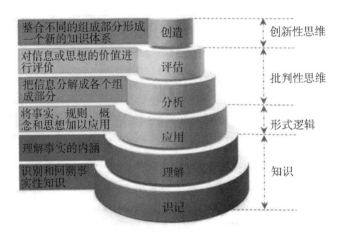

图1 对布鲁姆认知金字塔结构图的经验总结

这张图大家不陌生了吧,它在我的文章里出现过。左侧是教育学家布鲁姆的认知金字塔,右侧是我多年教学的经验总结。布鲁姆把人类学习分成六个层次,最低的两个级别是"识记"和"理解",这两个行为的对象是知识;更高一级别的是"应用",说白了就是把所学的知识应用到实际问题的解决中;更高的"分析"和"评估"涉及批判性思维;最高一级别"创造"涉及创新性思维(这个东西中国社会最缺,无论是自然科学领域的"卡脖子"技术,还是社会科学领域的制度创新都与这个创新性思维有关)。我们平时上课,尤其是上大课时,学生就是出个耳朵听,老师在讲台上讲,这种主要输出的是"知识"。期末考试那一张卷子主要考查的是识记和理解——也就是特别低的两个层次。现在有些学校开设了一些实践课程,是为了培养学生的"应用"能力——金字塔的第三层。但是普遍没有形成科学的课程体系,比如法学院开的模拟法庭就是属于这类,但是效果一般。学校对剩下的分析、评价、创新能力都没有系统的培养方式。

那么什么能锻炼人的分析、评估和创造能力?我个人认为写作是非常好的能锻炼这几方面能力的训练。为什么这么说?先说感受,我的学生,或者一般的学生最头疼的东西是什么?不是上课,也不是考试,这些东西背一下就能解决。最头疼的就是写学年论文和毕业论文,因为这个东西是真写不出来。为什么?因为论文考查三样东西:理论基础、逻辑思维、语言表达。理论基础就是你学到的知识,碎片化的知识还不行;逻辑思维就是你要有分析问题的能力,你光有知识,但是你没办法用你的知识分析问题,给出评价、给出意见(这里面是不是涉及评估和分析能力?),最主要的是论文要求创新性,你必须要解决一个新的问题,或者用新方法去解决老问题,或者解决老问题思维路径不一样,这就逼着人去思考,要求人有创新能力(金字塔最顶层的创造能力是不是就出来了?)。还有就是语言表达,语言表达最难而且最容易被大家忽视。作为中国人,谁怀疑过自己会说话?但事实上,你那种只算是生活中的唠嗑,真正写在纸面上的正式书面表达和站在台上的口头表达你是不会的,不信你看看为什么人们觉得写东西那么难?为什么人们一站在台上讲话就会手心出汗,因为难,因为驾驭不了。

观察中国教育问题和社会需求对教育的反馈,我很负责地告诉大家,写作能力能更好地衡量一个人的综合能力。你只要会写,就说明你有知识底蕴,有系统的知识体系;同时你还有逻辑思维,你能整合自己的思想;同时你还有表达能力,能用顺畅的文字表达自己的所想,让别人能看明白。我们甚至都不奢求优美的文字,顺畅干净就行,这是多少大公司的梦寐以求。很多学生向我哭诉现在工作不好找云云,我只是很遗憾,不是你的工作不好找,是你想要的工作不需要你这样的人。

在这里还得絮叨两句,你观察小学生,哪项功课让家长最闹心?恐怕是作文。因为作文这个东西作文班虽然能教给你一些技巧,但是写作水平是很难提高的,因为它需要你大量阅读,有了大量阅读做基础(我们把这个环节叫作输入)才会有写作(我们把这个环节叫作输出)。这就是为什么老师喊破喉咙一直在强调阅读的重要性。可惜现在的社会和教育太浮躁,有的家长又不太明白,孩子的阅读量始终是不够的。这对以后的成长而言是非常不利的。这也是为什么在大学拿学位的任何一个环节都伴随着论文答辩,论文写作太重要了。但是现在这项工作做得不好,以至于很多人要取消这个环节,这不是解决问题的办法,否则一项训练高级思维的教学活动就没了。

真正解决问题的办法是要做好这项教学的研究和设计工作。

接下来是第二张图,这张图有人称之为学习金字塔,教育业内也称之为留存率图。留存率是什么意思?就是各种学习方式之下学习内容能够在学生大脑里留存多少。

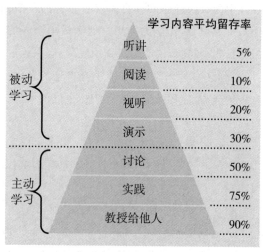

图2 学习金字塔

[资料来源:美国国家训练实验室（National Training Laboratory Ins）]

这个图虽然很简单,但是我还是解释一下。听讲,也就是平时上大课,学生坐着听,也包括现在上网课。只要是学生坐在那儿是被动地听,甭管老师是说、还是演示图片,学生没有参与,都是被动学习。这种被动学习的学习留存率只有5%~30%,很惊讶是不是?孩子在学校待了一天,你以为收获满满;孩子书包越来越重,你觉得他装的都是知识？其实不然，这种被动学习的效果很一般。所以现在要积极倡导主动学习，我们继续看这张图的下半部分。

如果让孩子参与讨论，亲手实践，自己做什么东西或者解决什么问题，这时候学习内容的留存率就会到50%～75%，很有意思是吧。因为孩子主动学习，参与进来了。那么，什么方式是留存率最高的方式？讲授给他人，也就是能像老师一样把这个事讲给别人，这时候标志着孩子肯定是会了，并且掌握度在90%以上。就这么神奇！

好了，那么这个讲授给别人跟写作有什么关系？关系特别大。写作是一种表达，讲授给别人也是一种表达；写作是一种输出，表达也是一种输出；写作是一种书面输出，讲授是一种口头输出。这两者本质上调动的都是人的大脑中的三项具体能力：理论基础、逻辑思维和语言表达，在本质上两者是一样的。而且，表达得有底稿，底稿写出来就是写作。一般表达好的人会有很强大的写作能力支撑，就是这样，相信我，我当了16年的大学老师，写作只会比讲授更难，更训练人，不会比讲授更简单，所以通过以上两张图，我想告诉大家的是，最好的学习方式就是看书、写作和思考。

但是这种学习方式也有问题。什么问题？对教学者课程设计能力要求特别高，因为写作是一个非常复杂、涉及环节特别多的教学方式，很多教师是不具备指导能力的。如果只是一味地告诉孩子，自己看书，有想法就写出来，则90%以上的学生都写不出来。所以这就是为什么全国几乎所有的导师都在跟自己的研究生强调看书看书看书,但是博士正常毕业率还是只有30%,因为在脱离了正规的、系统的指导,学生完全靠自己的情况下,只有30%的、特别优秀的学生能自己走出来,剩下30%的中等学生会延期毕业,再剩下30%的排在最后的学生会毕不了业。这非常符合教育的"三三三"原则,即不论你在哪个教育环节,都会有1/3的优等生、1/3的中等生、1/3的排在后面的学生。在幼儿园如此,在小学也是如此,在小学即便是前1/3的学生上了重点中学,在这个重点中学中还是会再分出1/3的优等生,就是这么残酷,教育就通过这种一遍一遍的"1/3"、再"1/3"筛选出最优秀的学生。

我想说的是,写作这门课虽然好,但还是需要非常细致、科学和符合教育学的课程设计,否则只是告诉学生看书,没有效果,因为靠学生自己很难掌控这么多的学习内容、这么大的学习跨度和这么高的整体学习要求。这就好比你每天跟孩子都强调要好好学习,结果你发现他成绩并不理想,于是你就大怒:"老子都跟你说了要好好学习,你怎么还学不好?"从教育学的角度来看,无论是让学生看书,还是告诉学生好好学习都只是大的宏观道理,你还需要细致的方法论作为指导才能够帮助大学生写出好文章,帮助小学生学会怎样学习,整天在那里喊口号是没有意义也没有用的。

综上,由于内容太多太长,我总结一下我的观点:写作是最好的学习方法,它能训练多种思维,包括高级思维(分析、评估和创造)。学习的方式也很多,掌握度或者留存率最高的学习方式是讲授给他人。我再加上一句,比讲授给他人更好的方式是写作。但是写作同时又非常考验教育者的教学设计能力,所以我虽然认为中大中文系的在家看书写作是很好的学习模式,但是还得看到具体的教学设计才能判断出实践效果会是怎样。因为写作实在是太难了,没有过程控制是保证不了效果的(这种授课方式很容易偷懒,如果过程没有管理的话)。这就是为什么中国大学现在的毕业论文是个重灾区,跟中国整体的毕业论文教学设计有很大的关系。严格意义上说就没有教学设计,只有教学考核。也就是我常说的,在学生写作这方面,我们大学其实是只考核不教的。

你热爱的是学习还是研究?

每年到了保送季与考博季,总会有几个同学跑来问我:"老师,你帮我分析一下,究竟要不要读博?"同学们关心的通常是就业问题、毕业问题以及婚姻问题,而我每次遇到这种问题,都要反问这位同学:"能不能跟我说说,你认为,你为什么适合读博?"这个问题没有标准答案,但是,我最怕的一个答案是,"我爱学习,我坐得住,我愿意终身学习"。当然,考虑读博的通常都是学霸,或者至少不是讨厌学习的人。不过,同学们往往会存在一个误区:你爱的,可能是学习;但是,读博要做的,是研究。

那么,学习和研究的区别是啥?我举个例子给你看。我姑姑,芳龄55岁,在我家那个十八线小城市人民医院检验科做医生。她在50岁"高龄"时开始重新学英语,原因是单位新到了一批检验机器,全英文说明书,谁都不会用。

这是什么能力?学习能力。为啥?因为,我姑姑需要做的,就是把单词和语法整顺溜了,然后去琢磨机器的用法。这个过程中,既不需要她研究机器为什么能运转,也不需要她琢磨英文单词为什么这么拼写。最终,她老人家通过勤学苦练,终于掌握了亲子鉴定技术。这就是学习能力!

那么,啥是科研能力?我再举个例子给你看。还是我姑姑。某次,我去医院照例进行血常规检查,挂号抽血送进去之后,她老人家挥舞着化验单冲了出来:"看到没?你的某某指标高!而且只有这一个指标高!我就想着为啥呢?然后,放显微镜底下一看,都是某某成分!好多好多好多!你回家得多喝开水多吃蔬菜!"这,是科研能力,即不仅知道"血常规的正常值应该是多少",还得知道"呀,这个不正常"。然后开始问自己:"这究竟咋回事儿呢?"最后找到答案以及对策。这个完整的过程,其实就是科研的过程。换言之,知道一个东西是啥,这是学习;刨根问底研究为啥,这是科研。我姑姑替我做了个微型科研,因为,她是我姑;你要读博,得天天做科研,因为,你得毕业。

学习与科研的区分在本科乃至于研究生阶段其实都不那么重要,因为各种考试考查的基本都是学习能力而非科研能力。在工作当中,科研能力也同样并非所有岗位都需要,例如,律师不需要知道合同法立法背景,了解如何审查房地产买卖合同才是赚钱的关键。然而,读博,如果只喜欢探寻"是什么",但不喜欢研究"为什么",或者说,抱着"存在即为合理"的佛系态度,那就真是一场灾难。

再讲一个故事,很久很久以前,我读博的那个学校,研究生院试图进行博士生入学考试透明化改革,希望各个招生单位考一些"有标准答案"的题目,例如"上市公司注册资本应当是多少"。结果,我们的老院长跑去抗议:"这样招进来的博士生怎么会写论文?考试得考'有限责任公司为什么取消了最低注册资本'这样的题目!"

因此,回到开头的这个问题。对于在考虑要不要读博的同学,不妨问一问自己,平时喜不喜欢琢磨事儿。或者说,在读书或者听课时,善不善于提出疑问?而对于正在读博的同学,也同样不妨问一问自己,平时读书时是否不加筛选地全盘接受了书上的知识,而没有多问几个"为什么",多想几个"这可能不对",毕竟,只有爱琢磨的人,才能写出好论文。

我学习成绩那么好,为什么写不好论文?

后台有小朋友留言,问了一个困扰他已久的问题:自己已经考入了一个非常非常有名的学校,而且成绩也很好的呀,但是不会写论文啊,这到底是为什么呢?最后小朋友还问了我一个问题:老师,我这样是不是就别读博士了?会给导师添乱的!

为什么学习很好,但就是不会写论文?

现在衡量一个学生学习是不是很好,用什么衡量?用考试成绩呗!对,考试考的是什么?从中国的角度来看,绝大部分期末考试考的都是知识,就是一些知识的记忆和理解,哪怕出了一些案例分析的题目也都是考查记忆和理解。还记得布鲁姆认知金字塔的图吗?

也就是说期末考试只是围绕着这个图的最底下两层进行考核的,你学习成绩好也只是意味着你对知识掌握得比较好。这个也很重要,但是写论文只有坚实的知识基础还不够。写论文需要动用的是高级思维,也就是分析、评估和创造的能力,这就不仅仅停留在知识层面,还要上升到思维层面,包括批判性思维、创新性思维等。所以写论文跟期末考试不一样,小朋友们觉得自己学习很好只是知识掌握得很好,这对写论文来说只是完成了第一步而已。

写论文的这种能力是后天习得的!

学习好但是不会写论文是很正常的,因为你还不具备写论文所需要的能力,这就是需要你继续学习和继续训练的地方。很多同学有现在不具备这种能力所以就别读博士、别给自己和老师找麻烦的想法,其实是不对的。谁也不是生下来就具备某种能力的,有些同学在我看来可能是具备一些灵性,但是如果不训练照样白费。说这些就是想告诉大家,想读博士别考虑那么多,跟你现在啥样没关系,跟你自己能把自己训练和打磨成什么样才有关系。很多读了好多年没有毕业的老博士生找到我哭诉,跟我说读了好几年发现自己不适合读博士,不适合搞科研。她泪眼蒙眬地看着我,差点让我误以为我是天生善于写东西的。其实我写论文的时候也有几度徘徊在塞纳河边上琢磨着要不要一了百了(这是真的,那时候也被论文折磨得够呛)。只不过随着积累多了、看得多了、思考多了,就感觉其实不难,尤其当导师之后,需要告诉学生怎么写论文,自己又清晰了很多。所以从我的角度来看,写论文是需要不断积累、思考和练习的。这种能力不是与生俱来的,而是后天训练出来的。所以不要因为你现在不具备这种能力就作出我不适合读博士、我不适合做某某工作的断言。

会写论文意味着思维好一些

抛开读博士写论文这个事儿之外,我想再说一些别的。甭管你考不考博士,其实写东西这种能力还是要具备的,因为布鲁姆的认知金字塔表明,论文写作是需要高级思维的,人们学习也正是为了获得高级思维和高级认知能力。不可否认的是那些文章写得好的人大部分都具备这种思维能力。那些认为自己学习好的同学,不管你考不考博士,你都要记住:大学里是靠成绩的,工作岗位是要看你的能力的。我们这些读了这么多年书的人,头脑的思维能力、识别问题的能力、分析问题的能力、解决问题的能力要比一般人好一些才能对得起这么多年读的书,也才能保证你在社会上立足。所以,请努力在本科生、研究生阶段多开展一些有关写作的学术训练,它会帮助你提升你自己的能力。不是有一个美国校长这样说过吗:The best way to learn is to write(最好的学习方式就是写作)!

衡水模式，无助于你成为优秀的博士生

咱们中国人，一向是将"勤奋"作为学生应当有的优良品质。别的不说，多少劝学励志故事都是以此为卖点的？悬梁刺股、凿壁偷光、划粥而食，等等。而在实践当中，也不乏以勤奋作为提升成绩的主要方式的，最典型的就是衡水模式和毛坦厂模式。早五点起晚十点睡，午餐、晚餐各半小时，一边跑操一边读课文，高三一年做完的卷子可以绕地球一圈儿！我当然不是说这种模式没有好处。毕竟每年也有那么多的学生以此实现了人生的飞跃。但是，我也发现在我身边，有的博士生发现自己科研似乎进展不佳——读书记不住，论文投了就被退稿，于是也开始打"衡水模式"的主意，凌晨一点睡，早上七点起，天天泡在图书馆，每天只说两句话："一份套餐，两荤一素"。

有用吗？没用！请勤奋的博士生们千万别这么尝试。这真的不会让你优秀，只会让你抑郁。为啥？先说"优秀"。博士阶段的优秀，跟高中阶段的优秀有啥差别？高中阶段，是学得多了你就优秀了。而博士阶段的优秀，是创造得多了你才优秀。打个比方，高中阶段，是

"别人做给你吃",谁吃得多谁胖;博士阶段,是"你做给别人吃",而且,既不是"谁工作时间长谁赚得多",也不是"谁做得多谁赚得多",而是"谁能做出新鲜菜式让食客满意,谁赚得多"。因此,仅从追求的结果来看,时间并不是决定博士生成果多不多的因素。

但是,也会有同学抬杠:我承认,写论文时间多,不代表写得好;但是,我天赋不佳,所谓"勤能补拙"总没错吧?我工作两个小时总能顶得上别人一小时——顶不上,真的顶不上!我自己读博的时候也纳闷儿,为啥有的时候工作十二小时和工作六小时的成效差不多?于是,我就找了一批老师采访一下:"请问您每天纯科研时间大约有多少?"结果,我得到的答案,是从两小时到五小时不等。但绝没有超过这个范围的。为啥?因为老师们都懒?当然不是,而是超出的时间,边际效应会直线递减,简称"出工不出力",或者"磨洋工"。而且我们会发现,越到后来效率越低,就越容易陷入对自己智商的否定,简称"抑郁"。尤其是看到某位早八点起床晚五点收工,吃完晚饭还能看个电影的博士生一年独立发三篇论文,你就会更抑郁。所以,一旦你发现自己效率开始断崖式下跌,就赶紧像发现股票要跌了那样,收手,出门遛遛去!

不过,话又说回来,不鼓励你一味比拼学习时间,可不是说让你工作两个小时就觉得今天大功告成了。我采访那批老师时,还问了他们,余下的时间干啥去了?烤面包?钓鱼?当然不是,人家的时间是用于思考!比如说,某位老师,习惯在学校的湖边一边溜达一边琢磨,今

天看的书,似乎跟我昨天看的观点有些不一样?美国最近出的幺蛾子,似乎可以用"言语—行为"理论解读一下?因此,所谓的"勤快",也可以是一种脑力行为而非体力行为。衡水模式和创新型人才之间可没有必然联系哦!

你基础不好,照样可以写论文啊!

每一个博士生一入师门,相信被导师唠叨得最多的就是"赶紧写论文"。不过,也有些博士生,都读了一年了,博二再见面,老师一问才知道刚写了半篇。再问为啥?学生答道:"老师,我是跨专业考上的,基础不好,由于此前没有研究过竞争法,我得补基础!"其实,"基础不好",倒真的不是啥稀罕事儿,甚至不限于诸如国贸硕士考国际法博士这样的跨考情形。事实上,除非某导师的硕士生直接读了该导师的博士,否则,可以肯定地说,每个博士生考上来,都会面临基础不好的问题,即自己的知识体系无法和导师的知识体系对接。比如,国际公法方向的硕士,跟了个国际知识产权法方向的博导。或者,更细一点儿,国际贸易法方向的硕士,跟了个国际投资法方向的博导。导师做的你不懂,导师讲的你不理解,不是学生基础不好,难道要怪导师知识太渊博?因此,也正是因为"基础不好"太过于普遍,所以,才真的不建议在宝贵的博士三年时间里,用宝贵的一年时间去专门"打基础"。除非,真的是跨一级学科考博,读了国际私法的博士却不知道啥是胡伯三原则;读了民法博士却连王利明是谁都没听说过。这种神奇的现象,相信也不会出现在当前的博士生录取工作当中。

那么,真的发现自己的知识体系与导师的无法对接,咋办?

首先,"对接"还是必要的,不然毕业论文真没法写。我就曾遇到过跟了商法导师却非要写民法论文的实例,结果,这位同学博士论文的后半程基本上是自学为主。因此,即便不考虑博导他老人家是不是愿意带一个坚持自己研究方向的学生,就算为了能够获得指点,跟导师对接也是势在必行的。

其次,咋对接?两条路,一是让导师推荐书目,二是听导师的课。书不能乱读,否则太浪费时间。导师让读啥必须得读啥,导师就此方向写过的论文当然更得精读。课当然得听,不论是本科生的课还是研究生的课都得去听听。这不仅仅是为了"补基础",也是因为搞不好哪节课你的导师兴致来了,就会抛下课本谈谈某问题的最前沿内容。这东西学来了得少走多少弯路?

最后,所谓的"对接",可别像上文提到的那位博士那样,真的拿第一年时间专门去读书,这无疑是把博士当成本科读了。那么,读书时应当做点啥?其一,学习写作。比如,读完一本书,写个书评;读完十篇论文,写个文献综述。写完之后拿给导师看看,不仅能证明你很勤奋让导师放心,也能让导师就写作方法给点意见。第一年既把书读完了,也学会写论文了,多划算?其二,以输出带动输入。一本接一本地读书多无聊?读多了还像熊瞎子掰棒子,读了后面忘了前面。因此,更高效的方式,是先跟导师要一个题目(比如听到导师上课谈某个热点问题,你赶紧凑上去问问导师能不能写),围绕这个题目去读书去研究。这样做的好处是,研究一个前沿问题,往往能带动一大片基础知识的理解。

下面,我来举个例子,模拟一下整个进程。2017年,欧盟通过了反倾销调查新条例。导师在课上讲到了这个条例,提到条例对《中国入世议定书》第15条相关问题进行了重新处理。于是,你去问导师:"老师,这个可以写论文吗?"导师回答:"当然可以啊!"于是,对贸易救济一窍不通的你,首先去读了一本贸易救济的教材,弄懂了反倾销的一般做法(此处出产读书笔记10页)。然后,去读了几篇关于中国入世的论文,搞明白了"第15条"是咋回事(此处出产文献综述1篇)。随后,阅读了欧盟2017年反倾销调查新条例,就其中几个新概念搜寻了相关案例,清楚了这个条例是如何针对中国的。然后,你去写了一篇文章,对该条例进行了评述,再把文章拿给导师看。导师很高兴,建议你修改后投给某杂志。最后,你又去看了美国对华反倾销的一个最新案例,惊喜地发现自己已经能够明白,这个案例为啥违反WTO规则了!你再也不是"基础不好"了!

论文是写出来的,不是学出来的

我工作以后,常常有很勤奋的学生跑来问我:"老师,我想学习写论文,你看有没有完整的论文写作课程可以学习啊?"有,当然有,法学院给本科生就开有论文写作课。市面上的法学论文写作书籍也是应有尽有。但是,我往往不建议学生们从那些书开始看,而是会给他们一个通常会被认为我在敷衍他们的答案:别学。你先去写。

有的学生会因此提出抗议:"老师,我不学写论文,怎么能会写?谁听说过没学过车的菜鸟先去马路上开一开车找找手感的?"对于这个问题,我先不讲大道理,先讲一个故事:我博士毕业找工作那年,面试过一所神奇的学校。面试最后一关,是录像。专业摄影棚,全套设备,头顶太阳一样璀璨的大聚光灯快把我烤化了,面前只有一个摄像机,没有观众,要讲20分钟的课。那天参与录像的人,来自两个专业:国际法和动画设计。我当时其实是抱着打酱油的心态去的,所以没像其他考生那样抱着课件念念有词,反倒跟学动画设计的一群哥们儿套近乎去了。这群哥们儿分别来自央美、鲁美、川美……你能想到的美院基本都有。于是有了以下的对话:

我:"我没有美术基础,想学画画,你们建议我从什么开始学?"

小哥一号:"你学画画是为了什么?"

我:"我都这么大岁数了,当然不是搞专业,就是平时看到了什么、想到了什么,想要把它画下来。"

小哥一号:"那我建议你,不要学。你不要系统地去学美术。你只管画。发现了什么地方实在画不出,再专门去学那一个地方。"

小哥二号:"对。美术史上专门有一个派别,就是讲究想画什么就画什么,不要讲究技巧画法。"

小哥三号:"对。系统学美术太苦了。其实技巧不重要,想画画的灵感才重要。"

小哥四号:"对,太苦了!"

小哥五号:……(此处省略1万字,话题自动转入学美术有多苦)

我:"好的。"

后来，我博士毕业了，工作了，也的确没再系统学过美术。不过，画倒是一直在画。而再想起来那几个小哥，是因为在工作以后，总有学生来问我："老师，我写不出来论文，想要系统学习写论文。你说要怎么学啊?"我答道："你不要去学。你只管写。"瞬间感觉我被那几个小哥附体了！

直到这时候，我才突然意识到，那几位小哥说得对。学画画，我不是专家，不懂；但写论文，我懂。我也清楚地知道，我自己从来就没"系统地学习过写论文"，反而是被导师催着写。写得闹心了，再拿着稿子跑去问老师该怎么办？

那么，专业的写作课，我上过吗？上过。我导师专门给本科生开了一门写作课的。从怎么拟题目、怎么开头……一丁点一丁点地教。那门课的神奇之处在于，本科生和博士生在同一间屋子上课。而且，相得益彰、相处融洽。具体操作方式为，我导师先讲方法，讲完了后留作业给本科生做。然后再问博士生们："有问题吗？"博士生从来不写作业，只提问题。本科生只写作业，从来不提问题。你猜为啥？

本科生不提问题，是因为他们从未写过论文，因此，没有问题。而博士生提得出问题的，因为他们无一不是高年级博士生，或者至少有过切实的写论文经验的博士生。我就是例子。博一，被导师抓去听课，我感觉没意思、听不懂，于是老翘课。博三，又被导师抓去听课，哇，我居然是能提问题的那个了！尽管提问题的档次不高老被导师嘲笑。

那么，为啥开给本科生的课，我到了博士三年级才能听懂？显然不是因为我比本科生还笨,而是,导师的课,只有有了写作经验的人,才真正能听懂。而跟我们同时上课的本科生,学到的更多是"是什么",但不知道"为什么"。只有在某个地方吃过亏的人,听了课才会恍然大悟:啊,原来开头得这么写,难怪我那个开头写了三天三夜还看着闹心!

要有把任何"枯燥无聊"的事情做出意义感的能力!

每年,学校都要求学生填写《思想政治鉴定表》,然后导师签字。一张 A4 纸大小,大概有一半的空间留给学生进行"自我鉴定"。这项活动虽然具有很重要的意义,但实际情况是绝大多数学生都领会不到其中意义,通常都是匆匆填写,敷衍了事。所以当鉴定表摆在我面前的时候,我甚至发现了有几份还是重复的。可见,绝大部分学生都不认为这件事情多么"有意义",而且通常这张鉴定表的质量也没人评估,只是被导师们签完字就封存在了档案里,从未听闻会有人对这张表如何如何。

老实说,看到有的学生就写了几行字,逻辑也不通顺,甚至还有错别字,我的内心其实是很纠结的。尤其是还有雷同的鉴定表,这似乎已经将敷衍的态度发挥到了极致。我的纠结之处在于:不说吧,学生们这个年纪需要指导,这种敷衍做事的态度是不行的;说吧,学生会觉得这老师太较真,不就是一张谁都不看的表吗?而且周围人都是这么对付的。思前想后,我决定让学生们重写,理由是,人需要具备把那些你认为不重要的事情,暂时看不出意义的事情做出意义感,这是一项能力,更是一项做事的态度。

我拿出手机,在学生群里平静地宣布了这条消息,希望研究生同学能够重新填写这张表格,把这次填写表格的机会当成是自己和自己的一次对话,当成自己对自己的向内反思、进行内观的一次机会,同时也是对自己过去一年生活的一次总结,要学会把这种99%的人都认为无聊的小事赋予意义,这样你就会告诉自己认真对待,绝不敷衍。而这种认真做事的态度会影响你的一生。

生活中很多事情看起来很"无聊",有时候你会觉得这是命运对你的束缚。其实"无聊的"事情不会限制一颗渴望自由和渴望意义的心灵。而于我而言,任何事情都是有意义的,它之所以变成"枯燥无聊",是因为你这个人是枯燥无聊的,你选择将这件事情做成枯燥无聊的事情,而从来没有想过如何将这件事情做得有意义,做得有趣,做得鲜活。当你将一件事情定义为"枯燥无聊"的时候,你同样也限制了自己在这件事情上的感受和成长,因为你决定封闭自己,决定快速将这件"枯燥无聊"的事情丢在自己精神的垃圾区。

有些人的人生丰富多彩,越活越丰盈;有些人的人生非常灰暗,越活越纠结。其实生活对每个人都是一样的,都给予了几乎相同的挑战和压力,而人与人之间之所以会存在这样或那样的不同,原因在于不同的人选择将生活过成不同的样子。朋友圈里,有一位朋友生病了,得了很严重的疾病,在一周之内做了两次手术。她每天只是体会自己身体和心境的变化并将这种变化记录下来。我很钦佩她,在大多数人选择惊慌、绝望的情况下,她选择平静和体悟,并将这作为生命的一部分每天不停地感悟。她不惊慌吗?她不恐惧吗?我想会有的,但是她选择了平静和体会这段特殊的旅程。

生命的意义不在于你去做有意义的事情,而在于你把事情做得有意义。生活是一条河,对于悲观的人而言,走着走着就变成了泥汤河;对于心灵自由的人而言,走着走着就变成了一首歌,哪怕让你听得泪流满面,它仍然是一首动听的歌。

此次事件后续:学生们很乖,第二次交上来的表格就很真诚了,我很高兴自己坚持了自己的初心,对学生进行了严格的要求和思想的指导,结果他们是非常愿意配合的。有些时候,我们只是缺乏一些沟通的契机,而这一次我的学生成长了,我很高兴。希望你们越长越好,都能成为精神丰富、心灵自由的人。

只有母鸡才能下蛋，公鸡并不能

可能我每天规律的生活已经被大家侦查出来，某天早上在操场跑步的时候，一个学生跑过来拦住我："田老师，能请教个问题吗？您认为博二开始写开题报告晚不晚？"那段时间我同时被另外一个学生给"雷到"了。她跟我说，"老师，我这两天在寝室里憋论文。憋得真痛苦！我们要开题，去年我就没憋出来，今年只能使劲地想，使劲地憋。"

这是两个类似的问题，学生们根本不了解学术研究是什么，本质是什么，路径和规律又是什么，只是天天跟研究生教学管理程序和环节本身较劲，为了开题而写开题报告，为了写论文而写论文。我对第一位同学说，决定你开题报告是早是晚的，不是你是博二还是博一。看似一个开题报告，如果你前期积累够了，你可能只需要一个星期左右就能写完。但是如果你前期积累不够，而且一直也没有有意识地进行针对性的训练，就根本没法评价你是早是晚，因为天知道你什么时候能写完。所以回答你这个问题，前提要看你的积累是否到位，能否支撑开题报告的撰写。我对第二个同学说，论文或者开题报告不是能憋出来的，需要有前期积累，是自然流淌出来的。

哪怕你不能做到自然流淌,你的思索也是建立在大量的针对性阅读和训练基础上的。不是你们想的那样的,前一秒钟还跟同学"吃鸡",后一秒钟突然宣布闭关,要憋论文。

如果我这么说你还不能明白的话,我举个生活的例子。我经常跟学生说,写论文的时候你要判断自己是不是母鸡,只有母鸡才能下蛋,公鸡并不能下蛋。母鸡能下蛋是因为肚子里有蛋,公鸡不能下蛋是因为肚子里压根就没有蛋。同理,你是否能写出来开题报告、写出来论文,前提是你肚子里是不是"有蛋",没有就会像是"公鸡下蛋",装模作样,还遭人耻笑。最可悲的是,公鸡竟然还一直迷信自己能"憋出蛋"来。

你总想一口吃成个胖子,然而你并没有这样的实力

博士要想毕业,不仅要完成一篇不少于10万字的毕业论文,而且还要发表若干小论文。小论文最低数量是2篇,这样才能满足学校要求的硬性指标,小论文数量上不封顶,如果你想到高校求职,你对自己的要求肯定不能局限在2篇。理想状态是博士二三年级就陆陆续续有小论文发表,这样到毕业的时候才不会有压力,也不会被动,也就减少了抑郁的概率。但是实际情况是,不少博士研究生到了博士三年级和四年级还没有一篇像样的小论文。那么原因是什么?

有一个博士三年级的学生抑郁了,在微信上跟我聊天,大论文、小论文都没有影儿,现在压力大极了。我说,无论是你的导师还是我都曾经在你刚入学的时候就提示过你要尽早动笔,为什么现在是这样的局面?这位博士生说,我总觉得我没准备好,我总觉得我写的东西发表不了,所以我就一直也没有动笔。

讲真,我的内心愕然了一下,是谁告诉我们的博士生写了东西一定能发表的?是谁告诉我们的博士生一开始写就能写成能发表的文章的?我到现在还有很多"存

货"发表不出去,我也不敢保证我写的所有文章都能发表啊!博士研究生为什么会有这么奇怪的认识呢?而且有这种认识的还不在少数!

博士生不能假设自己具备了写作能力,一写就要写成成型的稿件和文章。其实进入博士学习的阶段,就是为了习得写作能力,所以写作在很大程度上是需要练习的,练习的最终目的是能够达到发表的要求,而不是直接进入成型的投稿文章写作。我们可以以投稿作为写作的目的,以正式发表文章的规范作为我们写作的要求,但是我们绝不能天真地认为这个目标不需要练习就能一步登天,立马实现。也就是说,你并不能一口吃成个胖子,因为你并不具备这样的实力。

所以,亲爱的博士研究生们,你们真的是需要在练习写作中一点一点地达到更高的写作水平,一点一点地具备博士研究生培养所需要的各种能力。在不具备的情况下,只能踏踏实实地练习写作,在写作中感悟,在写作中积累,在写作中升华。写出成型的文章是你们博士研究生培养的终点,而不是培养的起点。

所以我在微信上回复那位博三的同学,你并不能一口吃成个胖子,饭要一口一口慢慢吃,论文要一笔一笔地练习写,写一篇论文最好的时候就是"现在"。

须知,越早动笔越主动,越晚动笔越抑郁。

研究方向不仅是想出来的，也是做出来的

这篇文章还是说很多学生迟迟不动笔的情况，我问某博三研究生，你怎么还不开始写作呢？该生振振有词地说道："老师你不是说研究方向的确定很重要吗，研究方向的锁定关乎我们未来要从事的领域，研究方向不能总是换，是有成本的，所以我一直都很谨慎啊！！！我一直也没找到自己想要写什么，对什么感兴趣，下定决心一心从事这方面的写作，所以也就没动笔。"

博士三年级还没想好要写什么，要锁定什么研究领域，不知道是你真心不是读博士的料，还是我耽误了你？本文我们说一说研究方向这个事吧，研究方向是需要想，但也需要做。

我自己转换过一次研究方向，个中滋味和伤痛，我自己清楚。由于我对于研究方向的重要性还是有很深刻的体会的，所以才会跟学生强调锁定研究方向的重要性，研究方向要有意义、要有延展性、要有可持续性。但是有些时候研究方向不是一下子就能看清楚其未来的趋势和走向的，你只能是在思考的基础上尝试着走下去。保持大致方向正确，然后就要像小平同志说的那样"摸着石头过

河"。也就是说,大致锁定一个研究领域之后,就要开始做了,大量阅读该领域的研究资料,分析该领域的研究动态,找出该领域研究的空间并判断这个研究空间值不值得让自己终生奋斗。这些判断都是在开始写作之后、开始研究之后逐渐清晰和呈现出来的。也只有在开始写作、开始研究的基础上,你的研究方向才会逐渐清晰和完整起来。

基本上,刚入门的博士生没有办法对自己未来要研究的领域和方向有一个完整的、清晰的和全景的把握,只能是在基本判断之后,大致方向没有问题的情况下开始着手研究,这种研究包括检索文献、大量阅读、总结已有研究成果、发现问题、练习写作,并在这一系列的反复练习中强化你对这个研究方向的认知、强化你对这个研究方向的"方向感"、研究路径等。

那些每天都在苦思冥想自己的研究方向,以致非常"珍惜"自己的体力和精力,连基本的文献都没有翻阅、也没有着手进行一些尝试,只是期待某一天老天爷开眼给自己掉下来一个研究方向的博士生,他们这样天天地等着,最终只能是一场空。

须知,一切幸福都是用手创造出来的,包括研究方向。

博士生之间,有啥好攀比的?

一名博士生的论文盲审没通过,整天愤愤不平地跟我抱怨:"凭什么某某某同学的论文就通过了,我的就没过?我看他写得也就那样!"我实在听着絮烦而且也讨厌这样的人生观。于是就怼了两句,"人家怎样跟你有什么关系?把你的论文改好是你现在最应该做的事情,说这些有用吗?"

还有一名博士生跑来,跟我说,"老师,我要开题。"我很是惊愕,因为前不久我们交流过,这孩子可啥都没有呢。不仅是问题意识没有影儿,主要是资料都没收集全,这是折腾啥呢?这名博士同学跟我说,"不行,某某同学都开题了,我也要开题"。不是我的学生,我也不方便多说,爱咋咋地吧。

整个博士研究生培养的进程是有节奏的,开题是这个节奏中的重要一环。在此,我想说的是,如果没准备好开题却硬要开题,结果其实是很糟糕的。不仅在开题的过程中你会备受煎熬,有的时候开题组不会直接说你这个选题行或不行,仅限于提出意见(这样做一是由于开题组可能对这个问题不如你导师专业,仅提供意见参考;二是大家也不想破坏彼此之间的关系),只是让你回去跟导师继续商量,你说你这个题是算开过还是没开过?如果你当没开过,继续沉下心来研究还好。如果你当已经通过开题,小修小补就行,然后继续往下走,整个大论文都会出问题的。所以开题,绝对是一个大问题。

对于这样一个严肃的问题,你要做的是积累、积累、再积累;努力、努力、再努力。总把注意力放在别人干什么上面,你自己还有心思和精力积累吗?再说开题组也不会因为别人做得好也顺便认为你做得也很好,归根结底不还得看你是不是有实力吗?看你到底准备成什么样子吗?别人在做什么,做成什么样,跟你一毛钱关系都没有。

再者,凭什么别人论文过了,你的论文就得过?这社会本来就是不公平的,相同的付出,有些人在这个问题上顺利一些,有些人在那个问题上坎坷一些,这都是正常的。有些评审专家就是仁慈手轻,放你一马;有些评审专家就是严格要求,帮你认识自己。这都是很正常的!!!古人讲,成就一件事情还得天时地利人和呢,你一味地抱怨有意思吗?此外,你确定人家的东西跟你一样是对付出来的?跟你一样是急匆匆拼出来的?你是不是光看见贼吃肉,没看到贼挨打?哈佛的一条校训,了解一下——先能正确评价自己,再去评价别人!

一个需要动手的工作,你却只带了脑袋

在我没开发写作课之前,很多同学跟我抱怨缺乏写作的技巧,感觉不会写论文。所以女教授苦苦研究六年,开发了一门论文写作课程。上课效果老好了,学生们听得可认真了,结合实际例子,同学们表示大概明白写论文是怎么回事了。可是,过了一段时间之后,学生又来跟我抱怨:"老师,我怎么听完写作课还是不会写呢?"

通常我会跟孩子们打个比方,写作跟学习开车很像,除了得考理论课,还得上路面考操作吧。这就说明,你光学习理论不实际操作是不行的,而且即便是考下来驾照的人,没开上个 3 万公里的里程也是个"马路杀手"。这说明:首先,开车是一个实践工作,必须上手;其次,司机是一个熟练工种,开得越多越熟练。女教授驾龄 12 年,路面驾驶里程超过 12 万公里,现在几乎什么路面都能驾驭,什么情况都能开,东北零下 30° 根本不用雪地胎,这说明什么?熟练!

同理,写论文也是这样,你光听我上课讲得热闹,你也觉得收获很大,要知道知易行难,你听完了不是马上就会了,也不是立马就能上手写出好东西。你需要在日常

写作实践中检验、体会、理解和升华你上课学习到的理论知识。没有写作经历和长时间的写作训练,光知道一些写作的技巧是没有任何用处的。而且,你没有写作经验,我上课讲得再明白,你觉得你听得再明白,没有经过实践的检验,其实你的收获也不会太大。

其实我也不愿意给没有写作经验的学生讲论文写作,我上课的时候经常感觉很绝望。因为如果是有写作经验的学生听课,我在举例子的时候他们会心领神会,很快知道我说的是什么,比如什么是问题,什么是问题意识。没有写作经验的同学虽然表面上明白是怎么回事,但实际上其领会不上去,比如我说:"论文的文体是议论文,它的基本思路是提出问题—分析问题—解决问题。分析问题的时候需要论证,论证就要遵循一定的逻辑、论证思路,这个思路与理论的关系是……"这些对于没写过东西的同学而言简直就是天书,我讲得费劲,他们听得也费劲。所以我不愿意给没有写作经历的学生讲论文写作。

反过来，从同学的角度来说，了解一些写作的必备知识是必要的，但是写作这个活儿真是得上手。很多同学之所以写不出小论文、写不出大论文，是因为他们根本就没有动手，他们企图通过听老师讲课解决他们不会写论文的问题，却忘了写论文是一门实践的学问。不少同学还因为写不出论文而变得抑郁。问题是，你动手了吗？你以为上个学，读个博士就只需要带个脑袋来吗？

不要总想着"我不会",要想着"怎么解决"

老实地说,这篇文章主要是写我大宝(吉大秋果的女儿)的,大宝不喜欢数学,每次宝爸给大宝讲数学题的时候都弄得爷俩"两败俱伤"。大宝总是声泪俱下地说自己不会、没听懂、不知道;宝爸一遍一遍地讲,大宝一遍一遍地摇头,终于爷俩崩了。唉,这个时候,女教授也只能安抚大宝先上床睡觉,然后安抚宝爸说:"别跟老大生气,哼,将来让她老公管她。"

玩笑归玩笑,最终还是要分析大宝为什么不会。于是趁有一天大家心情都很好的时候,娘俩卧谈,主要围绕数学的学习展开。我问大宝:"宝贝,你这么聪明,为什么会觉得数学很难呢?"一说这个问题,大宝皱了皱眉头说:"妈妈我就是不会,每次爸爸讲我都不会。"我说:"可是爸爸给你讲了很多遍,你还是连基本概念和基本算法都掌握不了,这是什么缘故?"大宝说:"我不适合学数学,我就是学不会。""这是不负责任的傻话。"我忍不住柔和地斥责了大宝,然后继续说:"谁都不是天生就会的,妈妈觉得在数学学习上,你总是想着我不会,我不可能会,爸爸讲了我也不会。但是相反,家里没有人告诉你应该看什么书,你总是自动自觉地看书阅读,总是让爸爸给你买你感兴趣的书,你做了很多很有挑战性的工作,比如在绘画技巧方面、调色方面也没有人一遍一遍地教你,但是你都自己学会了。这是因为你在做这些工作的时候,没有给自己心理暗示——我不会,你只是告诉自己——我得把这个颜色调出来,我得想办法拥有这本书,我得……

同理,你在数学学习的时候其实完全被你的'畏难情绪'给吓住了,制约了你自己的能力。所以下次你不要给自己心理暗示说'我不会',你试着告诉自己'我想想办法',这样你就会一步一步从数学学习的困境中走出来。"大宝似懂非懂地点点头,然后翻过身睡着了。

其实我观察我的大宝是被自己的思维方式和畏难情绪给"困住了",她一直觉得数学难,觉得自己学不会,所以还没尝试就"缴械"了,然后就跟宝爸开始"用情绪对抗情绪"。这样永远都进入不到解决问题的环节。这是一种固化了的思维模式。产生畏难情绪(通常还伴随着懒惰),在我的学生当中也有这种现象。

有一次,一个毕业生在写论文时文献做得不好,我让他继续补充收集文献并明确了文献检索的"四性"(参看《参考文献的"四性",同学,你做了个"假"参考文献》),结果补充检索(英文文献)的结果仍然不好看,于是我又让该名学生继续检索。结果这名学生当场就"崩了",声泪俱下地告诉我太难了,他已经尽力了,他不知道应该怎么处理(其实我们有开设文献检索课程)。其实从我的角度来看,他只要再坚持检索一阵子就能摸到这里的门道,结果他被自己吓退了,心态崩了。还有的学生事无巨细地问我,比如我的电子邮箱是什么,比如我的办公室在几楼,其实这些信息都可以自己查询检索到,我们教师的信息都在学院网站上公开,不难查询,但是他们情愿问,可能是不相信自己能检索到。说到这个问题,还有在职的研究生问过我法学院的网站是什么?法学院对于论文写作的形式要求(一份放在网站上的文档)在哪里能找到?

这些从思想层面上可以解释为,学生们不相信自己能找到,从行为层面上来看,其实就是懒惰。总是希望能够通过一个简单的方式获得自己想要的信息和结果。这样的思维方式是不行的。写这篇文章,说给我的大宝听,也说给我的学生听:遇到问题不要先想我不行、我不会,或者我可以问别人,先想想我通过自己的努力能不能把这个问题解决。这种思维方式很重要,因为它标志着你没有放弃自己的能力,没有向困难"缴械",而是充满战斗力地想要把这个问题解决。

你的同学就是你的江湖

读博,注定了是一个孤独的过程。有一位同学,曾经讲了一个悲伤的故事:她一整天说的唯一一句话是到了食堂,跟打饭的阿姨说:"要这个"。本来每一年招收的博士生数量就少,再加上时间安排比较自由,很多人会因为这样那样的原因不在学校,因此,仅存的在校博士生,很有可能是一个孤独的群体。临近期末,这种现象就更为突出。用另一个同学的话讲,"到了晚上,长长的一条走廊,灯坏了,整个儿就是黑的。门上面是窗子,但是,整个走廊,只有我的宿舍,窗子的里面灯是亮的"。因此,很多博士生能够有意识地"抱团取暖",平时找个作息时间比较相近的同学搭伴儿行动。不过,这里要说的是,生活伙伴仅仅是同学能够带给你的最低价值。读博期间能够学到的东西,其中一部分来源于导师,而另一部分,则来源于你身边的同学——对,是"同学",甚至不一定是"学长"。

因此,读博期间,如何挖掘你身边的同学,使得读博期间的学习体验极佳,无疑也是一门学问。

学问一:发掘你同学的不同学术背景

在一个学校本硕博一读到底的终究少见,至少我们班30位博士生当中,只有2位是这种情况。换句话讲,在博士生群体当中,相当一部分具有复杂的教育背景。例如,某些同学是经济学本科,因此看问题自带经济学视角;有的同学虽然是法学本硕博,不过是"商法硕士+国际法博士"这种组合。不仅如此,即便同样是国际法专业的同学,研究方向也可能分别是WTO法和国际环境法。因此,耐心点儿发掘,总会发现你的同学们懂得比你多。因此,未来遇到相关学科的问题,就知道可以直接敲哪个宿舍的门去咨询。当然,就算没问题,跟人家多聊聊相关专业知识,也能够从闲聊中受益一二。举例来讲,和我住同一楼层的某位WTO研究院的同学,有段时间经常来和我聊WTO规则中关于补贴的规定。只不过,这位姐姐专挑我在食堂吃饭的时间聊。这东西会影响食欲!

写作意识篇

学问二：发掘你同学曾经读过的书

对于学术背景不同的同学，对方可以给你提供的是不同学科视角；而对于学术背景和方向相同的同学，能学的内容就更多啦。图书馆同一领域的书浩如烟海，自己筛选什么值得读的话，很容易浪费时间、踩到雷。如果身边有一位刚好对此领域也有研究的同学，那么不要客气，尽管上吧。人家觉得写得好的书，多半你也会觉得有阅读的价值。而且，读完之后，还可以两个人就读后感讨论一番，往往能够发现很多自己疏漏了的内容。举个例子，我刚刚读硕士那年，从图书馆的"文学"区里翻出来一本《法律与文学》，一边看一边吐槽这本书明明是严肃的法理学著作，是哪个人给放到文学区了？结果，赫然发现民法课坐我后面那位，手里拿着同一本书。于是，两个人愉快地交流了对此书的感想并相互推荐了接下来的阅读书目；最后，六年后，我俩同时博士毕业于同一导师门下。

学问三：发掘你同学的人脉资源

对，我说的就是博士生的人脉资源。这当然不止于"你要不要和我的本科同学相一次亲"这样的人脉资源，还包括更加普遍意义上的、对方的人际交往中的所见与所得。当然，能做到这种分享，通常得是博士阶段处得来的熟人，或者说，至少在前两个"发掘"当中能够志同道合的同学。这可以体现为投稿阶段互相介绍"感觉很公正"的刊物、兼职阶段互相介绍"我认为可以去讲"的课、找工作阶段互相介绍"我知道但是我不想去"的面试机会。举例来讲,我自己的某个工作机会,其实是被同学忽悠着"一起去面试啊!"得来的,尽管最终我们都没有签那个单位。

当然,最后说一句,此种"发掘",并不代表利用你身边的同学。或者说,即便是利用,也是"相互利用""互帮互助"。毕竟,利益的结合是短暂的。博士阶段结交下的好朋友,才是未来走上科研之路之后一辈子的伙伴!

致博士生:别向你身边的天才取经

孔子他老人家曾经说过:见贤思齐焉。因此,作为一名谦虚好学的博士生,应当积极向你身边的师哥师姐和老师们学习,对吧？道理当然没错,但是,此处要谨慎地给好学生们泼一盆冷水:千万千万别向你身边的天才取经。否则,轻则自卑,重则自暴自弃。

为啥？原因之一是(也是最直接的原因):所谓的天才,也就是某个领域不教就会的人,他凭借的往往是直觉,而你需要的是方法。举个例子,我去问某位大牛,"您是怎么发现这个题目可以写出好论文的啊"？如果这位大牛凭借的是后天习得的学术嗅觉,他会告诉你,"首先北京大学法学院院长曾经在一篇论文中提到(此处省略1000字);其次,你看这资料多新啊,案子才判了1个月(此处省略1000字)"。于是,你可以默默地拿个小本本记下识别题目可写性的几个方法:紧跟时事;掌握学术动态;资料新颖。但是,如果这位大牛是天生具有题目敏感度的人,他只会一脸诚恳地告诉你:"我看到这个题目,就觉得这一定能写!"完了,你会瞬间觉得自己受到一万点伤害,血槽都空了。其实,不是人家不教你,是真的有这么一种人,他在某个方面不用教,天生的一点就透。这种牛人可以瞻仰,但是,没法学习。

原因之二,也是比较隐蔽的原因:有的天才,或许真的能自我审视,给你总结出个一二三来。但是,问题在于,那个一二三,你做不到。不信?我给你讲个血泪史。我的法理学非常差,读书时导师大人讨论理论问题从来自动跳过我。我也曾跑去找某位闭着眼睛就能侃上2个小时罗尔斯的老师,"老师老师,请问应当如何学习理论知识啊?"某老师同样一脸诚恳地告诉我:"首先,你从《理想国》开始看。其次,你拿个本子,整理一下他们的思维脉络。最后,你就可以写论文了。"我:"老师,我看不懂书。每个字都认识,放一起就不知道他在说啥!"这位老师没糊弄我,但是,他的指导也的确没能让我的理论水准有所提升。

某老师教你画公主

第一步: 　第二步:

其实,正如网络上某句流行语:"天才的世界,俺们不懂。"在学术上自然而然就"上道"的人,往往未必是一个好老师。因为,他们无法体会你的困难之处在哪,也很大概率无法给你提供有效的解决办法。因此,最好的学习对象,往往不是最优秀的人,反而是你身边通过刻苦学习掌握了某项技能的人。举例来说,我可以教你蛙泳,因为我也是被教练从怎么划水到怎么蹬腿像广播体操一样一步步教出来的。但是,我没法教你仰泳,因为我自己学习仰泳仅仅用了5分钟——教练:"来,躺到水面上。好,走!哎,停!墙墙墙!"再套用一句时髦的话,你复制不了别人的成功,但至少能复制他成功的过程。所以,眼睛别瞄着天才了,瞄着那些能提供给你成功全过程的人,反而可能把成功粘贴过来哦。

顺便补充一下,身边的天才到底应该如何使用?别问方法,直接问结果。对方告诉不了你"选题十八法",至少能告诉你,你手里这题目究竟能不能写。对方教不了你如何学理论,但至少能跟你说说你对柏拉图的理解有没有跑偏。这不也挺好吗?

盯着自己的缺陷却不思改进的，都是假焦虑

博士生群体通常对自己要求较高，也比较善于自省。因此，常常会有同学来和我探讨自身的某些缺点应当如何克服：

"老师，我本科不是双一流学校，将来就业是不是会受歧视啊？受歧视了怎么办？"

"老师，我老家是某省的，我普通话不好，你听我这口音，将来试讲会不会被刷下来啊？"

"老师，我中学的时候英语底子不好，现在看东西还凑合，但嘴张不开，这怎么找工作啊？"

"老师，我是跨专业读的法学博士，没读过王泽鉴，没读过博登海默，总感觉跟法学科班出身的在一起，底气都不足！"

想听吗？我还能给你数出来一大堆。

不过，来找我咨询的很多同学，也同样存在一个问题：他们往往会意识到自己的缺点，但并不急着改进；也并不急着发展出自己的若干"长板"以挽救无法补齐的"短板"。例如，读博时年纪偏大的同学的科研热情完全可能不如年纪小的同学，而且没准儿还会给自己找个理

由:"不行了,老喽,一天8小时实在坐不住!"又如,英语口语不大行的同学也完全可能不会每天早读半小时英语,反而会时时感慨:"学语言就得趁年轻。我现在努力也来不及啦!"

这不就是自欺欺人吗?其实,谁的身后没那么点黑历史呢,但是老挂在嘴边作为自己不努力的借口就没意思了。我见过的牛人,都是在成功之后才微笑着说:"其实,我当年啊……"比如说,我毕业那个法学院的老院长,30岁才开始学英语,到60岁仍然可以用英语演讲;再比如说,我的博导,人生最好的时光有8年时间是在北大荒种玉米、发豆芽以及养猪。又比如说,我们吉林大学法学院有位教授加博导,直到有一天他跟我讲起来,他的本科毕业论文题目是"如何将瓜子做成类似于杏仁露的瓜子汁"时,我才知道人家居然是工科学士转法学硕士、法学博士!只要你努力,有些事,你不说,没人发现得了。

那么,具体怎么办?人生那点黑历史可以分三种:其一,后天改起来有些难但并不是不能改的。比如,普通话口音重、英语口语差。怎么办?练呗,谁不是一个字一个字学出来的。什么?你说有的人天生就是一口流利的普通话?那么我强烈建议你来我家围观小朋友学说话,他有相当长一段时间都在说"路边有棵富"!其二,原本也没什么好抱怨只差努力的。这尤其适用于跨专业考博然后天天抱怨底子不好的。说得就像是法学本科生是领了记忆面包一夜之间融会贯通13门主干核心课似的。本科小朋友们十七八岁啃过的专业书籍,博士生以二十七八岁"高龄"再啃一遍怎么了,又不丢人。反正我以34

岁高龄第一次读《君主论》也没见谁笑话我的。至于没老师带着、自学起来没氛围？去听本科生的课！我的本科课堂还真有博士生来旁听，我对此种刻苦而谦逊的博士生只有敬佩。其三，真没法改的。比如，本科学校。但是，你可以决定找工作时，对方高校是非常惋惜地说："这么好的博士生，限于用人政策没法招进来，太可惜了！"还是，不以为然地说："难怪用人政策要歧视他，真有道理！"除此之外，在你毕业十年后，著作等身、硕果累累，被某高校重金引入时，谁还会纠结你本科是哪儿毕业的呢？

你以为你"不闲着"就不是"拖延症"?

一名在职的研究生已经读博士好几年了,多次找我聊论文,但是每次进展都不大。我跟她郑重其事地说:"你这个论文不能再拖了,再拖就被动了,你有点'拖延症'。"结果这个女博士一把鼻涕一把泪地跟我说:"我一天很忙,忙着教学,忙着搞活动,院长还很器重我,我也不能不工作啊,我还忙着带孩子!"哎,说这些都没有用,谁都是要同时处理很多事情,既然选择了在职读博士这条道路,就应当学会:分清主次和统筹安排。

有时候,我说某些博士生有拖延症,他们还不高兴。他们觉得自己已经很忙了,每天忙着各种各样的事情,没时间思考和撰写论文,而不是拖延。这样的学生我见得多了,慢慢就会发现,他们其实是用自己的忙碌来掩盖自己不愿意面对"博士论文以及写作"这个事情。这样,虽然每天都没有推进博士毕业论文,但是自己每天都很忙啊,所以晚上躺在床上的时候,也可以跟自己说,"我很忙,我是因为忙才没有时间考虑博士论文的事情,大论文、小论文我都没有时间写,所以我也没有办法。"

现在对于拖延症的定义已经不能仅仅局限在那些显性的、什么也不做混日子的状态;那些每天忙忙碌碌但是一事无成的人也是严重的拖延症患者。为什么呢？人这一生不可能只做一件事情，越是成年人越是要学会多线作战。这里就有一个很重要的问题需要弄明白：在众多的工作中分清主次，主线工作不能逃避，每天必须推进；支线的工作节奏可以放缓；末线的工作可以选择放弃。如果没有清晰的头脑和这种统筹安排的思路，恐怕你会一直逃避下去。

回到那名博士生的问题，既然选择了读博这样一条道路就一定会面临工作、家庭和学业的统筹和安排。博士论文显然是这几年的一个主线工作，每天要推进一些，日常教学和孩子的抚养也不能放弃，但是教学肯定有下课的时候，孩子也有入睡的时候，那这个时候你要做的不是拿起手机刷朋友圈，也不是再找一些其他的旁枝末节的事情来打发时间，而是抓紧一切时间整理自己的博士论文思路。甚至可以跟单位商量脱岗一段时间来完成自己的论文，等你有了博士学位，领导会更器重你；必要的时候孩子也可以托付给家人暂时照顾一段时间，我想领导和家人都是能理解的，这也是特殊时期嘛。

有一名女老师，我很佩服，她也是在职攻读的博士，我早就知道她要考博士，但是未见她采取行动，于是就问了她情况。她回答我，"今年孩子上小学，我需要帮她培养学习习惯，我需要统筹安排我的生活。"果然，孩子安顿好了之后，这位女老师也入学了。（很多年前的事情，现在几乎没有在职博士了）

所以，我对拖延症的理解是，对于一个对自己很重要而且有截止期限的工作迟迟提不上日程，反而以自己很忙为借口一直逃避。这种分不清主次、没有统筹能力的状态也是一种拖延症，而且是一种隐蔽的拖延症。这种拖延症让拖延症患者自己心安理得地逃避问题，也让周围的人以为你是因为忙才没有时间写论文的。其实，看看你每天花在手机上的时间，就知道你是有时间想毕业论文的，只是你不愿意想而已。这种拖延症真的很可怕，因为它涉及自己欺骗自己。所以，快醒醒！

博士学位是你想放弃就能放弃的吗？

一天，有个师妹跟我说："姐，博士我读不下去了，我想放弃。反正我放弃了对我的工作也没有太大的影响。"我说："哦，好像是哦，对工作是没影响。那对人生呢？对家庭呢？对孩子呢？对自己呢？这些影响你考虑过吗？人生是需要有交代的，你开始了一段历程，不可能当什么都没发生一样就这样放弃掉。就像现在很多女孩子结婚很随意，并且认为大不了就离婚，那是你想离婚就能离的吗？如果有了孩子会更麻烦。还有对家庭的影响你想过吗？我曾经说过，女人的社会地位就是女人的家庭地位。博士虽然是一个头衔，但是它代表着最高学历。能在中国最高学历的战场上走下来的都是勇士。你上了一圈战场，没下来，你让你的老公怎么看你？你的婆婆怎么看你？你的孩子怎么看你？用赵本山的话来讲，公鸡下蛋了，让母鸡怎么看它？你让那群大鹅怎么看它？你在要求你老公上进的时候，你心里虚不虚？你在要求孩子上进努力学习的时候，你心里虚不虚？如果这些都没有问题，那最大的问题就是，你怎么面对自己？今天你可以说服自己：'没事，我不需要这个学位。'但是其实你的内在一直会有一个声音不断地提示你，你没有完成这件事情,在这个事情上你是个失败者。这个心理成本是很大的,你以为白天西装革履正常上班就没事了,但是回想起来,人生始终是一个缺憾。而这个缺憾会伴随终生,一直提示你:你不行,你在这件事情上不行,其实在别的事情上也不行!然后,你的人生就这么被自己诅咒了。干什么都是很怯懦、很胆怯,对自己的评价并不积极。那些选择跳楼、跳海的博士生们,就是因为承受不了放弃博士学位带来的打击从而选择自行了断,你还觉得放弃的成本低吗?"

有一个非常优秀的师弟跟我说:"姐,后悔了,还不如不读博士了,其实工作上用处不大,但是进入了这个轨道就必须得完成,必须对自己有个交代,所以很煎熬。"以这个师弟的要强劲,他一定能毕业,但是他已经悟到博士读起来容易,放弃很难。其实我想说的还不是放弃很难的事,我想说的是,那些没能毕业的博士,你们并不是没能毕业,而是还没有开始。正如那些整天抱怨发文章很难的人,其实他们最大的问题是还没有把文章写出来。懂我什么意思了吧,也就是说,博士这事是很难,但是更难的是你只在脑袋中记得要读博士这个事,迟迟落实不到行动上,然后自己把自己吓退了,吵吵着要放弃。很多时候,开始了,尝试了,坚持了,最后也就成了。

所以那些处在放弃边缘的博士们,请清晰地认识到放弃的后果,再给自己一个开始的机会,多找靠谱的人指导一下,坚持下去也许就能拨开云雾见天日了。其实博士说难也难,说容易也容易,关键是你得做,每天把这事放在脑海里,落实在行动中。

翟天临得多努力才能博士毕业？没有一颗耐得住寂寞的心就别凑热闹了！

2019年2月，翟天临因为不知道中国知网被网友扒了底，女教授本对此类娱乐新闻无感，但是已经涉及博士研究生培养了，这就不能视而不见了。于是写下此文，意图是还原博士研究生（正规博士生，不是野路子，聪明的读者自行比对）的日常生活，专业博士要想毕业都需要十分努力，更何况是业余的。

按理说，本着孔子他老人家说的"有教无类"，我们不应该戴着有色眼镜看待这些娱乐圈里的人，但是，在中国的体制教育中，唯有博士毕业是要出东西的，是要真刀实枪拿出一些东西的，先不说质量上有层层的把控，就说数量上这十几万字的东西想要堆出来也不是个容易的事。这些东西想要最后成型必须要经过一番寒彻骨，是不可能随随便便搞出来的。所以不管你是因为什么要读博士，谋生必备手段也好，给自己镀金也罢，重要的是，你得能扛得住这3~8年的空虚寂寞冷！

我们先把博士生的一些指标量化一下，来帮助大家了解博士生具体的工作量。以文科博士为例（理科更惨一些，实验不出结果，毕业遥遥无期），最低要求2篇C

刊,总字数在3万左右。博士毕业论文,10万字起。这是我们的目标,记得是输出的有效文字哦,有效的,有效的!(13万字的最终目标)

有效的文字是最终的产品,最终的产品不可能一下成型,你可能需要练习练习再练习,你的习作可能需要达到100万字左右。这个难理解吗?你妈教你做菜,你为了能做出一锅成型的饭菜,不得烤焦几次、烧糊几次,更有甚者不得把烤箱烧着、饭锅烧漏?有了这种经历,你才有可能做出一锅算是过得去的饭菜。我有一个同学,物理特别棒,我们一直认为他有天赋。到他家里才知道他爸为了锻炼他,至少买了10个不同型号收音机让他拆,每次拆完了都组装不回去,直到第11个才完美组装,零件不多不少。那你凭什么认为自己一写东西就能被期刊看中,一写就能写出10万字的大论文?这些一定要有成本的,博士论文的成本是:只有写了超过100万的文字,才有可能写出能被C刊相中的2篇文章以及提炼出思路清晰、逻辑严密、论证充分具有一定理论和实践价值的、10万字的博士论文。100万字里出13万字的东西,不夸张吧,这种成本收益比已经达到13%,已经不低了,要知道现在要是哪个企业的利润率能达到13%(除了房地产),那得是多么的令人振奋。

写到这里你是不是已经感觉到有一些不对劲了?要知道现在很多人每天晚上坐在书桌前写一篇200字的日记都有困难,有时候凑成微博要求的140字都觉得困难。这输出的100万文字是怎么来的?是大脑自己加工合成的吗?不不不,你的大脑并没有这样的功能,它来源于两方面的积累:其一,阅读,大量的阅读;其二,思考,彻夜不眠的思考。

先说阅读,阅读到多少能够输出系统性的文字?也就是阅读的输入和写作的输出之间的大致比例是多少?这个也许因人而异,但是一般比例不会太高,能够达到10%就已经是很厉害的写手了,也就是说你每看100个文字就会对你未来输出贡献1~10个字。那么从这个角度来看,你为了能够输出100万的文字需要再积累1000万个或者1亿个字的文献。你说,这也不算什么啊,金庸全集1000万字我也都看完了。问题就在这儿,那是娱乐书籍,看完情节可以就忘掉,不需要记忆更不需要输出。要是让你研究金庸,让你通过这些书籍去观察他老人家的写作手法、叙事风格、人物塑造思路存在的问题……你也会感到头疼(1000万字到1亿字的阅读量)。

那亲爱的同学们先设定一个小目标吧——1个亿的字数,这些文献需要你自己找,针对性、权威性、及时性、全面性需要自己衡量,全部自己找到!找到之后你需要自己阅读。记住哦,是有效阅读,读得少了不行,读得多但是读得浅还不行,读了之后忘了更不行,读了不做笔记万万不行。读的过程中还要配合思考,将这些零散的文献组合成体系,这样才能组成一个东西叫作——文献综述。这项工作你自己寻思一下吧,需要多久?

每天24个小时,除了晚上睡觉8个小时,吃饭、洗漱、杂事5~6个小时,来回图书馆的路上1个小时(女教授所在大学的校园就是这么大),累了睡会儿午觉1~2个小时,能够被用来看书的时间也就是7~9个小时而已,这期间连续看书你受不了,天天看书你觉得腻烦,还要逛个街,谈个恋爱,约个饭局,喝个咖啡……每天能保证平均4个小时阅读量的学生我们认为已经是高效率了。好了,每个小时能"高质量"地看多少字?看小说1个小时能看3万字,但是抱歉,专业书籍你能看懂2000字(能被你有效转化为日后输出的文字)就已经不错了。所以1天有效阅读的文字不会超过1万字。自己算吧,完成1个亿字数的小目标,需要多少时间?

所以,要是读博士,你真得不吃不喝在图书馆拿出你考大学的劲头憋个3～5年,没时间出去浪,你真的明白吗?不过阅读完这些书的好处是,它们真的都是你的了,腹有诗书气自华,哈哈哈,让你看起来在人群中特别地好识别,比明星都好识别,博士嘛!

博士毕不了业？难的不是论文，而是人性中的"总想投机取巧"！

同事告诉我，因为我学生的一篇论文，他痛批了我的学生，我说："非常好。"尽管我一直强调，学生在确定选题、确定大纲的时候一定要跟我商量，有时候我甚至会把身边同一专业的老师邀请过来一起帮学生把关，但是还是有很多学生在上述关键环节不跟我沟通，擅自做主写完了"整篇论文"。不管为啥，论文都写完了，就像生米都煮成了熟饭，导师能怎么办？只能就随他去吧，因为无论从时间上还是学生的精神和心理上都没法接受重新再来一遍。老师也只能自我安慰，我已经尽到了提示义务，学生不配合，我也没办法。

然而这种硬将生米煮成熟饭的做法会引发很多后果。轻一点的后果是，学生会意识到自己盲目确定选题和动笔是需要付出代价的；重一点的后果是，真有可能导致论文不发表、盲审通不过以及延期。我也问过一些学生为什么不愿意跟老师沟通，学生说，"老师一般都会让改，而我们不想改，改文章很痛苦，就想按照自己的意志对付完。"嗯，应该是这种心态。

有一位其他老师的博士生，读博几年，没什么长进,每次都是拿着老师给他确定的方向跟我讨论,这个能不能写以及怎么写。最近我实在没有按捺住厌烦的情绪,直接告诉他:"能写,但是你得踏踏实实把文献一点点搜集到、整理完,形成文献综述然后才能确定从哪个角度切入,最终形成自己的题目。而不能总是问导师、问我,问周围人(听说也骚扰过很多其他的老师)。我们这帮人只能给你提供一个大概的思路和方向,路还得自己走。"但是,他就是不想走路,总想着我们这些人能给他一个现成的东西。这种只是原地打转毫无进展,还留给大家一个勤奋好学,喜欢提问的好印象的情况已经持续好几年了,殊不知其实是学生懒得踏踏实实、一步一个脚印地推进自己的研究。

另外一个博士生就更有意思了,博士论文几年了也没动手,选了一个把自己的领域和自己先生的领域结合起来的题目,就等着自己先生什么时候有空能把思路给梳理出来。我记得一开始就说过,这种跨学科的选题非常难,需要驾驭两个学科的体系和知识,非常考验功力,选题还会偏大。无论是这个学生,还是她的先生都无法同时驾驭两个学科。

类似的故事还有很多,有的学生一拖拖好几年,天天愁得不行,但是就是不肯每天踏踏实实看书写作。有的学生天天泡吧、娱乐,但也在愁毕业论文。我想说的是,博士论文其实不难,它只要求你每天按部就班,阅读、思考并及时总结和写作。经过几年的积累,你会把这个领域的所有情况都了如指掌,哪个方面有研究,哪个方面研究不足需要深入,都有哪些人研究,用的什么方法……

这些信息全部掌握,这个时候你自己就会有非常清晰的切入点,非常明确的写作思路,以及持续写出东西的能力。

大多数人只是觉得博士论文好难,其实难的不是论文,论文其实很简单,只要每天阅读和写作就能做出来,相信对这些已经考上大学,经历无数次考试的人而言,都是可以办到的。难的是什么呢?难的是人性当中总有一颗投机取巧的心,总认为可以有简单的方法,总认为有捷径可以走,总认为可以不付出就能收获,这部分是最难的。所以,下次不要跟我说论文有多难,其实是你不肯踏踏实实一步一步地走,而让你不肯踏实的原因是你的思想当中总想"走捷径",有一颗投机取巧的心。

勤写作、不延期、有诀窍！

前几天,去给博士生上课,有位学生问:"老师,咱们专业的博士生,不延期正常毕业的有多少?"我说:"很多啊,比如甲同学、乙同学、丙同学。"学生又问:"可是,张师哥就用了4年,王师姐现在都第6年了！老师,你说我能正常毕业吗?"

博士延期,是让很多新博士生发怵、老博士生头痛的问题。理工科延期,多半是由于实验做不出来等客观原因;而文科延期,除了少数"某条约被突然废止"等不可抗力,绝大多数原因是可控的。换言之,很多的"延期毕业",实际上完全是可以避免的,以下若干经验,可以帮助你避坑:

经验一:别换博士论文题目

博士3年的时间,到底够不够研究一个课题？这问题没法回答,但可以粗略做一个类比:一个国家社科基金项目,通常的期限也是3年。完成国家社科基金项目的难度,基本与写一篇博士论文等同。只不过,首先要注意的是,约半数的国家社科基金项目需要延期。第二,国家社科基金项目是由多人共同完成的,而且,项目主持人是有前期研究成果的。与之相对比,对于一名博士生而言,用3年的时间研究一个课题,长吗?不长,甚至可能不够用。所以,选题必须谨慎,千万不要在研究中途换题目。哪怕新旧题目均属于你导师的研究方向也不行!不论这个题目多么讨厌,只要不是真的完全无从下手,就一定要把它做完。至于别的看上去更有诱惑力的题目呢?研究是一辈子的事啊。未来大把的时间可以去做。

经验二:写文章,得趁早

博士论文可以慎重选题,但围绕该方向的小论文绝对要趁早去动笔。例如,博士论文究竟要写浮动担保当中的哪个要点可以斟酌,但完全可以先围绕浮动担保写些感兴趣的东西。又如,博士论文要写WTO争端解决机制的什么问题可以再考虑,但完全可以就当前正在发生的几起争端解决案件写点儿评述然后投出去。

如此做的原因有二:第一个原因是论文的发表周期长啊!一篇论文从动笔到写完,用3个月的时间都不算多;从写完到发表,6个月的时间都算快的。因此,即便是从博一的第一个月开始动笔,看到第一篇论文发表都得博二了。更何况,绝大多数人的第一篇稿子,被拒个两三回都是正常的,光是审稿流程都得花个小一年。还早吗?再拖就完不成发表任务了,无疑得延期。所以,先动笔,再斟酌大论文选题。千万别等着大论文开题了再动笔写小论文。来不及啊!

而第二个原因则是更加实际的:读资料和写论文是完全不同的,只有把读出来的东西写出来,有这么一个产出的过程,才能对材料有更深入的了解。换句话讲,只有去"写",才能真切地发现资料中的逻辑关系和漏洞,才更加有助于确定大论文选题。套用我导师曾经说过的话:写了一篇论文,往往就能发现第二篇论文的选题。这是个滚雪球的过程,越滚越大,滚着滚着博士论文就定型了。

经验三:多住寝室少回家

我读书时,有个幸福的师弟,家离学校4站地。刚读博的时候,经常三五天见不着他的人影儿。突然有一天,我发现这小子似乎天天在学校住着。我问他怎么了,他说他被妈妈踢出家门了,说是读书就得住在学校。于是,半年后,该师弟科研进展直线上升,小论文一篇接一篇,正常毕业后顺手还把博士论文出了本儿书。其实原因也很简单:家里诱惑太多,比如电视、电脑、冰箱、空调以及各种好吃的。而学校网速慢,打个游戏都得卡半天;宿舍没空调,想凉快就得去图书馆;师兄师姐都在啃书,自己也不好意思看剧不是?于是,时间堆上去了,效率自然也就有了。

当然,倒不是每个博士生的家都在学校旁边,但是,博士时间相对自由,不谈寒暑假,正常的两个学期当中,一回家一个月的也大有人在。家在本地的博士生,就更容易没事儿就回去住几天。读过大学的同学,相信都有个经典经历:大一第一个寒假,相当一部分人会把四级资料、计算机二级资料或者高数课本带回家。结果,直到开学,那些资料还躺在行李箱里没被打开过。同理,难道读了博士,人的自制力就直线上升了?因此,博导们最不喜欢的博士生,不是笨的,而是根本看不见人影儿的。想要效率,想不延期,一定要多住宿舍多泡图书馆啊。那里才是催生论文的摇篮!

写博士论文，别给自己找退路！

我曾接待过这么一位来咨询的同学："老师，眼看着博二都快读完了，我越来越觉得研修报告里那个论文题目没意思，写不出来！我想换个题目！"我还能怎么样，一通劝呗。核心论点：第一，你以为换的题目就一定好写吗？第二，天下有好写的博士论文题目吗？第三，你能换一次还能换第二次吗？

首先说论点一。你为什么认为新题目就一定会好写？或者说，咱们先探讨下原来那个题目是怎么来的？辛辛苦苦研究出来的呗。当年考博时提交的那份研修报告，后面厚厚的那一堆参考文献，难道是复制粘贴下来撑门面的？抛开那个不谈，从读博至今，这2年时间，难道辛辛苦苦地看书，得出的唯一结论就是"这个题目不能写"？换句话讲，如果好几年的心血都没换来一个"好写"的题目，那么新换的这个题目，其靠谱程度无疑更是要打个折扣。雾里看花，当然觉得那朵花很美。然而，如果近距离观察，哪朵花儿会毫无瑕疵呢？中文里讲"这山看着那山高"，英文里也讲"The grass is always greener on the other side of road"（路对面的草总是更青），道理不外如此。

其次说论点二。你为什么会认为天下居然会有好写的博士论文题目呢？谁的论文不是一遍一遍被导师骂出来的呢？告诉你一个秘密，我自己的博士论文，成稿和开题报告当中的提纲，唯一相同的就是一级标题。对，就是"第一章""第二章""第三章"这个标题。从二级标题开始就全换了。你猜为什么？原先想得挺好，结果一写起来就不断自我否定了。所以，别看着别人天天写得很快，就觉得"别人的题目都好写，就我的题目真难写"。怎么可能！

最后说论点三。估计绝大多数见异思迁想换题目的同学都想不到最后这点，或者说想着换题目的同学，绝对不想再换一次题目。但是，此处会产生一个心理问题：一旦换了一次题目，潜意识里你就会觉得"遇到困难绕着走"是一个简单高效一劳永逸的问题解决方法。下次再遇到困难，就极有可能继续此种路径。即便不第二次更换题目，也很可能有意地技巧性回避题目当中最难攻克的问题。或者，遇到一个十分让人费解的案子，不去深入思考究竟是怎么回事，而是鸵鸟一样假装从来没看见过这个案子。再打个比方，马拉松跑到一半，绝大多数普通人都会累得不行。正在这时候，组委会安排的一路收容跑不动人士的大巴车停在你面前了，你上不上？我估计，只要上了一次大巴车，下次马拉松再开跑前，你就一定会告诉身边所有人：没事儿，跑不动了随时有车坐！

综上所述，读博期间废掉博士论文题目，真的只是很小概率的事件。比如你兴致勃勃地选了"TPP签订后的美国亚太战略"，结果发现美国退出TPP了，这种倒霉事件可谓少之又少。只要你导师没跟你说,"这个题目绝对写不了了,赶紧换",一定别急着打退堂鼓。须知,世上就没有不难写的题目。撑过去了,毕业了,你就赢了!

研究生各种"学术情绪"对照表及排遣方式

曾经,我有一个学生,综合素质还不错,第一次见面的时候他自告奋勇地要求承担一项任务——翻译某国的国际私法,我欣然同意。后来事实证明我俩都错了,这项工作对于一个研一的学生(法律硕士)来讲有点难。结果是,那孩子提交给了我一份将近8000字的翻译稿件,我用批注修改了将近1万字返回。然后就没有然后了,后来我几次找到学生想要推进这项工作,学生一直处于放弃状态。

当时,我比较年轻,把这件事情做了简单的归因,认为主要原因是学生中途放弃。随着我接触到的学生越来越多,指导经验越来越丰富,我突然发现这里也有我的问题,我那1万字的反馈可能把孩子吓着了。有时候导师需要先探测学生的学术能力,然后再制订学术任务。同理,学生也是如此,要先对自己的学术水平有一个清楚的认识,才能制订出科学合理的学术规划,否则还是会引发精神上的各种不适。但相反,一份难度适宜的任务也会引起精神上积极的反应哦。

图3是Csikszentmihalyi在1990年所作的一份教育

研究。其中横轴代表学生的学术能力,纵轴代表学生面临的学术挑战。当学生能力很低时,遇到低等、中等、高等的挑战时引发的情绪分别是:冷漠、担忧、焦虑;当学生能力中等时,遇到低等、高等挑战时引发的情绪分别是:厌倦和小刺激;当学生能力很高时,遇到低等、中等、高等的挑战时引发的情绪分别是:放松、有操控感以及放飞。

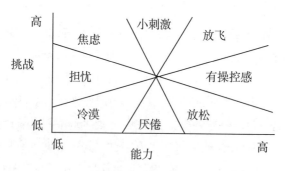

图 3　Csikszentmihalyi 的教育研究图

在表 1 中,加粗的是正面情绪,其余的是负面情绪。其中的"放飞"是我们追逐的最好状态,但是不能一下子实现,这是最终的目标。所以当学生出现了相应的状态,如不感兴趣、冷漠,有可能是老师给的问题难度低(当然也有学习态度不端正的问题,但本文暂且不讨论这个问题);如果学生产生了焦虑情绪,那说明他所面临的挑战对于其能力来讲是偏高的,他需要从更低层次的任务做起。

表1 学术能力不同的学生面对不同难度等级的挑战的情绪状态

能力	情绪状态		
	能力低	能力中	能力高
挑战度高	焦虑	小刺激	放飞
挑战度中	担忧		有操控感
挑战度低	冷漠	厌倦	放松

说回博士论文写作这个事情,很多同学在后台留言问为什么会焦虑,那是因为你面临的这个任务对你所具有的能力而言是挑战性很大的。那么这个时候应该怎么办?将这个巨大的、具有挑战性的任务进行拆解,分成若干可以完成的小模块和小任务,使自己的精神处于放松、有操控感的状态。经过一段时间的积累,可以再提高难度,从事一些有挑战性的工作,带来感官上的"小刺激",这样最终循序渐进达到"放飞"的状态。

总之,在博士论文写作的过程中,导师和学生通过调整"挑战的难度系数"尽量让学生保持在正面情绪的范围之内,避免出现负面的情绪,这是一个较为符合教育学的选择。现在回想起来,当年我和那个研究生都有问题,我给的学术训练剂量太大了,容易引发该生负面的情绪状态。此文,作为自己教学中的一个反思,同时也分享给有需要的老师和同学。毕竟每个人的状态不一样,学习这个事恐怕还是需要从学生的实际情况出发,制订较为个性的学习计划和分配较为具体的、有针对性的学习任务。

小提示:导师和学生面临的实际情况可能会很复杂,但是以上图表至少提供了一个观察的视角和纬度,希望对大家有帮助!

没痛苦过,你怎么好意思说你读过博?

但凡认识我的人,对我的评价都是开朗、乐观、积极向上……哎,就这么积极乐观的人,在人生中也有两次产生了极端的念头:一次是在博士论文的撰写期间;另一次是产后抑郁(到现在我都怀疑是不是博士期间的抑郁一直延续到生产)。博士五年毕业,资料阅读整理大概用了两三年时间,写作主要集中在第三年和第四年,后期校对和修改用了将近一年的时间。那时候我还在法国求学,每天规定自己至少写1000字,结果写到2万多字的时候,瞬间崩溃了,突然觉得自己完成不了。那种压抑、无望、孤独,对自身价值的全盘否定,对未来的迷茫以及对生命的质疑,我觉得用语言无法形容,只有从这种压抑中走过来的同道中人,才能体会这种快要把人压得透不过气进而想要放弃一切的感受。

博士生跟我们这些老师一样都需要每天看书、写文章,我们俗称叫作"搞科研"。很多人不理解我们这群"搞科研的人",总是会说,你们的工作哪有那么难,不过是你们矫情而已。要知道我家先生就是在女教授是个老师,很清闲能照顾家的"传统思想下"跟我结婚的,只不过后来体会到了我们科研的辛苦。我们当老师的经常会遇到从事其他职业的人、亲戚,甚至包括我们的父母……不明就里地说,你们有什么辛苦的,风吹不着,雨打不着,有两个假期,上完课就走,如果你们有压力那还让不让别人活了?

亲们,搞科研是要出东西的,是要写出东西的。你可能又要说,不就是看书学习吗?学了一辈子了有什么难的?根——本——不——是!今天我就要告诉大家,搞科研、写东西不是简单地学习知识,而是创造知识,是对大脑要求很高的工作,只有少数人才能完成。

根据布鲁姆的人类认知金字塔,人类认识事物有六个层次:识记、理解、应用、分析、评估、创造——我个人认为这也是人大脑思维能力的差别。平时读书、高考什么的,其实都停留在识记和理解的层面,到应用层面的都很少。唯独科研工作者的研究工作要对现有的知识进行整合,分析现实中存在的难题,然后把它解决了,从而创造出新的知识。从自然科学的角度来说,搞科研是推动科技进步和科技创新;从社会科学的角度来说,搞科研是推动社会进步和人类文明。举个例子,以前换个新手机,通讯录一顿倒,碰到兼容的手机还行,手机不兼容的,能累死个人。现在呢?管你什么品牌手机,分分钟一键就搞定。再举个例子,以前妇女是没有地位的,随着人权理论的研究,妇女逐渐享有了法律地位,享有了政治地位……这些都是搞研究推动的。

所以大家知道了吧,搞科研是最费大脑的一项工作,也是最难的一项工作。你有可能认为我说得有点大扯(东北话),但是想想现在科学理论的基础其实有很大一部分建立在爱因斯坦的相对论理论上,你对这个问题就会有所理解。只不过不是所有的研究人员都是爱因斯坦,贡献有大有小,也有一些人研究了一辈子没什么贡献。

搞研究就必须每天都看书,每天都思考,每天都想着写作,每天都想着解决问题,特别烧脑。你可能会说,别人的工作强度也很大啊。但是不一样,真的不一样。看书这个工作对注意力集中度要求达到90%,写作对注意力集中度的要求则近乎100%。也就是说,你开车的时候听个歌,有时候还能听评书,这都没问题。但你看书(专业理论书而非休闲娱乐鸡汤书)的时候听歌试试?你写东西的时候听歌试试?也就是每项工作对注意力的要求不一样,大脑参与度不一样,就使得难易程度不一样。还有一个朋友发给我一个歌单,告诉我写作看书的时候听,能缓解压力。我写东西的时候,老公在旁边喘气我都嫌吵,还听歌,真是不了解我们的工作状态。

所以,输出文字作品、思想等创新性的理论特别烧脑,精神压力大也是必然的。据说搞科研是最反人性的——人性喜欢即时的快乐,科研给不了;人性喜欢即时的成就感,科研给不了;人性喜欢嘚瑟浪,科研给不了。科研就是一个漫长的、寂寞的、自己和自己较劲的工作。

最后温馨提示:读博有风险,入行需谨慎!

写博士论文遇见的各种难，其实都是你性格和才能的短板

首先声明一点，写论文对谁来说都是一件很难的事情，如果有些人说不难，那是他好了伤疤忘了痛，相信我。如果你在写论文的过程中遇到了困难，感到困惑、迷茫、焦虑、沮丧，甚至抑郁……这都正常，因为人们在处理一件对自己来说有挑战性的工作，也就是超出了自己能力范畴的事情的时候，总是会遇到各种各样的难，也正是这些难提示着你，你的能力、认知，甚至性格存在短板，你可能需要克服、战胜自己。所以说，写博士论文这档子事，与其说是求学历、求知识，还不如说是挑战自己的短板和局限，然后实现自己的突破和成长。

读博士的就有这样的人——也许闲着没事干，也许还没做好到社会上找工作的思想准备，反正就稀里糊涂地读上了。多数人在读博士之前其实都没意识到这是一项很有挑战性的工作，会在未来的几年里让自己的情绪和能力发生很大的起伏。有些同学读着读着就哭着喊着说什么不读了，觉得自己不适合。也有些同学读着读着就抑郁了，说不清原因是什么，有可能是实验迟迟不出数据，有可能是问题意识一直没有，有可能是跟导师处得

不愉快，也有可能是编辑屡次退稿。

由于职业原因，很多博士生喜欢找我聊天。有些学生跟我说自己失眠；有些学生跟我说自己闹心，不是跟父母闹别扭就是跟男朋友吵架；有些学生跟我说觉得博士论文太难了；甚至有些学生跟我说自己尽力了，腰肌都劳损了，觉得自己很委屈。可能还有其他的症状。我想说的是，博士论文的写作对谁都是一样的，都是很难的，如果在写作过程中遇到了困惑，出现了一些焦虑或者其他的现象，首先你不要怀疑自己是不是读博士读错了，也不要想着自己是不是读博士这块料，没有人是天生适合做什么的。博士这份工作本身就需要人能钻研，只要能沉下心静下气，然后再以符合学术规律的方式坚持两三年，是能熬出来的。如果你熬不出来，那不是读博士本身的问题，是你的问题。

这个时候，你至少要反思一下，我为什么失眠了？我为什么焦虑了？我为什么困惑了，倍感煎熬了？很多跟我抱怨自己失眠抑郁的同学，其实本身最大的问题是连开始都没开始。所有的文献都堆在那里，看的书从来都没有超过前20页，然后你过来跟我抱怨博士太难读，其实是你自己太懒了，不自律、不刻苦。有可能你跟我说，老师我很自律，我每天都在图书馆泡着，十几个小时，我很刻苦。如果是这样，你还是不出成果，还是困惑焦虑，那么你要反思一下你的方法是否正确，你是不是对阅读、写作、做笔记、做文献综述有什么误解？我曾经给学生开过"如何阅读一篇文献——专业文献的分析型阅读"这门课，上过课的同学普遍反映，原来要这样读文献,自己之前顶多就是看看,随手在旁边做个眉批就完事了,合上书也没有什么印象。这不行,这属于线性阅读,不能满足论文写作的需要。所以,在这个时候你仍要反思自己,而不是抱怨人生太苦,选择错误以及命运的作弄。

日本设计师山本耀司说,"自己"这个东西往往是看不见的,你要撞上一些别的什么东西,反弹回来,才会了解"自己"。所以,跟很强的东西、可怕的东西、水准很高的东西相碰撞,然后才能知道"自己"是什么,这才是自我。

既然读博士是大家的选择,写博士论文对所有人来说都是一项具有挑战性的工作,那么当你遇到问题的时候,先别抱怨,也别感情用事,更别轻易放弃,而是要反思一下,在这个阶段出现的写作上的困难折射的是你的哪些短板。是不自律、缺规划、耐不住烦、不投入等人格上的短板,还是思路不对、理解错误、方法错误等认知上的短板。只有这样你才能用博士论文照见自己,一味地抱怨、抑郁、放弃甚至自杀逃避都是你选择放弃面对自己,也放弃了一个认识和提升自己的机会。所以,再咬牙坚持一下,你会遇见一个不同的自己。

博士研究生"自我放弃"指南

博士学位的获得需要一定能力的积累,这些是需要落实到每一天的,而不是一蹴而就的。

显性的技能包括:书籍文献积累;逻辑思维培养;文字表达训练。

隐形的能力包含:行动力,持续力,抗压力。

没能读下来的人:往往是想得多,做得少。

一、博士第一年

1. 理想状态

目标:尽快确定研究方向和领域,锁定研究主题。

资料:专业基础类文献精读100~200篇;专业基础类书籍精读3~5本;专业进阶类书籍精读5~10本。

思维:开始明白什么是批判性思维,逐渐培养自己的问题意识。

文字:能够自如撰写读书笔记,开始尝试写小型评论文(5000~10000字),会写文献综述。

师生关系:保持与导师适当频率的沟通,定期汇报工作并从导师处获得指导。(给老师写信发短信打电话用

"尊称")

2.放弃状态☆

目标:毫无目标感。

资料:还不能熟练使用各大数据库,资料搜集困难。看书没有持续的注意力和坚持度,通常无法完成整本书阅读;对所涉及内容一知半解。

思维:看书不会做笔记,论文到底是议论文还是说明文傻傻分不清。

文字:一般不会想到要练笔,还不知道自己文字表达有困难。

师生联系:没看书,不知道跟老师说些什么。

日常活动:看看书,看看电视剧,逛逛街,打打游戏,和朋友聊天,交个异性朋友……

心理状态:轻松(沉浸在博士生的名头下)而没有任何焦虑。(没有任何危机意识)

二、博士第二年

1.理想状态

目标:已经明确研究主题,并能够确定毕业论文的选题和若干篇小论文的写作思路。

资料:围绕确定的研究主题进行全方位的论文检索和阅读,相关书籍至少阅读10部。

思维:有了清晰的问题意识,有了较强的议论文写作思维与能力,能统合若干资料。

文字:已经能够驾驭1.5万字左右的议论文写作,手中有3~5篇成型投稿稿件,开始联系投稿。

师生关系:经常与老师进行问题意识上的交流,从导师处获得深刻而具有针对性的指导,从选题确定到论文逻辑框架,最好得到老师的认可,否则努力极有可能是白费的。

2.放弃状态:☆☆☆

目标:仍然不知道自己毕业论文要写什么。

资料:看了一些乱七八糟的资料,很杂,但此刻更偏爱心灵鸡汤类读物。

思维:仍然缺乏问题意识、批判思维;论证能力很弱。

文字:强迫自己写东西,发现写东西好难。

师生关系:害怕老师问自己的学业进展,尽量避免跟老师联系。

日常活动:看书,追剧,逛街次数减少,游戏次数增多,异性朋友可能还有。

心理状态:由于开题、考核日益临近,会出现轻微焦虑,偶尔失眠等状况,但紧迫感不足,行动力仍旧跟不上。

三、博士第三年

1.理想状态

目标:博士论文从初稿到定稿,从提交到答辩,至少有2篇小论文已经发表。成功毕业!

资料:围绕博士论文选题的资料已尽可能阅读完毕,对于主要观点、研究深度和广度有了非常深刻的认知。对所研究领域非常了解。

逻辑：有了非常清晰的问题意识，逻辑思维成熟而深刻。

文字：驾轻就熟地进行写作，活用各种题材、各种体裁。

师生关系：由于在写作过程中获得导师指点，深感导师不易，充满感恩心态。

2. 放弃状态：☆☆☆☆☆

目标：非常着急且已经意识到要写博士论文，但是不知道如何下手。

资料：开始阅读资料，但是被淹在资料堆里，有种溺亡的感觉。

思维：仍然不具备逻辑思维，问题感弱。

文字：表达语无伦次，读书笔记、文献综述、小论文、大论文一个都不会写。

师生关系：越发害怕见到老师。

生活状态：活动全停，游戏次数增加，异性朋友可能没有。

心理状态：焦虑，失眠，夜晚会从睡梦中突然惊醒，魂不守舍，已经出现了祥林嫂的某些症状，后悔读博士，开始怀疑人生。

结论：回想起来，博士是自己一步一步放弃掉的。

师生互动篇

导师使用说明书

此文的主要功能在于和大家聊聊,读博士期间究竟能够通过导师获得什么。或者说,应当对导师有着怎样的一个期待,什么事儿可以期待导师帮忙,什么事儿不能期待导师帮忙。

1. 可以从导师那儿获得方向指引,但绝对不要向导师要题目

简单地说,就是在写一篇论文之前,可以去问问导师这个可以写吗。一般来讲导师如果发现这个题目不能写都会直言相告的。这里所谓的"不能写",可能是学术界不关心,也可能是题目不是博士生能够驾驭的。例如,我导师举例,某博士生把最终的大论文题目定为"论民法上的诚实信用原则",后来发现根本写不完,太大了。但是,反过来讲,导师认为能写的题目,其实具体落到某个博士生身上,也未必能写。原因在于,导师认为能写,是站在他的学术积淀上看觉得能写,但博士生很可能由于学术水平不够高而驾驭不了。所以,实在不建议在写论文阶段(不论是小论文还是毕业论文)去和老师要题目。要来的题目可能会是个好题目,但是也完全有可能是超出博士生学术积累的题目。

师生互动篇

2.可以找导师帮忙看论文,但不要期待导师署名发论文

通常来讲,导师不会拒绝帮学生看论文,但是相当一部分导师不愿意带学生发论文,不论是第一作者还是第二作者。原因很简单:一旦论文被认定为抄袭,导师的硕导、博导资格很可能就会废掉了。因此,在我读书的时候,导师从来没带我发过论文,尽管我对自己的学术道德很有自信。在这一问题上,如果导师过于谨慎,千万不要因此产生不满情绪。

同时,请导师帮忙时,最好同时说明你期待得到的帮助。例如,我某次论文写完,标题怎么拟都感觉不得劲儿。请导师帮着看时特别提出此事,导师大约只用了一分钟就拟了一个新题目,遂定稿。

3.可以找导师聊学术研究近况,但不要期待得到具体的答案

找导师聊学术研究近况,一方面可以让导师对你更加放心,不担心这学生突然出什么状况毕不了业;另一方面也可以让导师看看进度,如果导师发现你什么地方过于纠结可以及时叫停。此过程可以面谈,可以邮件,可以先汇报进度再提出自己的困惑,但是最好提方法论上的问题而非具体问题。例如,可以问对于这一现象,我是这么分析的,导师您看到底有漏洞没;但不能问为什么英国这么规定而美国那么规定?反正,在我读书时,导师永远不会回答我的具体问题,尤其是知识性问题。我要是敢去问,得到的答案一定是:"你是怎么想的?"如果我胆敢回答:"我没什么想法。"下一个回复一定是:"先去想,有

思路了再来找我。"后来一想,原因也很简单,读博士原本就是一个独立探寻答案的过程。什么都问导师,毕业了怎么办啊。不如在导师的指导下自己探路。

总之,在读博这条路上,导师是你的帮手、甚至是你的明灯,但绝对不是你的"哆啦A梦",能随时掏出一堆宝贝帮你直接解决掉问题。但不论如何,导师永远是你从学生走向教师的最后一位引路人。请务必珍惜这段有人护航的时间!

知否知否：导师是来帮你的，不是来为难你的！

有次开会，院长说："每年3月都是各大高校、各位导师们心情最为不好的时节，因为要修改学生的毕业论文。"的确如此。教书育人是老师们的本分，针对"教书"部分，咱们必须做到有教无类，对得起天地良心；但是针对"育人"的环节，咱就有必要把其中的权利义务掰扯明白，谁让咱是法学出身，就擅长划清界限呢。

有一段时间我忙着推进几项重要的工作，修改研究生毕业论文、博士招生面试、博士毕业论文预答辩、博士开题……所有的事件也都发生在这几个环节。一个博士候选人跟我说："老师，我要是考上了，这几年就靠您了，请多多关照。"我直接就怼回去了："我靠不住，你还是靠你自己；你如果自己也靠不住，就不要考了。"

导师和学生之间的关系类似于教练和球员之间的关系，导师只教你怎么踢球，不能直接上场替你踢，希望你能明白这个事情。如果一上来就有依赖思想，那么我估计这个博士十有八九是毕不了业的，这个界限必须得划清楚。而且，假设你读博士读的是吉林大学的博士，吉林大学博士专业是教育部设置的，你想读博士归根结底还是你和教育部以及吉林大学之间形成的关系,导师只不过是受到教育部委派,使你具备完成这个博士过程的必备技能,这个过程你不愿意学或者学完了不愿意做,导师都没有办法强迫你。你要搞清楚,这个读博读研的事归根结底是你自己的选择,并且是跟导师的"大老板"——教育部达成的协议,本质上导师只是辅助你。

另外几个写毕业论文的同学在认识上也有问题,论文写得不理想,邮件里说没有达到老师的"要求",当然也有埋怨老师要求高的。错!错!错!这不是导师对你的要求,这是教育部对你的要求,导师只不过是协助教育部在你读博读研的过程中明确这个要求是如何量化、如何指标化以及如何被评价的。至于你为什么会被这种"要求"所约束,肯定不是导师蛮横不讲理,非要纠结你这句话结尾是用"逗号"还是"句号",而是源于你自己作出了"读研或者读博"的决定。

导师从"理性上"对你没"要求",因为他的养老不靠你,他自己和他的儿女能解决这个问题;他的事业发展不靠你,通过他自己的努力能解决这个问题。但导师对你有"情感上"的"希望",从教师的良心出发,导师希望你能尽可能高标准完成教育部以及学校的要求,将来在社会上能从容面对各种挑战。如果你学有所成,能够成为对社会和国家都有贡献的人,导师真心替你高兴和骄傲,也与有荣焉。但是,这只是希望,不是要求,因为导师没有能力要求你。我们既不是你的衣食父母,没有抚养你长大,你不靠我生存;我们也没有像教育部一样的权力说不让你毕业就不让你毕业,说不给你发文凭就不给你发文凭。现实情况也说明了这一点,如果学生不按导师的指导走,我们也就是拿你没辙!

但是作为教师,我不否认我有责任,我的职业要求我兢兢业业、恪尽职守。这一点没问题,这是我和教育部之间的关系。我会努力把我的所学,用适合你们的方式呈现,我努力加强对你们的引导,所以不管多忙我们每周都要见,都要讨论,都要读书。为此,我每每殚精竭虑,希望我所讲授的内容能够被你们更好地理解和吸收。我特别害怕辜负了"教师"这个光荣的称号。但是,亲爱的同学们,在你和我的关系中,我只是个辅助,路还是要靠你们自己走的,你们脚上的泡也是自己磨出来的。尽管我希望你们少走弯路、少磨出泡,但我并不是这一切的主宰,我做了我应该做的,其他的我决定不了。

写这篇文章的初衷是希望大家能够正确认识导师和研究生之间的关系,从理性上来看,正如上文,我对你所有知识的传递、技能的训练、学术的引导都源于你和教育部之间达成了一个"协议",这是我们之间的"原因关系"。另外,教育部指派我来指导你毕业,这是我跟教育部之间的关系,请你不要把我上升到教育部那个层面,认为所有的规矩和要求都是我自己衍生出来的,我并没有这样一种能力。但是从情感上看,再加上教师这个职业的神圣性,我希望我们之间沟通顺畅、关系友好、相处和睦;老师要有老师的样子,学生要有学生的样子,我也愿意用我一生所学助你一臂之力,希望你有一个好的前程。

乍见之欢不如久处无厌
——确认过眼神，我才是对的导师

每年考研结束，邮箱里就会收到很多同学的自荐信，要求我做他们的导师。有的学生有过几面之缘，有的学生素未谋面。我在这里首先感谢各位同学的认可，但是我也知道，与其有乍见之欢，不如无久处之厌。研究生3年说长不长，说短不短，如果读博士，打底就是6年，如果没有确认过眼神，彼此还是比较煎熬的。更主要的是，教育从来不是灌输，而是点燃，一个对的导师能够将你的小宇宙点燃，如果我不是那个对的人，我也实在承担不起耽误你3年青春的罪过。所以在这里，我把对研究生同学们的一些要求和想法写下来，供有需要的同学考虑。

如果你的目标只是毕业、混学位、考个法考，就别报我做导师了。因为咱们的三观不一样，在一起会很累，我也不想一遍一遍地跟学生强调：你得练习写作，你得关心"一带一路"和国际局势（我是国际法专业，这个必须得关注）。研究生是要从事研究工作的，我的研究生不能只读一个学位、过一个法考就混下来了。在研究生期间要完成很多学术训练，包括法律思维、文献检索、论文写作、口头笔头表达、科研能力等，这些能力对你以后的学习和工作都是至关重要的。我还是希望能找到一个志同道合的学

师生互动篇

生,直接进入做事的状态,别总在认识层面上磨合,而且我也对抗不了你的原生家庭给你形成的人生观。

如果你是三分钟热血的人,就别报我做导师了。无论是写作还是专注某一领域的学术研究都是一件很累、很苦,甚至是很难的事情。我遇到了很多一开始劲头很足,但是一遇到困难就放弃的学生,这样的人没有韧性,吃不了苦,就别在我这里浪费时间了。我的格言是,只要学不死,就往死里学,短暂的激情是不值钱的!

如果在学术训练上你不能坚决地听从导师的指引,既没配合性也没执行力,那就别在我这里讨苦头吃了。研究生阶段给大家确定一个导师,目的就是让导师这个过来人用自己的学术经验和经历指导大家快速成长,在研究生毕业的时候能够具备与硕士学位相匹配的能力。所以,导师关于学术训练的指导得听啊。有时候我让学生练习写作,学生说太苦坚持不了。有时候我让学生文献检索,学生说太低级,不想做。再布置一些工作,学生就玩失踪,找不到人了。我一直强调,学生之所以需要导师,是因为无论是在生活上还是在学业上,你们都还只是孩子,有很多认识不到的地方,这时候需要老师。我希望你即便不理解,也能执行和配合,而不要逃避,这样最终耽误的是你自己。说这话的时候,我很是胆战心惊的,因为最近关于导师和学生跳楼的事情弄得我也是惴惴不安,生怕哪句话说得不好,学生一气之下就寻了短见。但是在这里,当着全国人民的面,我对"灯"发誓,我是女老师,深爱自己的先生和两个孩子,我不会用私人事务叨扰学生。我也爱自己的学生,希望你们能够在我这里得到最好的学术训练。但是切记,你们如果在学术训练上不能紧跟老师的步伐,就将错过人生最美好的一段学习时光。

我有一个团队,这里集中了一些比较上进、努力学习的孩子。他们既是我的学生,又是我工作上的助手。我相信一个人的力量有限,所以我也特别注意团队的培养。在这个团队中,每个人有不同的工作,我希望你们能够彼此尊重、配合,形成比较好的人际关系,互相关照。另外,我也希望你能尽快地在学业上成长起来,为我们共同的"一带一路"研究做出贡献。但是我还是要善意地提醒你,在我们这个团队里,如果你不能像这些积极努力的孩子一样(他们保持着很好的看书、检索、写作、团队协作等习惯),你就有可能被边缘化。所以,在我这里如果你要混日子会很难受的,因为心理成本会很高。

我是一个比较积极上进、对自己要求也比较严格的人,因此对学生的要求也很严格。你想一个对自己下手都挺狠的人,怎么会容忍别人懒惰呢?我希望你是一个勤奋上进的孩子,能够成为老师助手的同时成就你自己,把自己的潜能全部挖掘出来。我是一个这样的老师,请你一定一定看清楚,我对你要求高,是因为我觉得你有潜力。如果你拿别的老师对学生是如何宽容来责备我的严格,那我会觉得好无辜的。因为我费了那么大劲,只是希望你能遇见更好的自己。

这是我想到的几点,如果你觉得咱们两个在一起能行,那我欢迎;如果你觉得眼神不对,那我也预祝你有一个美好的研究生生活!

你问我读博士是否可以,我问你男朋友是否托底

又到一年考博时,不少学生问我:老师,我想考博士,你看是否可以?而且问这个问题的绝大多数是女生。通常我的回答是,你先告诉我你有男朋友没,有的话是否托底?哈哈,很好笑吗,一点都不好笑,甚至很残酷!

正常的情况下18岁上本科,4年本科加上3年研究生就已经25岁了,再念一个博士顺利毕业都28岁了,稍有延期就会30岁了。女性到了30岁,婚姻市场就急剧萎缩,再加上这么高的学历,能跟你匹配上的人少之又少,内心的焦虑指数随着年龄也会不断地增高,再加上博士论文的压力与折磨,很容易就抑郁了。所以,这个问题必须得考虑清楚。

男女是否能实现真正的平等我不太清楚,反正就我的观察来看,男性和女性有一个最大的不同——女性一切都是有"点儿"的,也就是到了某个时间就必须要完成某个事情,否则就会有相应的后果。比如30岁之前,对象还相对好找,30岁之后,很多人就已经望而却步。35岁要生孩子,否则就是高龄产妇。而男性没有这个时间的限制,30岁的男人才刚刚开始成熟,女性却已

经要开始走下坡路了。这其实是很现实的,也很残酷。

再者,学历太高对于找对象也是个问题。大家一直都说男性多女性少,女性很好找。记得我刚生完我家老二,在小区里遛弯儿的时候,一位大爷就说,生个男娃将来找对象是个问题。我笑而不语,内心呵呵了一下,心想您是太不了解现代的行情了。

中国确实是男多女少,但是这是结构性的。我家的男宝,一定是抢手货。嘿嘿!听我细细跟你掰扯一下。中国的大部分男性集中在县城和农村,男娃在农村是劳动力,不管怎样都要生养一个,而女娃却没那么重要。在那里聚集了大量的适龄男青年,但是却找不到相应的女青年,一方面是因为女青年数量少,另一方面是因为女青年可以远嫁。所以,男多女少在那里是成立的,而且婚姻成本极高,光彩礼钱就不少,这导致很多人一辈子打光棍。我的姨娘在一个煤矿做工会主席,多次跟我交流过这个问题。

在城市,高级白领精英男并不多,相反,本着女孩要富养的心态,她们基本上都尽可能地获得了高学历,这就导致了在这个阶层的男性要少于女性。所以我的学生一上了研究生,我就会告诫她们,迅速在周围找一个,不光是在本学院,到工科、理科都要扫描到位,这也是一场竞争。不要不好意思,要从本质上认识到这是一场竞争,该出手就出手,否则就会贻误战机。不过好像近年来也有婚恋网站关注到了这个结构性的现象,早期的什么百合网,各种人群都是它的客户,现在好像有一个什么斯年网还是邂逅斯年什么的,专注高学历的婚恋市场。这些也是可以尝试的,不要拒绝,越是文明进步的社会,人们越是要用最小的成本来获取最准确的人生伴侣。但这些方式我都没尝试过,没有太多经验啊。

还有一个就是不要在错误的人身上浪费太多的时间和精力。我有一个师妹,过了28岁,通过别人介绍认识了一个男生,其实一开始都觉得不是特别合适,很勉强地维持了几个月,在我的劝说之下分了手。我当时是这样说的,"你现在时间不多了,不要在不合适的人身上浪费太多的时间,你还有一次失败的机会。"不过最后她还是顺利地在30岁结婚了。

亲爱的女同学们,博士不是你想读就能读的,把这些事情都提前想好,省得到最后被这些稻草压死。本篇只说了一个混合时间成本的婚姻成本,下次再谈谈机会成本和心理成本。

孩子，你需要把自己放在关系中思考问题

师生关系其实是一种社会关系。早在3月份复试结束之后就有很多学生写信联系欲选择的导师，而通常每周二晚我会给师门学生开读书会，于是我很客气地问写信的学生们周二是否有时间，如果有就可以周二晚上见面。但是周二晚上我既没有看到学生，也没有收到是否要"相约星期二"的最终确认信件。我想，学生可能是改变想法了吧。这很常见，尽管我觉得沉默也不是解决这个事情最妥当的方法。结果开学了之后，之前写邮件的学生又开始要约我见面，并且告诉我上次的时间不妥当、不方便。这是典型的从自己的角度考虑问题的学生，即使不方便也要在当时给到对方一个通知和确认，而不是默不作声。通常这种邮件我是不回的，我的存在不是为了跟你相约见面，也不是为了等你的邮件，这说明你并没有把自己的行为放在关系中，也没有考虑关系中的对方。这种学生调教起来比较费劲，光磨合思想认识就需要几年，根本没有办法进行专业学术训练，很累心。

还有的学生给我发邮件，告诉我他选择导师有一个标准，得是博导，而我恰巧是。我也是默默地关上邮

件,不会回复。"博导"并不想要你这样的学生,我需要一个能照顾到对方感受,能把自己放在关系中思考问题的学生,而不是你想怎样就怎样的。还有的学生容易玩儿消失,让老师找不到人,这样的人我也不喜欢。师生是一对关系,要时时刻刻让别人对你保持有可预见性,如果你总是给人感觉不靠谱、没交代、没反馈,别人是不可能对你产生人身信赖的,你的导师也怀疑你能否顺利毕业,是否会砸在导师手里一直毕不了业直至抑郁。这种学生也很难带,因为他不从别人角度尤其是与他有联系的对方角度考虑问题。

在中国,父母子女之间的关系其实不能算作真正的社会关系,因为在这种关系中偏爱、倾斜太多,也就是父母对子女的照顾和退让太多,有时候甚至没有原则,这就导致了孩子习惯性地从自己的角度考虑问题,而几乎不用在乎他们父母的感受,尤其是在这个孩子学习很好的情况下,父母几乎能够包容孩子身上其他任何"缺点",而不去考虑是否要纠正。一方面,由于中国社会发展的压力太大,反馈到每个家庭就表现为孩子必须成才,一个孩子如果不成才将会对家庭,尤其是父母的老年生活造成巨大的影响,所以每个家庭,尤其是中产阶级在培养孩子、关注孩子成绩方面无所不用其极。另一方面,中国旧有家庭传统和秩序已经被打破(在我父亲小的时候接受的私塾教育,家庭礼仪非常严格,稍有不慎会有家法伺候。我在小的时候,家里规矩也很多,现在则完全没有了),新的、西方的自由平等观念进入,但是同样来自西方的秩序和规则意识在中国家庭中却没有确立起来。

这就导致了中国家庭以爱为名义,但是行为却时常没有界限,无论是大人还是孩子。

  这就导致了在这种文化背景下,来到我们学校的一些大学生,他们多半学习成绩很优秀,但是在思想上和行为规范上却极其没有界限,他们习惯从自己的角度考虑问题,而不考虑别人的感受,完全忽略了自己的行为对处于关系中的另一方产生的影响,别人不可能如父母般地对你包容忍让,也不可能因为你学习好就包容你所有的缺点,这社会有自己运行的规则,完全不以一个人的意志为转移。如果一个人单纯地从自己的角度考虑问题,想怎样就怎样,完全忽略处于关系中的另一方的感受,完全忽略关系中人们的行为准则,即使他学习成绩很好,也很难成才,这样的孩子只有在吃很多苦头,受很多磨难后才能成长。还有一些成长不出来的,把这些磨难归结于关系对方,而不是从自身思考问题、努力改变自己的孩子,他们将终身被困在自己的思维模式中,不得解脱。

  说了这么多,无非几层含义,我虽然不愿意带这种自我意识比较强的学生,因为面对他强大的原生家庭,以及大学作为教育链条的最后一个环节,能做的改变真的不多。但是,我还是愿意分享一个成熟中年人的感受和看问题的方法,给到这些孩子一个启示,帮助他们尽快地进入到社会的关系中,恰当地表达自己的感受和需求,尽快脱离原生家庭的思维和行为惯式。另外,我始终担忧在中国现在的家庭教育中所谓的自由、平等、爱和包容的理念太多,却忘了秩序、规则和界限。这种教育培养出来的孩子尽管成绩优秀,也难堪大任。因为未来孩子面对的舞台是社会,而不是家庭,社会中的关系是讲究界限、秩序的,你让别人不舒服或者越过了行为的界限,最终只会让自己也不舒服。所以,这不仅是一个我带研究生发现的问题,也是一个具有普遍教育意义的社会问题。

学习不是老师做了什么,而是你做了什么!

一年时间里,我大概指导了5篇本科生毕业论文,6~7篇硕士生毕业论文。毕业论文写作的过程是非常考验学生心性的,根据布鲁姆的认知分类理论,平时学知识属于记忆和理解,而写作则涉及分析、评价和创造,这对学生来讲基本上属于一个非常难的工作。

一个学生的论文不过关,原因在于文献资料收集、整理和梳理得不过关,因此总是拿不出好的主题和框架。于是乎我就反复让她补充素材、整理素材,增加文献的厚实度。但是显然这位同学已经失去了耐性,当我第三次以"太单薄,没有文献支撑,没有足够的说服力"的理由退回她的开题报告,让她继续补充阅读之后,她在电话里冲我大吼了一句,"论文都我做了,那老师你能为我做什么?"

说实话,我还挺震惊的,虽然我对学生在写作过程中出现的各种学术情绪还是有所了解和准备,但是对于这么没有"三观"的话还是第一次听说。我按下了心中的不悦,调整了一下情绪,平静地说,"我只负责指导你,按照学校和教育部对于导师的要求,按照毕业论文的写作规范和要求指导你,剩下的工作需要你自己完成。饭要你自己一口一口地吃下去,路也要你自己一步一步地走下去。我就是个教练员,只能告诉你在写作过程中出现的问题和指引你继续前进的方向和路径,我不能替你写,正像足球教练没有办法上场踢球一样,所以,学习不是老师做了什么,而是你做了什么。"

学生沉默了一下,跟我说别的同学的老师或者给了思路,或者给了标题,或者帮忙做了很多工作,只有我是从旁指导,从不插手,为什么这么不近人情?我只能跟学生说,非常抱歉,这不是我理解的教育,更不是我理解的师生关系。我的孩子在小的时候我都不会帮她做"她应该做"的事情,因为这是她的成长,不是我的成长。对于学生,首先,我们都是成年人,自己选择了在高校学习这条道路就要对自己负责,拿学位的荣耀和写论文的艰辛都要学会自己承受。其次,教育本身并不是教师做了什么,而是学生做了什么。教师的工作是从旁指导,不要期待我能帮你做什么,因为一方面这会限制你的学习;另一方面我有很多学生,我要是都这么做,我会被累死。最后,对于那些为学生做了很多"学生应该做的工作"的老师,我只能说我并不赞成这种做法,不管出于什么样的目的,也许有不得已的苦衷,但是无论如何我都不会这么做。搜集资料、确定选题、阅读、整理、确定大纲,这都是学生必须要完成的学术训练,如果资料给准备好了、选题给准备好了、大纲给梳理出来了,那学生需要的学术训练、学生需要做的思维培养怎样获得呢?

经常会有学生问我要选题,我都不会给的,因为确定选题是一个必要的学术训练过程,是学生学习生涯的一个必经环节,不要期望我会插手那么深。我的工作只不过是在你遇到困难的时候给你一些指点,用正确的方式帮你渡过难关,而绝不是伸手帮你做你应该做的事情。你在我的指点之下需要自己努力和付出。毕竟这是你自己的学业和人生,我只是在旁边不断提醒和纠正你的人,不要期待我会"喂"你,那样会让你丧失自己奋斗的能力。

所以,亲爱的同学们,不要问我要选题,不要问我要研究方向,要自己去寻找。我可以用我的专业素养和经验给你一些意见,至于一些必须身体力行的事情,你不要指望我,毕竟这是你的学习,你要对自己的学习负责。最终你学习到了什么、积累到了什么,是取决于你自己做了什么,而绝不取决于老师做了什么。

活儿都是给自己干的，不是给别人干的！

曾听同事讲了这么一个故事，某新生在开学之时联系指导教师说："本人对指导教师没有任何要求，只希望老师您不要管我，也不要给我安排工作，研究生3年我有自己的打算，总之您不要管我。"我的同事是一位新晋导师，没有带学生的经验，跑过来问我这学生要不要带。

理科生不做实验可能就没办法毕业，文科生不跟老师做研究、做项目其实毕业也很勉强。像这种一开始就跟老师表明"不合作"的学生，怎么指导？怎么毕业？每年有研究生新生联系我，我都会让他们先看我的公众号，通过公众号了解我带研究生的方式和方法，还有我对研究生的要求。如果能接受，我还会继续面聊，了解该生的未来职业规划、学习规划；同时我还要告诉该生，你需要干活，至少每周要翻译一篇文献。可以是我给你，也可以是自己按部就班地翻译自己的资料库里的英文文献。

绝大多数学生会接受我给他们布置的翻译作业，同时他们还会辅助我做一些文献检索、论文校对、资料搜集等工作。有很多同学做得不是很认真，我会批评他们。他们会说，"老师我最近忙，不能给你干活儿了。"说实在话,这样的学生我就不会再找他,因为一个老师对学生最大的惩罚就是放任自流。

每周一篇英文文献是最基本的,如果没有这种积累,最后论文怎么出来?如果不是跟老师在"做中学",哪还有什么其他好的方式?学术训练是需要实打实地阅读、做文献综述、思考和写作的;在导师的指导下"以干代练"是最为简单的方式。通常老师会有自己熟悉的领域,在研究生刚入学的时候,做老师熟悉领域的一些基本检索、阅读、整理、搜集、分析工作是非常正常的。

但正是这看起来非常正常的工作会被很多同学认为是给老师干活儿。说实在的,如果给我干活儿,我真不用你们,因为你们做得粗糙,我还要指导,在很多情况下并不能直接拿来用,只是一个练习的习作,我还需要打磨。这个训练过程最大的意义在于它能提供一个机遇让你们在其中不断受到熏陶并顿悟,同时为毕业论文打下坚实的文献基础。所以,这并不是给我干活儿,而是给你们自己干活儿。

亲爱的同学们,既然给大家分配导师,就是说明大家需要在导师的指导下进行学术训练。而导师指导学生最好的方式就是分配任务,以干代练。那些一开始就拒绝老师布置任何任务的研究生,你来大学真的是读研的吗?那些认为这些工作都是给老师做的研究生,你知道其实最需要这种训练的是你自己吗?

写这篇文章的目的是想说,研究生不是上上课、实习一下、考个试、拿个毕业证就过去了,这些都是表面的东西,而思维力、学术能力才是这个毕业证的含金量。锻炼自己的思考力、表达力是需要在老师的指导下进行相关工作的,如果你拒绝或者你认为这是老师给你的额外工作,那最终会耽误自己!

当然,有一种情况需要注意,导师布置的工作有公、私两部分。公的部分是涉及你的培养,师门公共事务;私的部分是老师自己的私人事务。两者不能混为一谈。本文并不试图掩盖那些把学生当作廉价劳动力,以权谋私的行为。请同学们注意区分!

导师的指导代替不了你自己的努力！

论文写作有一定的客观规律和节奏，导师的责任就是按照写作的规律一步一步地指导学生并且跟学生强调每个部分大致的形成方法和思路，其余就得学生自己做了，因为是学生需要通过写作获得能力而不是老师，身体力行的部分必须靠学生自己。导师把方法告诉学生之后，学生要想掌握这种方法就得不断地练习。正所谓"师傅领进门，修行在个人"。

同时，论文写作的步骤虽然是明确的，老师也需要按照这个步骤指导，但是每个步骤持续多久，学生在这个步骤的学习效果如何，什么时间进入下一个步骤等其实是由学生决定的。因为老师手中只有标准，什么时候你达到了这个标准，你才能进入下一个环节。没有问题意识，你的论文题目和大纲就出不来；没有论文大纲，你就不能动手写；不能动手写，你就不会有初稿；没有初稿，就谈不上什么修改。对于能不能进入下一个步骤和环节，老师只是指导，能决定的东西有限，归根结底需要学生自己努力完成这个步骤，就像长跑教练教授呼吸方式、跑步动作之后，学生得自己去跑。但是在写作这部分，很多学生分不清老师和学生之间的界限，不在自己努力的范畴之内下工夫,反而一遍一遍地要求老师指导,这样解决不了问题。

举个例子！一个学生,题目和大纲确定之后,几乎是不超过24个小时就给了我初稿,虽然当时我心下很震惊——这速度太惊人了,已经违背了论文写作的基本规律,但是我还是看了,耐心地指出了里面存在的语言、逻辑、基本理论问题。学生态度倒也很诚恳,虚心接受了修改意见,但是不到一天又返回给我修改稿,我看了后发现还是原来的问题没修改到位。于是告诉他继续修改。结果也就半天的工夫,又修改一稿给我,还是原来的问题——没有修改到位。我连续也发了几篇相关的文章给他,让他仔细研读,他貌似也没有了解清晰就又开始修改。这个问题其实我也说了好几遍了,但是还是类似情况频出。

还有一个学生,基本思路有了,我让他试着提炼出来标题和大纲,几乎是上午发过来一稿,不行的话就下午再发过来一稿。我也是被搅和得心烦,于是狠下心跟学生说,"你现在需要的是思考,沉下去体会,慢慢悟。你缺乏的是对基础知识、理论的统摄、对问题的驾驭和领会以及对逻辑的整合,这些东西需要时间加深自己对这方面的理解和功力,而不是不加思考地很着急地通过一遍又一遍的、不到位的、快速的修改稿来榨取你的导师"。因为问题已经说得很清楚了,这是一个做得是否到位的问题,这其实不是一个导师能解决的问题。也就是说,导师能给你方法和指导,但是实现这个方法和获取能力的努力和耐心是需要你自己慢慢领悟和获得的。

所以,如果你没有在思维、理解力和能力上有突破,一遍又一遍地提交没有实质进展的稿件,只是想通过导师的所谓指导就能实现论文的顺利写作,我可以很负责任地告诉你——办不到,因为导师治不了"懒病"。这么说你可能觉得委屈,事实上碍于情面我也不想这么一针见血地指出这个问题,但是其实这就是一种懒,不愿意观察、评估和琢磨自己思维上的问题,不愿意通过自己的努力达到老师的标准,表面上看起来频繁地跟老师联系和沟通,但是每次都是无效沟通,都是老问题,没有任何进展。就像一个长跑运动员总是跟老师探讨呼吸、动作、姿势,但是自己从来都不练习长跑,或者跑的量不够,你跟老师探讨再多也无济于事。

这个时候,我通常会告诉学生耐心思考几天,不用这么着急回复我。有时候学生还会说自己很笨,其实这也不是一个笨的问题,是时候不到、火候不到的问题。写作对谁都是一个很难的工作(请参见《从教育学角度看,写作是最好的学习方式!》),都是需要付出很大努力才能成功的,你的努力程度不够,然后还给自己贴了个"笨"的标签,你觉得对自己公平吗?所以把这个问题写出来,提醒各位同学,要正确看待论文写作!

写论文不跟老师联系,后面一定会遇到大坑

有老师跟我说,我一个学生的文章被她痛批,因为从选题到论文写作都不成样子。这个老师问了一下:"你没跟老师商量吗?从选题到写作?"学生说:"没有!"对于学生写东西不跟老师联系这个事我是很不赞成的。这还是一篇小论文,如果是毕业论文,你都没有经过我的过程控制,就自己偷摸写完了,我还怎么改?我是让你重写,还是重新选题?

我一直跟我的学生说,你们在写论文的时候有几个环节必须跟我商量,我确定之后你才能进行下一个步骤。论文写作是一个系列活动,从开始确定研究领域、收集文献、阅读文献、整理文献、梳理文献综述,到确定选题,再到列大纲,而后才可以开题。开题通过之后就可以正式写正文,正文写完之后还要修改,不断地修改才能定稿,然后补充其他部分。这个过程是环环相扣的,如果之前的环节没有处理好,就开始进入下一步,那么最后的论文即便写成其实也是很有问题的。在这个过程之中,你需要在以下几个环节跟老师商量。

第一,老师要看你确定的选题方向。有些同学不研

究导师的方向，而是选择自己感兴趣的。你选什么不要紧，你得知道你这个选题方向到底可不可行、能不能推进下去。有些选题方向现在艰难，看不清未来方向，比如现在再选题就不建议围绕WTO来进行，因为WTO后续的发展趋势不是一个小小的研究生能够把控的；还有一些研究生选择那些技术要求非常高的领域，这种选题也很具有挑战性，比如反垄断、金融衍生产品领域的法律适用，这些领域要求有很丰富的实务经验；还有一些选题已经开始没落，没有研究价值，你说你选择它干什么。总之，这个环节你必须跟老师商量，因为你得知道你的选题是什么难度系数以及有没有可写的空间。

第二，从选题方向到最终的"标题"（也就是最终的选"题"）出来，还差十万八千里。在这个过程中首先要收集文献，文献收集完毕要跟老师商量。除了让老师把握文献四性，看看文献的分布状态，也得让老师把握你这文献够不够支撑你十万多字的论文。有些领域根本就没有什么文献，学生答辩的时候说自己研究得很肤浅，因为没有文献。这样的解释让人很吃惊，没文献，文科的论文你怎么做？完全靠脑补吗？

第三，把握完文献的四性之后，很多老师会直接进入看文献综述阶段，我通常不会，我还要看学生的阅读情况和文献整理情况，也就是我要看你文献综述形成的过程。之前我有个认识的误区，我觉得学生跟我一样是会阅读并且是很会阅读的那种，结果发现并不是。有一次我参加答辩，一个学生的参考文献引用了我很熟悉的一篇文章，那篇文章对他要研究的问题有很深刻的观点，但是这个学生却不了解。我问学生是否知道这样的观点,学生说不知道。我问学生是否看过这篇文章,他说看过,但是没看出来。这就让我关注到了学生的阅读质量问题。这个问题我也写过文章——《研究生们,你这种文献的读法根本写不出毕业论文》。对于文献阅读过程也要向老师汇报,让老师把关,在没有质量的阅读基础上形成的文献综述是不可靠的。

第四,把握完文献阅读的质量后再看文献综述。文献综述是文章选题来源的根本,文献综述也是学生论文的根本,没有文献综述就没有论文。这样一个重要的环节,老师是需要把关的。这几天看到的博士论文,文献综述做得都不好,有的有综没述或者有述没综,也有的写跑偏题,什么情况都有。这个东西做不好,文章质量不会好。

第五,文献综述过关之后再看标题,或者是你的问题。通常文献综述出来之后,学生就应该对自己的研究领域有一个比较清晰的认识,哪些东西研究过了,哪些东西还没有研究或者研究得不充分,这恰巧就是学生选题切入的空间,所以我要在这个过程中帮你把关你的问题意识。如果这个过程没有老师介入,你自己捣鼓,那万一你写成了教科书式的说明文怎么办?

第六,问题或者体现问题的"标题"过关之后,老师还要把握你的大纲。大纲是展开思路,是你对问题的提出、分析及解决。所以,研究生在大纲形成过程中必须要跟老师商量,不断地将大纲调整到结构清晰、合理、均衡、符合逻辑的状态。大纲这部分我一般要跟学生逐一核对到四级标题,不会只看一级标题。要看整个逻辑体系而不只是看一个表皮。

以上都是一篇论文形成的关键环节,如果处理不好就会影响论文的质量,甚至功亏一篑。那些在这些过程中没有得到老师很好指点和把关的论文,其实在后续的盲审和答辩中是很危险的。所以,研究生一定要在论文写作过程中跟导师多联系、多汇报、多交流思想、多获得指导。不要总靠着老师找你,一个老师要搞科研、要教学,而且最主要的是要带好几十个学生,你只是其中一个。所以,请你主动些,不要逃避,主动向老师汇报,主动求指导。

写论文谁带节奏？导师还是学生？

我的学生中,有些很主动,但有些如果你不找他,他就绝不找你。学生可能认为,老师有事就找我了,不找我就是没事。关键是老师也有可能这么认为。平时这样还行,不联系就不联系了,但是写论文这个事,师生是无论如何都避免不了要互动的,但是这个互动的尴尬由谁来打破呢？是老师？还是学生？

对这件事,我是这样看的:写作是一个导师和学生共同完成的工作,在这个工作中,导师有导师应该负责的部分,学生有学生应该负责的部分。在各自负责的部分当中,各自主动,给对方带节奏,不要乱了界限,更不要瞎带节奏,同时也不要将自己的责任推到对方身上。

首先,老师的工作是在写作之前就明确告诉学生写作大致需要的投入度、时间以及步骤环节,并且交代每个环节的具体内涵和要求。友情提示一下学生安排好自己的写作规划,不要拖到最后瞎糊弄(之所以是友情提示,其实是从道义上讲的,是导师友情赠送的,写作的规划本质上是需要学生自己安排的)。之后老师的工作就是在学生进行每一道环节时"把关",达标则进行下一步,不达标则不能进行下一步(当然,你若说你失眠焦虑不想活，导师通常也会因为恐惧害怕而降低要求)。说到这里大家明白我要说什么了吗？

其次，导师交代完之后，学生就要规划自己的写作过程，在几个特别重要的环节必须要知会导师，跟导师聊思路，确定自己是否理解正确，然后开始做，做完之后请老师把关是否符合要求。所以大家看明白没，只要导师将写作的基本理念和要求教给学生之后，剩下的就是学生和导师一起开始"做论文"的工作了。在这个实际操作环节，学生是要带节奏的，例如做到哪个环节要告诉老师，做到什么程度要告诉老师，遇到困难要寻求老师帮助。所以，这个环节就是学生带节奏，而不是老师天天追着问你做得怎么样了？做到哪个环节了？这是不对的，也是不现实的！

最后，为什么不能期待老师天天督促你？从本质上讲，第一，论文写作，老师的主要责任只是指导，并不能像保姆和父母一样追着你天天提醒。第二，论文写作动手工作主要是学生的责任，动手的快慢因人而异，需要学生自己根据自己的特点制订计划，没法整齐划一。难道你是希望老师的日程表里标记上自己二十几个学生的写作进度？想得有点多吧。第三，完成论文写作是学生的一项工作，这项工作不仅包括写作，还包括一些外围的管理，比如时间管理、文献管理等，这些都是论文写作包含的应有之物，你不能说你就负责写，旁边还有个丫鬟给你磨墨掌灯，而这个丫鬟恰巧是你的导师。说白了就是跟写作相关的事情都得自己管理，除非需要老师来做一些写作指导，其他都得靠自己。

结论是,在导师给大家辅导完论文写作的本质属性、环节流程等各部分的要求之后,同学们就得自己制订写作的规划,安排写作活动,开始写作训练。遇到困难或者需要指导就联系导师,记住要主动联系导师。希望导师天天督促你的想法不现实,因为:第一,你导师有很多学生;第二,这是你的工作;第三,万一你导师怕催促你给你造成压力抑郁失眠什么的。所以,自己要学会主动联系导师,这样还会给导师留下一个勤奋好学、主动意识强的好印象。

导师独白:写一篇论文,你应该来找我这么几次

从工作时起,我就年年带学生写论文。学年论文、毕业论文,上万字的论文年年都得带学生写好多篇。而每次带学生写论文之初,我总得跟学生们三令五申:请一定找我这么几次!别害羞,也别怕打扰我!要知道,你要是不在这几个时间点打扰我,你和我都一定会事倍功半。

第一次:选方向时

选方向即你大致要写哪个方向的东西。我不需要你把具体选题定下来,大致有点感觉时就一定先跟我联系。你选的方向是不是一定能写出来论文我不清楚,但是这个方向"一定写不出论文"我却是能看出来的。举个例子,你想写"论对价制度在我国的应用"或者"令状制度研究",我是一定会拦着你的。为什么?这几个词听着就生僻对吧?中国根本没这东西啊。

除了帮你排除哪个方向别动笔之外,我其实还有一个作用:顺手给你指个捷径。举例来讲,假设你想研究"诚实信用原则",我会告诉你,"好,没问题,但一定要细

化到某个具体部门法哦。"再比如说,某年带学生写学年论文,某同学告诉我想要写国家安全审查,我就直接捎带着告诉他,"欧盟法部分再稍等几个月,新法律马上出来啦。"

第二次:细化题目时

方向选定后,下一步就是细化为某个题目了。这也是我希望你来找我的第二个阶段。为什么?因为你可能看不出来题目是大还是小,但是我能。对,在你还没动笔时,我就能预估出来这个题目是1万字写不完还是根本凑不够字数。神奇不?如果这个领域我熟悉,我还能告诉你,这个领域容不容易写出来创新点,要不要略偏一下角度写个更新鲜的?

第三次:确定题目时

到确定题目时,估计你也读了一定数量的资料了,那我希望你第三次找我的时候,手里能拿着个像点儿样子的提纲。什么叫像点儿样子?大致能分出来"提出问题"(我为什么要研究这个)、"分析问题"(这个问题是怎么产生的)、"解决问题"(我觉得该怎么办)的三部分,以及每一部分(或者至少前两部分)能列举出来些典型论文或者案例,说说别人对此是怎么看的。这个阶段,我的主要作用就是给你理顺逻辑,即帮你看看你通篇的逻辑清不清晰,你手中的资料能不能支持你的论点。要是我对此领域熟悉,也可以给你补充点资料。

第四次:看初稿时

当以上三步都搞定,那么恭喜,你可以动笔啦。

是不是感觉动笔之前好麻烦啊?对,没错,写论文都是这样!如果整个写作过程是2个月,"动笔前"这个过程占1个月绝对不过分!更何况,以上三步至少没走一步冤枉路,对吧?这次动笔之后,你一定会第四次来找我——看初稿。这一次,我们的主要工作是在理顺大框架的基础上(我知道,提纲部分咱们已经理顺过一次框架了。可是相信我,写作过程当中一定会改动提纲的),具体关注每一段内部的逻辑是否合理,乃至于具体表述是否适当。文字功底不够深厚的同学,可能在这一步比较闹心。但不论你的文字基础多好,只要在这一步碰到认真负责的老师,你就会发现你的论文会有脱胎换骨的提升。越是从前没写过论文的同学越会如此。

第五次:初稿修改后

初稿修改后——可能是一遍也可能是几遍修改,我听说过最多的是修改八遍的——其实你要不要第五次来找我已经不重要啦。因为,咱们几乎已经大功告成了,余下的通常就是排版格式等细节问题了!

跟导师联系请直奔主题，别瞎客套！

每年3月份的开学季就是各种招生、面试、入学。在那几天我经常会接到很多学生还有朋友的电话，无外乎都是咨询录取分数线、录取情况，也有打听学院整体的招生情况的。当然还有同学选导师。这就涉及如何与未来的导师联系和沟通的问题。

一学生发短信给我时恰逢我在开会，于是我结合自己散会、接孩子、做饭、看孩子学习的生活经验，安排其在8:00之后再联系，结果一晚上没音儿！第二天在微信上申请加我，我一般不太愿意加学生，因为微信毕竟是我自己的生活圈，学生属于工作圈子；再者，微信好友太多，一般留言看不见，容易忽略，进而造成误会。而且我认为微信不是一个正式的沟通方式，所以微信不是我的主要沟通方式，也不愿意在微信上浪费太多时间。于是告诉学生，有事打电话即可。

结果左一个短信，右一个微信；左一个担心太晚打扰生活，右一个担心在工作，每次都要先问"在么？"（我现在特别痛恨这俩字，每次看到都挠屏，直接说事儿行不？）然后跟你寒暄半天，而且是手动在微信上、在短信上。一件事情铺垫了两天了还没讨论正题，我至今都不知道你找我要说些什么。考虑到现今学生的脆弱性,我每每很客气地解释,"有事就打电话,能接就是方便,不能接就是不方便,但是稍后我会给你回过去。"

写这篇文章没别的意思,一来想说,短信和微信不是正式的沟通方式;二来,短信和微信没有办法讨论事情,通常比较适合告知,不需要回复或者简单回复这种场合,不能讨论事情,尤其是讨论复杂、涉及很大信息量的事情;三来,我已婚且是两个孩子的妈,真没时间陪你在这上面客套来客套去,直奔主题说事儿行吗?一般我接电话的时候不是在看孩子,就是在做饭,要不就是在开车,我们的生活没有方便的时候,能接电话就是能兼顾,不接电话就是不能兼顾。咱别客套了,都挺累的,我也希望你别替我考虑那么多,因为你考虑的东西都不对。

补充一句,写作的时候惊闻微信出台了聊天礼仪,多么及时啊!

思路不在书面上，一定不靠谱

一个学生，不是我的（这么说是为了表明我的郁闷，我没办法直接骂醒他），每次都来找我谈思路，每次都只带着个脑袋来，也没有一个成型的书面材料。天马行空地跟我说半天，我也只能跟随着他云里雾里地转悠半天，然后问到最核心的问题，你要解决的问题是什么？他就会说是这样这样这样……一般口头表达的东西都不具体，我说你下次带着你的题目和大纲来找我。结果下次依然找我谈脑袋里的东西，就是不具体化，就是不输出成文字，一点招儿都没有。说了几次没效果，我也就不理他了，反正也不是我的学生，毕不毕业我也不管了。但是这里面的问题值得挖一挖，给其他也有类似习惯的小伙伴儿提个醒，为什么找老师谈思路要形成具体的书面文件呢？

首先，我这么多年的教学经验以及教育学理论告诉我们，思想存在于大脑里的时候比较抽象、宏观、模糊，只有被写出来和表达出来的时候，宏观的东西才能具体化，抽象的东西才能变得看得见摸得着，模糊的东西才能变得明确。如果你只是有个想法，基本上就是个模糊的概念和印象，你说这么个模糊的东西，老师怎么帮你判断？即便是判断也是初步判断，接下来还需要你把它表达出来,再进行具体判断。

其次,想法在大脑里的时候还属于输入阶段,只有写出来才标志着你完成了一个重要转化阶段——"输出"。别小看这个阶段,很重要的!这是一个质的飞跃,也是一个很难逾越的过程。这个过程表明你克服了心里的恐惧障碍,你克服了思维的惰性,你积极主动对自己输入的知识进行了盘点和总结,并试图有体系地输出。所以,你的思维相对成熟,也能更好地跟老师沟通。

上文说的是写出来的东西通常比脑袋里想的东西具体。最后还要注意,只有写出来的东西才能被修改啊!你想没想过,你写出来的东西是需要老师帮你修改的,脑袋里的东西只有,"嗯,可以写,写去吧"或者"不能写,再思考"这两种回答。只有你写出来的东西,我才能看到你想的东西原来是这样的,才能发现它跟你描述的不一样,你这个表达不行,你这个意思和概念驾驭得不对,这个逻辑推不出……只有这样的东西才可以被修改和被评价,你就脑袋里一个想法,你说我怎么改,我进你脑袋里改啊?这就像我问你中午吃啥?你说"吃饭"一样。跟没说一样!只有你说,"我想吃水煮鱼"(看多具体),我才会说:"水煮鱼太辣太腻,我们吃白灼生菜吧!"

综上,别总带个脑袋跟老师说思路,你那思路从脑袋里到纸面上就像妈妈孕育一个孩子需要十月怀胎一样,且漫长呢。把思路写在纸上,使其具体化,逼迫自己表达和输出,同时老师修改的时候也有的放矢!说回开头那个同学——为什么大家总爱带着脑袋跟老师谈论文和谈思路?因为——懒,思维上的懒!你自己好好想想!

同学,请别再这样和我谈论文了

年年带学生写毕业论文,年年看大学生们花样出状况,我感觉这个世界对我有着"森森"的恶意。下面几种情形请大家愉快阅读、谨慎避免。

第一,不要再告诉我,你想写"关于正当防卫的若干问题研究"了!这种题目明显是20世纪80年代的风格啊。为啥?那时候法学研究刚刚起步,随便研究点啥都能发表。40年过去了,再写这么大一个题目,你是想写成教科书吗?

第二,不要来问我,老师,你知道怎么自动生成目录吗?我虽然有的课会教学生做个幻灯片,但我真的不是计算机老师啊。

第三,不要再发给我一个叫作"论文"的文档了!你猜为什么?我有一年春天同时带着十几个学生写论文,一大半同学都给我发名字叫作"论文"的文档。我快晕了!

第四,发提纲给我,没问题;不过,能不能发给我一个规规矩矩的传统提纲,别给我看传说中的思维导图。树状的也就算了,我凑合着看。更可怕的,是章鱼型的思维导图。最可怕的,是铁路网型的!

第五,不要来问我如何降低重复率、如何顺利通过相似性审查。因为,我不知道,我真的不知道。我能不能说,我自己的博士论文相似率是0.47%?所谓"降重"这事儿,我还从来没做过呢。我是新手啊,比你还新。

第六,不要再问我:"老师,我应该去哪儿找资料。"因为,你哪怕在知网把同一主题的论文下载下来,以此为基础写上2万字都是没有问题的。至于"某某法律找不着"这种问题,亲,百度了解一下?

第七,不要来问我:"老师,您认为这篇论文的结论应该是什么?"这让我有一种被人考试的感觉,考的还是阅读理解加资料分析。

第八,别再在交稿截止日期前三天才把初稿扔给我了!或者说,你扔给我也行,能不能事先说服你的另外几位同学,别干同样的事儿?

第九,我的职责主要是给你修改毕业论文,捎带着解决点儿学业困惑。(比如说,看你到底适不适合读研?)可是,关于"我刚刚失恋了没有心情写论文,您看怎样才能多快好省地糊弄一篇交差"这样的问题,别问我了,行不?

第十,请不要在你的论文里悄悄地复制粘贴学者论文了。因为,我一定会发现的!至于怎么发现的,原因很简单啊,你复制粘贴的段落,高明到我都写不出来!

老师是怎样在几分钟之内判断一篇论文的质量?

老师们每年都要看很多篇论文,有校内的、有校外的、有论文评审平台送过来的。有时候工作量很大,但是经过多年的训练,很多老师都练就了在几分钟之内就能判断出一篇论文质量的功夫,而且通常都是很准确的。很多时候,编辑也有类似的能力,短时间之内判断一篇论文是否值得送外审。

写这篇文章是想告诉大家,你的论文会有几个关键地方,这几个关键地方处理不好,通常论文的质量也不会太高。如果大家明白这几个关键点,也可以自行检测和判断自己论文的质量和提升的方向。

1. 标题

一个好的标题会同时体现出问题意识和作者的主要观点。问题和主题同时被准确、精炼地表达出来的论文是一篇值得深入看的论文。那些标题很含糊的,例如"司法改革问题研究""诉讼时效问题研究""正当防卫构成要件研究"这类论文的标题一看就又大又含糊,让人看不出是司法改革的哪个具体问题,诉讼时效具体哪方面的问题,这些都会被认为问题意识不清晰。也许你会说你往正文里面看啊,里面也许会有问题意识。但是,一方面,作者有义务将问题意识提炼并表现在标题中;另一方面,通常在标题这么显眼的地方都没能提炼出来的,在论文里面也是啰啰唆唆,说不出个所以然。当然,这只是占99%以上的通常情况,也有例外。所以,标题能够透露出很多信息,有经验的老师一眼就能看出你是不是有问题意识。

2. 目录

一个好的目录能够反映出作者的思路,一般论文不管被作者人为分成几个部分,其实都应当大致包括三个功能部分:提出问题—分析问题—解决问题。所以一份好的目录能够让老师清晰地看出来你提出了什么问题,用什么样的方法以何种思路分析了这个问题,最后的结论是什么。最害怕看到的目录就是:某某问题的理论基础;某某的特征;某某的构成;某某的未来发展方向。这完全是说明文思路,跟论文(大部分为议论文文体)没关系。所以目录也能渗透出很多信息,有经验的老师一眼就能看出你的思路是不是清晰。

3. 参考文献

一个好的参考文献能够反映作者的想法是否有足够的支撑。文科的研究离不开文献,理科的研究离不开实验。甚至有人说"文献为王",这些都说明文献是非常重要的。文献一方面能够反映出你的研究是否扎实、是否有依据,你的准备是否充分;另一方面也能反映出你的想法能否实现,你的结论是否可信。一份不符合"四性"的参考文献,是无法让人相信你的内容的。总之,参考文献能够渗透出你的努力程度和论文写作是否有扎实的准备,是否能够推进下去,有经验的老师一眼就能看出你这篇论文的内容是否可靠。

4. 摘要

看完了标题、目录、参考文献之后,老师如果觉得还不错,进而会看一下摘要,摘要其实是作者核心观点的集合。如果你的摘要云山雾罩让人感觉不知所云,老师很难对你的论文有信心。一份好的摘要,能让老师一眼就看到你的核心观点。

5. 引言

一篇文章的引言通常包含几句话,这几句话就能够把研究的背景、研究的问题、文献综述情况、研究意义、研究思路等内容极其简练准确地表达出来。能把引言写清晰的人,正文也会相对工整。

如果上述几项做得很好,基本上这篇论文的主观分数就会很高了;反过来,如果上面几项做得不好,也很难让人对内容有信心。

导师教你写论文最负责任的方式,就是在你写完后批你一顿

以写论文为己任的同学,不论是处在本硕博哪个阶段,都必然会有一位导师。而在跟随导师写论文的过程当中,不少刚刚开始写论文的同学,往往都有这么一个(不大好意思说的)疑问:为什么在写论文之前,我导师不先把各种注意事项都跟我说一遍,而是等我写完之后再说"这儿写得不好,那里处理得不对"——当然,出于礼貌,应该不会有情商如此之低的同学去气呼呼地如此质问自己的导师;但是,在此我得给你导师辩白一下:真不是他不教你,而是他只有等你犯了错误,才能教你。

为什么这么说?原因之一:有的东西光凭理论传授,你根本听不懂。举例来说,你导师可能絮叨一百遍"题目要大小适中"但你依然不知道是什么意思;但是,只要你有一次不知深浅地想要去写"论比例原则",你就突然明白你导师是什么意思啦。

原因之二:在有的问题上,你不犯一次错误,你导师甚至根本不知道还有人能犯这么一种错误。事实上,做老师的,往往就是在一次又一次围观学生所犯的错误当中完成对自己授课内容的升华的;而即便是授课 30 年的

老教师,也仍然可能在第31年职业生涯当中,发现学生的创新型错误。举个例子,你能不能想象,你身边会有学生去刻意效仿港台地区学者,用半文言的方式去写论文?或者说,你能不能想象,你的某位学生会写出主旨为"我国当前某某立法一切都好,毫无瑕疵"这样的论文?——当然,一个"有经验"的老师,的确会更加处变不惊,不论你犯了什么错误他都会来安慰你,"没事没事,多年前有个学生也这么干过。"但是,你总不希望这位老师在写论文之前把他多年来带过的学生犯过的错误都给你絮叨一遍吧?

原因之三:从认识错误到能纠正错误,这同样不是你导师一句话能达到的效果。举个最简单的例子,某同学的论文当中经常出现语病。怎么办?第一篇论文帮着改完了,第二篇论文还是如此。套用《围城》当中的一句话,改论文就像洗脏衣服,第一批洗完了,第二批还是同样的脏。再比如说,某同学论文同一段当中的"论证"部分可能跟主旨句一点儿关系都没有,说的实际是两个层次的问题。这同样不是"说一遍就能改正"的,只能有赖于你导师多费心。

原因之四,也是最重要的原因:论文写作技能的传授,其实是一个不断试错的过程,即我们的目标非常简单,"写一篇逻辑严密、语言流畅的好论文"。但如何实现这一过程,每个人有每个人的路径。你导师的任务,不是给你预先画好路径并帮你挡掉路边所有的荆棘;而是跟在后面看着你走,直到你再走一步就掉到悬崖下面了,再伸手把你薅回来。这样的导师,其实比耳提面命让你一步不许多走(当然也不会犯任何错误)的导师要好得多。因为,在导师保护下多走几次,你就形成自己独特的风格和分辨是非的眼力啦!

最后,跟大家聊聊撰写此文的目的。其一,给自己未来的学生们看看,免得我自己情商太低被学生痛骂而不知。其二,也鼓励一下未来无数将要踏进科研之路的同学们。放心大胆地往你导师身边凑吧,如果他事前不做任何提示事后却挑你一堆毛病,真不是看你不顺眼,而是在给你做安全绳啊。只要你脸皮厚一点,别被说几句就哭了,你和你导师未来的磨合只会越来越顺畅的!

没有远见，就得返工，必然的！

一个认识了8年的博士被清退了，这8年我见证了他的心路历程，包括纠结，甚至抑郁。然而，因为过不了博士毕业盲审环节，发不出小论文，谁也不能放他走。于是，这个认识了8年的博士，因为一遍又一遍的盲审不通过，被清退了。

某天，教育部平台送过来几篇论文，也有博士的。从我的角度来说，一篇论文都到送审这个环节了，最悲催的事情就是，竟然发现这篇论文没有"问题意识"。这就相当于你上婚姻登记处登记结婚，结果发现你只有一个人，并没有女朋友。就算你文字表达得多流畅，辞藻多绚丽，规范做得多好，都没用，因为缺乏一篇论文的最核心的要件——问题意识。对，就跟你怎么央求婚姻登记处的工作人员给你一张结婚证都没用，因为欠缺一个主要人物——女主角。

问题意识太重要了，博硕论文都是议论文，议论文是解决问题的文体，遵循的基本逻辑是提出问题—分析问题—解决问题。你连个问题都没有，你说你这篇论文算什么？顶多就算是无病呻吟的说明文文体，有没有学术价值咱先不说，最主要的是不符合学位论文的要求。

一旦没有问题意识,其余的都不用看了,看了也没意义。手松的评阅人给个充满同情的修改后再提交,手紧的评阅人直接给个重写。于是就会有很多博士生来来回回地提交论文评审,来来回回地被发回重写,看得你都觉得揪心,然后哪位导师手里要是有这么一个学生,就像揣着一个手榴弹,随时有可能在手里爆炸。

那么为什么这些论文以及他们的作者没有问题意识?那得从问题意识从哪儿来,怎么形成说起。问题意识对于论文写作非常关键,它的形成过程也不轻松。一方面,你需要大量地阅读,有关联地围绕一个主题进行阅读;另一方面,阅读之后你需要思考,大量地思考,找到这个领域或者研究对象没有被解决的问题,这个时候你的问题意识就出来了,有了问题意识它可能还或大或小不适合你的论文体量,这个时候还需要打磨、甚至还需要找一个适当的角度让它具有一定的社会价值和理论价值。因此问题的形成需要时间、努力,甚至还需要远见卓识。有些学生在这一步积累不够,甚至不知道什么是问题,在没有打磨好,甚至还没打磨、在想当然的情况下抱着一块"石头"就当问题来研究,一直在这个思路之下走到了最后,写完了所谓的"论文",提交,不通过,然后修改,再提交,再不通过。

所以,那些被我按着没开题、没写正文的同学,不是老师对你们苛刻,是这个环节一旦放水,你可能需要用事后百倍的精力和时间去弥补。所以,做博士论文,请在一开始就要有耐心和远见把事情做好,否则你就要用无限的耐心来一遍一遍地返工。

不要跟我说你不喜欢写作
——哪有什么喜不喜欢，还不都因为你怂

最近发现了一个有趣的现象，很多人在跟我表达自己想法的时候，老是用喜不喜欢来表达自己做还是不做某件事情。例如，我的女儿跟我说："老妈，我不喜欢数学。"我的学生跟我说："老师，我不喜欢写论文。"我的朋友跟我说："亲爱的，我就是不喜欢搞科研。"我的表弟跟我说："老姐，我不喜欢目前的这份工作。"

套用电影《一出好戏》的一句台词，"如果喜欢有用，我早就开上玛莎拉蒂了"。通常，我对上述问题的回复是：喜不喜欢不重要，应不应该才重要。但是最近我发现，人们通常说"不喜欢"做一件事情的时候，其实还暗含着某些心理因素，这种心理因素过于隐秘，有时候连自己都不知道。（此处需警觉，否则一不小心就被自己欺骗了）

我女儿喜欢古诗和语文，每每受到老师的表扬就会更加努力，结果导致语文和古诗越来越好。相反，数学对她来讲比较难，她的能力还不能在数学这方面游刃有余，驾驭不了，就受不到表扬。没有了这方面的激励，她在数学上收获的成就感就少，于是她认为她自己"不喜欢"数学，其实不是"不喜欢"，是"驾驭不了"。

搞科研的人，有很多"不喜欢"写论文的。写论文是

挺累的，这也是一项最具挑战性的工作，多数人都在这项工作面前没办法获得"成就感"和"满足感"，也就是回报甚微。于是她们认为自己"不喜欢"科研。之前我也是这样子，很讨厌写论文，但是当我洞察到这其实是自己能力不够的托词之后，就端正了写作态度，现在至少对写作这件事情不反感，觉得这是自己需要攻克的一个难题。

我的表弟换过几次工作，每一次都告诉我是由于不喜欢。前两天我找他详细谈了一次，我郑重地问他："你确定你是'不喜欢'，还是觉得有难度无法'驾驭'？你为什么不喜欢？是不是因为你驾驭不了，获得不了满足感和成就感？"表弟一愣，因为之前也没人问过他为什么不喜欢，也没人帮他探究"不喜欢"背后的根本原因是什么。他沉思半晌后告诉我："是的，姐，我驾驭不了。"

看吧，人类的本能就是要自我保护，要让自己舒服，不愿意承认自己是一个失败者。于是当自己实际上驾驭不了某项工作的时候，出于自我保护和让自己舒服的目的，大脑生成的信号竟然是"我不喜欢"。用这样一种方式，大脑帮你逃避了生活的挑战和具有难度的工作，让你心安理得地"自甘堕落"。

你以为你逃过了生活的惩罚吗？并没有。实际上，你会更煎熬，因为理智被你逼到内心最阴暗的一个小角落，虽然被掩盖，但是并没有消失，你时常也要受到这种内心的折磨。实际上你是把外在生活的挑战转化为了内心的煎熬，你并没有轻松。

那么好吧，问题来了，怎么办？面对他——跟他死磕！

我不是嫌你论文写得不好,而是看出了你的敷衍!

我是一个会生气的人,而且是生气了会让你知道的人,虽然我不会直接骂人,但是我真的会生气。由于我这种爱恨分明的性格,让很多同学感觉我很严厉,总认为我对他们的论文吹毛求疵,实情不是这样的,是"叔可以忍,婶不能忍"!

实际上从我的角度来看,硕士研究生是一个训练写作的初级状态,平时也不怎么练笔,一上来就写一篇3万字的大论文,用脚趾头都能想出来论文的质量是啥样。所以我对论文的质量真是没有统一的要求,再加上每个人的天性和悟性也不一样,没法作统一的要求,所以不同人的论文呈现出的不同状态我是能接受的。

但是作为一个"老江湖",硕士生我带了6年了,博士生也带了快2年了,加上从教15年指导的本科生,评审了上百份校外论文,相信我,一翻开论文我就能看出一个学生的写作态度。那些之所以被我严厉批评的学生,不是因为你的论文有多糟糕,而是因为我从你的论文中看到了敷衍,看到了对付。

我让你交初稿,你不按时交;我告诉你改错别字,你不改;我叫你遵守学术规范,你说你尽力了,但"臣妾做不到!"你做不到,难道要为师替你做吗?为师是万万做不了的,且不说这是你自己的事情,就算是为师想替你分忧,可我有20多个学生,个个都像你这样,为师还用不用干别的了?

其实为师还是一个性情中人,但还是会因为你的敷衍不高兴,待为师阅尽千帆变成一个老江湖后,看到你这样的敷衍恐怕连眉头都不会皱一下,只会把你扔到社会上遭受蹂躏去吧,与我的生活何干?写到这里,由衷地感叹一句,作为教育链条的最后一个环节,高等教育不可能把所有问题都解决,只要对得起自己的良心,剩下的就交给命运吧。骂人解决不了问题,生气也解决不了问题,归根结底,脚上的泡是自己磨的,自己对自己负责吧!

毕业后,我才知道我有一位好导师

说来搞笑,我直到博士毕业很久才突然意识到,自己原来有个好导师。当然,不是说我读书期间导师对我不好,那绝对不是。读书期间导师绝对做到了对我因材施教,发现我擅长的地方就可劲儿地鼓励,发现我不擅长且貌似他也无力回天的地方就索性不强求我了。

那么为啥到了毕业之后我才认识到,导师真的是个好导师?原因接近于"只缘身在此山中"。毕业之后,我突然发现,世界上原来有一种导师是"无为而治"的,即读书的时候啥也不教。直接结果是学生直到毕业还不清楚一些基础问题怎么处理。我读书的时候被教的还真不少,换句话讲,被骂的也真不少。不过,我这人心很大,即便被骂了也不影响食欲。然后直到毕业了,遇到了类似的问题,才突然想起来,哦,这是从前我犯过错误被骂的那个问题。

言归正传,此处暂时不讲"我被骂的 101 次",毕业多年后回顾我的博士生活,现在想想,尤其感谢导师的有这么几个地方。

第一,写论文。导师从来不带着我发论文,一切靠我自力更生。不过,他老人家催得很急。刚刚博一就天天催,快写快写快写!我们这儿博士正常学制是4年,所以,读书的时候一开始感觉不着急,4年都足够读个本科了。急啥?但是,当我第一篇论文写了半年才齐活儿,我才开始认识到,多亏动笔得早。到了博三,突然发现上一届没延期正常毕业的博士只有6个(总人数30多个),才开始认识到毕业原来是件不容易的事儿。到了博士最后一年,看到某位大哥临答辩才拿到发表论文的样刊,更意识到早动笔原来如此重要。博士不能倒着读,但导师如果不催我,估计我没准也会弄个险险过关。

经验:博士生们不妨入了师门就先问问这几年应该如何规划。导师带了那么多学生,至少知道师兄师姐们都踩过哪些坑。

第二,博士论文选题。我最终确定的论文题目,其实是当年的第二选题。博二下学期,导师照例开了个午餐会,让大家报题目。我报的第一个题目,导师当时不置可否,过了几天突然对我说,他想了几天,最后决定还是不能写那个题目。原因:(1)(2)(3)……我:"好的,老师,那么我写××题目可以吗?"导师:"可以啊。"事后证明,导师是睿智的。我的第一个选题在几年后学术界完全无人关注。

经验:博士生们如果要写论文,不论是大论文还是小论文,最好先去老师那儿刷点存在感,问问这个题目能不能写。老师或许对那个问题本身毫无研究,但是,老师的眼界绝对在学生之上。

第三,讲课。大概是博二那年,我有一段惊悚的经历,导师突然打电话过来说:"下节课我的某某课就不讲啦。你去讲吧,我坐在下面听着。"你能想到你导师坐在那儿听你讲90分钟课的惊悚吗?然后,讲课那天,麦克风坏了。实到人数60多人,讲课全靠吼。顶着一头汗,下课了,在电梯里,导师说:"下节课还是你讲啊!"我:"好。"回到宿舍,擦擦冷汗,导师的电话打来了:"优点不说了,咱谈谈问题,一共有三个啊……"于是,毕业试讲,我还真不怕了。至少校外专家都是生面孔,我不认识就不怕。

事后回想起来,我现在讲课的风格,其实很像我导师。安排内容的方式和逻辑都像。唯独语言风格不像。导师语言风格略像易中天,我一弱女子学来实在不像话。

经验:讲课这事儿真的得学,或者至少让导师挑挑你的毛病。不论是面试还是试讲,总要给对方学校留下一个好印象。有导师帮着打磨台风,再好不过。而且,只有导师,才会直言不讳地指出你的缺点。

最后,给博士生们提一个小建议:导师说的都是对的。即使你认为不对的,也要记下来存着。然后心平气和地该干啥干啥。说不定有一天,比如像我这样,毕业好多年以后,突然回忆起从前被骂的事儿,想想,嗯,似乎,也许,导师还真是对的。只是当年太小了,不懂。

问题意识篇

论文选题要具有学术性，不能停留在现象级别上

有一类论文选题困惑了我很多年，最近我终于找到了这背后的问题。几年前，有一个学生的选题大概是《论法院案卷公开》（纯虚构），这个选题我一直理解不上去，但是由于不是刑法专业，当时也没能分辨这个选题的问题。后来，大概在 3 年前，又遇到了一个选题大概是《某某类案件中虚假证据问题研究》（纯虚构）。当时答辩组都觉得这个选题有问题，作者就是想说在这类案件中有特别多的虚假证据现象，她想研究这个问题。最近又遇到了两个选题《驰名商标流失问题研究》（纯虚构）以及《中国在气候谈判中的角色研究》（纯虚构）。

后来我终于分清楚这类选题的通病，他们只是关注了一个法律现象，这还不够，我们还需要把这个法律现象上升到对应的法学理论中的对应法律概念和法律问题，不能直接把法律现象摆在这里。因为，我们做的是学术论文，学术论文必须具有学术性，学术性就要求我们透过现象上升到本质。

上文中法院案卷公开是一个法律现象，其背后是司法制度以及公开的理论（我个人意见不见得对，就只是

一个意思,大家自己体会)。虚假证据背后的学术理论是证据规则以及证据责任;驰名商标流失是一个现象,很多学科都可以研究,但是我们是法学领域,建议围绕驰名商标流失中的权利保护或者其他法律问题进行研究,但不能只是把驰名商标流失摆在这里,这对于法学或者具体学科而言就是一个现象级别的问题,必须上升到学术理论层面。同理,中国在气候谈判中的角色也是可以从多学科展开研究的现象级别的选题,要想变成法学论文,或者说扣住法学这个领域,或者被别人认为是法学论文就必须再继续提炼,提炼出法学理论题目。

这个问题我举个例子来说明。比如甲到法院起诉,甲跟立案庭的人说,乙欠甲钱。乙欠甲钱这个事就是现象,立案庭没有办法立案,所以还要继续问,因为什么欠的钱?如果甲、乙是因为签订了合同,乙没有支付款项,那么立案庭就要以"合同纠纷"为诉由立案;如果甲、乙是因为乙借钱没还,那么立案庭就要以"民间借贷"为诉由立案;如果甲、乙是因为股权转让,乙没有支付款项,那么立案庭要以"股权纠纷"为诉由立案;如果甲把房子卖给乙,乙没有支付款项,那么立案庭要以"物权纠纷或者房屋买卖纠纷"为诉由立案。用这个例子是为了说明,乙欠甲钱这个现象需要上升到法律本质上才能定性,才能在法院立案,才能获得审理。

同理,学术论文选题也需要有一个从现象到本质的过程,当你观察到一个法律现象,甚至都不是法律现象,而只是一个社会现象的时候,你不能直接把这个社会现象作为研究对象,而是需要把这个社会现象或者法律现象上升到法学理论。也就是说在你的法学理论体系中找到跟这个社会现象对应的理论,将这个理论作为研究对象才行。这样你的选题才具有理论性和学术性,不能只停留在现象级别上。

谈论文选题
——"有妖气"

对于博士生而言,发表2～3篇小论文,不仅是毕业的通行证,更是就业的敲门砖。那么,这几篇论文"写什么",或者说"题目从哪里来",就成了困扰很多博士生的难题。对此,最不建议的方式是直接跑到导师那里去问:"老师,您说我写什么啊?"较真一点的导师很可能觉得该生是块朽木,善良一点的导师则可能给你一个高大上、但你完全驾驭不了的题目。此题目与你的契合度,约等于导师给你介绍的男(女)朋友的契合度。那么,题目究竟从哪里来?我的经验概括起来就是《西游记》当中的一句名言:"有妖气!"

那么,什么是"妖气"?所谓"事出反常即为妖","妖气",就是与正常的"人气"不一样的"气"。因此,辨别"妖气",第一步就是用孙悟空的火眼金睛识别出,哪一股"气"是反常的。具体到法学研究,所谓的"妖气",就是与你学过的法学理论、经典判例、基本原则完全不一样的东西。一旦发现了反常之处,一个合格的博士生就该精神了,迅速祭出金箍棒:有妖气,怼它!正如孙悟空会去打白骨精但不会去打小白兔一样,写论文一定要瞄准"反常"之处下笔。单纯地对某一制度进行介绍的论文可以发表,但前景相对有限。

具体来讲,"妖气"可能有两种完全相反的产生方式。

第一种是产生于实践,或者更直白地讲,产生于新闻。举例来讲,写博士论文过程中,我曾读过一个WTO的判例:DS194案。其中明确表示"出口限制补贴"是违法的。当时读这个案子时我并没当回事,但是,大约半年过后我突然发现,美国对中国展开了一串儿好多个反补贴调查。我现在仍然记得,当时对着电脑屏幕,我的第一反应是:啥?这不是DS194的变体么?"妖气"来了!于是,几个月后,论文出炉且顺利发表。此种从时事中发现"妖气"的做法,优点在于时效性强、具有中国视角(和中国无关的事儿,新闻是绝对不会报道的)。但缺点在于,对博士生的底蕴要求比较高。如果基础知识的积累并不足以支持发现"妖气",此种方法则完全无法实施。

第二种是产生于阅读文献,即从文献中发现你认为矛盾或者逻辑不通之处。此种方法最大的优点在于,并不要求有多么深厚的学术底蕴，即便是初涉某一领域的新手也能刨出来题目。但缺点在于，对记忆力和归纳总结能力的要求比较高。举一个我自己的例子，某次研究"外资并购国家安全审查"，我非常惊讶地发现，严格来讲，只有美国才有这一制度。澳大利亚和加拿大的相应制度，都是"外资并购国家利益审查"。认识到这一事实，我的第一反应仍然是：啥？你们居然不一样？为啥啊？凭啥？我挖！于是，又形成一篇论文。不过需要说明的是，第二种方式成功率显著低于第一种。原因在于：一方面，从文献中发现的问题可能并不适合写成论文，例如发掘到最后却发现根本原因在于两国法律传统差异（例如，我曾经研究过"英国为啥没有违宪审查"，结果得出的结论是，英国其实从来就没有过美国式的成文宪法）；另一方面，在比较极端的情况下可能会发现，文献中所谓的矛盾其实是因为其中一方作者犯了错误。

基本上，发现了一个好的题目，论文写作也就成功了一半。沿着最初的思路一路写下去，从资料找齐到封笔定稿甚至可以不超过1个月时间。另外，顺便说一句，博士大论文的题目怎么来的？从"妖气"集中的地方来啊。当你发现一个领域频频能挖出值得写小论文的问题，那么，那个领域基本就是"大妖"的"洞府"了，可以集中精力召唤"天兵天将"啦！

同学,相信我,你掌控不住跨学科题目

同学:"老师,我本科学的是经济学,现在读了法学硕士,您看我毕业论文做个法学和经济学跨学科研究好不好?"我:"不好。"

近年来,跨一级学科考研考博十分流行,我因而能够常常接触具有复合背景的学生。这些学生到了写论文时,往往就会提出:我要不要结合两个学科所长,搞一篇跨学科研究论文?对此,我往往会泼上一盆冷水:想给自己找事儿吗?

为啥这么说?

第一,你所谓的跨学科研究,很有可能是懒得学法学的托词。举例来讲,假设你是政治学本科跨考法律硕士,现在想写一篇题为《廉租房分配方式的法律规制》的论文,你怎么破题?只懂法律的人,下意识的想法是开始回顾脑子里的各项行政法基本原则,然后分析现今的分配方式是否违反了这些原则?应该怎么办?但是,对于政治学本科出身、复习准备法律硕士考试时根本就没碰过行政法的同学,很可能会习惯性地套用从前学过的政府治理理论分析之,最终得出结论:现今的立法不好。这不是法学研究,是以政治学视角评判法学。这篇论文如果提交答辩,碰到个较真一点的专家,很可能直接以"不是法学论文"为由,挂了。事实上,每次看到一篇充满了会计学、经济学、政治学等元素的论文被送去外审,我都替那位辛辛苦苦只待毕业的同学捏一把汗。

因此,对于非法学背景的同学,如果你拿到一个法学题目,下意识地想运用你原本就熟悉的知识去解答,这其实是偷懒,跟"去美国镀金却天天生活在唐人街"差不多。人总要脱离舒适区才能成长啊。

第二,真正的跨学科研究,不是"1+1=2",而是"2+2=2"。啥意思?如果将所有专业博士毕业的水平均算作10分,那么,5分的国际贸易学和5分的法学知识相加,不会自动带给你一篇10分的论文。搞不好还会不到5分。为啥?不仅是因为别人看不懂,更有可能是因为两个专业都不咋精通,写出来的东西就成了四不像。套用一句网络用语,"青花瓷的杯子,Hello Kitty的盖儿,放在一起能看吗"?只有10分的国际贸易学叠加10分的法学,才有可能在两个学科均有精深掌握的情况下完美结合,形成一篇10分的论文。因此,跨学科研究不是投机取巧的终南捷径,反而有可能结合得不好,让两个学科的人都感觉很肤浅。真要做得好,你得每个学科都做到10分。有那时间,先把一个学科的技能升级到满点不好吗?

那么,话又说回来,咱们总不能不鼓励交叉学科研究,对吧?法学院的学生想要读读柏拉图和萨缪尔森,这是好事儿啊!那么,读来做什么用?锦上添花用!你的论文主体结构一定是法学逻辑,研究方法一定是法学方法,但在剖析原因、提供对策时,完全可以运用你的复合知识体系。毕竟,法学问题不一定用法学的方法解决,对吧?

同学,你可能对老师说的"问题意识"有误解

我觉得我可能发现了一个秘密,那就是在指导论文的时候,老师经常使用的一些词汇,其实学生不知道具体的意思是什么。但是不知道为什么,学生也不问,老师也不详细解释(可能是觉得学生明白?),搞得其实是一个概念,却弄出两个不同的理解,特别耽误事。

举个例子:有一次硕士论文答辩,我们那组有一个学生,提交的论文题目是《诉讼时效法律问题研究》(勿对号入座)。一看这个题目就是问题意识不清晰,于是全组的人一直对这个学生想要研究"什么问题"非常感兴趣,统一问了一个问题——请你回答一下你要研究的是什么问题。该生说:"诉讼时效问题啊!"老师们继续追问:"诉讼时效的什么问题啊?"该生说:"诉讼时效的法律问题啊!"老师们继续问:"诉讼时效法律的什么问题啊?"该生说:"诉讼时效的法律问题就是法律问题啊。"老师们继续问:"法律问题都有什么问题?表现在哪些方面?"该生说:"法律问题就是诉讼时效的概念、特征等。"

分歧在这个步骤就已经暴露无遗,老师想问的是诉讼时效法律问题到底是什么,这个问题是困扰、是困惑、

是没有被解决的理论或实践"问题",是一个需要被解决的"问题"。同学回答的是诉讼时效的概念、定义、特征这些没有困惑、不需要被解决的"问题",是一个有答案的问题,只需要按照既定的答案回答出来就行。中文里的"问题"可以有多种指向,它既可以是老师在试卷里提出的问题,比如诉讼时效的概念和特征,这个有固定的答案;也可以指困惑难题,比如诉讼时效正当理由和中断事由的重构(纯虚构),这个没有固定答案,但是针对目前诉讼时效正当理由和中断事由的不合理带来的困惑要进行重新建构,这看起来才算是有一个要解决的问题在里面。

论文写作一定是要以问题为导向的。首先,写论文是一种研究工作,学术研究就是针对未解决的问题展开的,所以学术研究的起点就是发现问题。爱因斯坦不是说过吗,发现一个问题要比解决一个问题更重要。其次,论文是一种议论文文体(绝大多数情况下),议论文是解决问题的文体,而不是像同学们想的那样列举诉讼时效的概念、定义、发展、各国的规定……这是说明文文体,说明文不解决"需要解决"的问题,它传递信息和知识,回答的是"有现成答案"的问题。所以,只要同学们写的是毕业论文,或者是论文,那就一定是议论文,一定需要有一个问题,一个需要解决的问题!

我只是很纳闷,为什么这个问题会在学生和老师之间产生这么大的分歧,老师们经常会说要有问题意识,同学们也会听,但是谁也没有探寻过彼此说的问题都是啥问题。结果导致在提交论文之后发现根本没有问题意识,这是一件特别悲催的事情。问题意识是在写作最开始就应当被澄清的问题,否则后果是非常凄凉的。上了个学,还是研究生,都到毕业这个环节了,竟然还不知道啥是研究,啥是研究的对象!

啥叫"问题意识"？本文给你说个明白

不少博士生都表示，写了论文后经常被导师骂"没有问题意识"。可是，被骂的同学还很委屈："老师，你倒是告诉我啥叫问题意识啊？难道不是说，研究一个问题，就是有问题意识了吗？"——还真不是！

说到"问题意识"，首先给大家讲个笑话。某导师请求博士们"用一句话概括你的博士论文"。结果，多数博士生概括出来的结果听起来都像是小学生做的。比如，"让熊孩子的父母跟不熊的孩子的父母交朋友，可以有效防止熊孩子更熊"。又如，"研究某动物的捕食习惯表明，它们想抓什么猎物，完全看心情"。再如，"某某药物对心肌梗死有用吗？研究结果表明，没用。"

不过，先别忙着嘲笑这些问题，在生活中，你完全可以尝试去问一个博士生，请他概括一下自己的博士论文。然后，你很可能得到这样一句话："我要研究海洋石油污染的法律问题。""我要研究国际法院的证据规则。"也就是说，你根本没法从他们口中得到"一句话概括"，只能知道他要研究的"是什么问题"，而非"是怎么回事"。

这里的差别，正是本文要讨论的中心内容：论文的

"问题意识"。对这个词,有的人可能有点儿误解,认为所谓的"问题意识",就是指"我要研究什么问题",例如,"我要堆一个雪人"。但是,真正的"问题意识",却并不停留在"要研究啥"的阶段,而是必须把这个"啥"细细地剖开来看,最终得出"它原来是咋回事"这样一个结论。例如,"我要堆一个雪人"是"要做什么",而"研究表明,雪人最多只能堆10米高,不然就会塌",则是研究走到最后的结果,也是整个堆雪人行为所体现的"问题意识"。再举个例子,"海洋石油污染"是一个"问题"本身,也是研究的起点。而博士论文最终体现的"问题意识",应该是"世界范围内的海洋石油污染难以根治,原因在于法律规避现象无法根治"。这就是"咋回事",能用这样一句话概括出来,论文也就有了"问题意识"。

那么,论文为什么要有问题意识?简单地讲,有了问题意识的论文,就好比软体动物突然长出了脊梁,好比一堆山楂突然被串成了糖葫芦。全篇布局也就自然而然地会脱离传统的教科书模式写法——"海洋石油污染的定义、特征、各国立法、中国立法、优劣比较、立法建议",而是会围绕一个中心——"法律规避"开始设计三段式论证结构,即"提出问题:海洋石油污染的全球规制困境综述;分析问题:法治困境原因探析(根本原因在于法律规避);解决问题:国家间条约谈判和国内法的责任强化"。大家说,哪种论证结构看上去更赏心悦目?

需要说明的是,问题意识只能产生在研究的终点,但并非所有的研究都会最终生成这样一个一句话的结论。

如果你真的发现，自己研究的起点是"提出了一个可供研究的对象"，但研究的终点却变成了对这个对象方方面面的介绍，那么，这篇论文就是一篇完全没有问题意识的"说明文"，俗称"写散了"。此种情形一旦发生，宁可像老和尚打坐那样琢磨上几天几夜，也一定不要急着去动笔，千万要提出"一根线"、达成唯一的结论后再动笔。与这"一根线"不相关的内容该删的删、该扔的扔。不然，整篇博士论文搞不好都要重新搭架构！

注：本文中的海洋石油污染问题为笔者杜撰，同学们千万不要沿着这个思路去写。

写论文找不到问题意识的人，在社会上混得也不会太好！

我平时，手把手地带着学生们推进论文写作，从选择一个论域、搜集资料，不断限缩直到最后找到一个问题点，再从一个角度切入。因为同学们经常在第一步论域和搜集资料上就出现了问题，所以本文来谈一谈问题意识的重要性。

学生们基本上都会觉得从一个很广泛的领域通过搜集阅读整理资料将研究聚焦在一个问题点上是一个漫长而且是痛苦的过程（参见《准备成啥样才能开题？》）。不仅需要搜集资料，还要对资料进行阅读和整理。这还不算完，如果在这个过程中你不带脑子，看了也是白看，也就是说还需要思考。

我的工作就是在这个过程中不断地问：你的问题是什么。用"的"字法帮他不断地明确他的问题，缩小研究范围。例如，某同学研究外国民商事判决的承认与执行，我会问要研究外国民商事判决的承认与执行的什么？他就会回去思考，然后告诉我，他要研究外国民商事判决承认与执行领域的海牙《承认与执行外国民商事判决公约》。然后我会继续问他，你要研究这个公约的什么？他就会再回去思考,然后告诉我,他要研究该公约的间接管辖权问题。然后我会继续问他,你要研究海牙这个公约中间接管辖权问题的什么?他会再继续思考,直至找到类似间接管辖权给中国涉外案件审理带来的挑战与应对(纯虚构,不要对号入座)。这算是有了一个问题点,而在此之前都是事实,不是问题。(关于什么是问题意识,请参见《啥叫"问题意识"?本文给你说个明白》)

寻找问题意识的过程很难,有时候也很漫长,并且会伴随大量的阅读和思考。有些同学会出现畏难情绪,还有些同学会放弃,直接写一个"不像论文的论文"。放弃对问题意识的寻找意味着什么?意味着你放弃了一种思维的训练和洞察力养成的机会。没有这种思维你可以硕士毕业,但是你在社会上其实也不会混得太好。

举例来说,商人要想成功,也一定要有问题意识。他一定要把他的产品定位于客户的一种需求,而客户的这种需求往往就是被你发现的客户想要解决的问题。比如优某库,它的定位就是满足很多人想要一种品质尚可、但是不需要太浮夸、没有大号商标的服饰的物质需求。又如某品牌的大卖,是因为很多人有追求时尚的诉求,但又不想支付太多的成本。再如某音公司手机大卖,据说是发掘了一种可以使黑人兄弟在夜里能够拍照的手机。

商业上的案例不胜枚举,生活中也往往如此,如果没有问题思维,你就会像电视剧《我的前半生》里的罗子君一样,根本不会发现在自己安心做家庭主妇时婚姻已经亮起了红灯;也会像电视剧《都挺好》里的老大,没有意识到自己婚姻的危机源于自己对家庭排序定位不清晰,总是牺牲核心家庭的利益去满足他父亲的无理要求。

话说回来,你以为你就是为了毕业完成一篇硕士论文?其实这背后是一种思维,而这种思维的缘起是一种问题意识,你没有这种意识,你就放弃了认识这个世界的武器,而不仅仅是一篇论文的事儿。

问题越研究越多咋办?

在某博士生的朋友圈里,我看到这么一条状态:"发现一个问题,去文献检索,结果问题变成十个了。"

搞笑不?估计搞过科研的都笑不出来。问题越研究越多,再研究翻倍,真可怕!那么,这正常不?正常,真正常。我的几乎每一个论文题目,都经历过这么个过程。

举个例子,想针对现在大热的"夫妻共同债务"问题写篇论文,论述一下未来的司法解释会如何解决。于是,下手检索"共同债务的认定"。然后,此问题迅速开始膨胀,你会发现,要解决"共同债务的认定",得先研究夫妻财产制;不仅包括法定财产制,还得包括约定财产制;不仅包括财产制的两种形态,还得包括两种形态的外在表现,比如公证的效力。这还没完,细心一点的还会发现,婚后财产和婚后债务问题还容易处理一点,婚前财产的婚后收益怎么算?婚前财产引发的债务怎么算(比如房子倒了砸了人)?甲的婚前财产在什么情况下可以用于偿还婚后共同债务?不仅如此,婚后还有赡养、抚养、扶养等一系列问题。一方父母重病欠下的钱算共同债务吗?一方父母欠债后使用共同财产清偿又怎么算?夫妻各带子女重组家庭所引发的子女医疗费用又怎么算?这问题还有边儿吗?

的确"没边"。但是,这一"问题翻倍"的过程,既不能省,也不能放任。不能省,是因为在论文开始布局的过程中,发散思维极其重要。只有把一个简单的问题想复杂了,才有机会从多个角度深入发掘论文可以论述的要点。不然,只沿着一根线写下去,"某案例发生了——案例的原因是啥——此案例应该如何解决"是本科生毕业论文,还不一定是优秀论文。这种就事论事的论文,是博士阶段应该极力避免的。因此,能发散思维,能把一个问题变成十个,才是写出一篇深刻论文的前提。

那么,"不能放任"又是啥意思啊?思维发散了,很重要;但必须还得能收回来!再拿夫妻共同债务举例子,你要是把我上面的所有问题都论述一遍,5万字都打不住。而且,论文题目怎么拟?叫作"关于夫妻共同债务的若干问题研究"吗?你导师估计会拿着大棒子追打你。

正确的处理方法是先拿张纸把这些问题(至少是你

能解决的问题,对于你感觉怎么啃都啃不动的问题先别考虑了)——列出来,然后,往外抽象!比如说,上面那些"赡养、抚养、扶养"问题,直接抽象成"基于父母子女关系产生的共债认定",然后下面再继续抽象"父母子女关系当中的法定义务""法定义务引发的债务与夫妻财产制的关系"等。千万别越写越具体,那你就掉进细节的汪洋大海里出不来啦!

最后,抽象出的问题,都需要写吗?当然不是!细心的同学能够发现,其实上面发散出的很多问题,已经背离了最初研究"共债"的初衷——如何避免虚构债务对婚姻另一方造成损害。因此,最后需要保留的,仅仅是这根线索所能联系的问题。诸如父母赡养费的计算、再婚家庭子女抚养费等问题,但仅仅在"避免虚构"的层面上关注。套用一句时髦的话:写论文,你得时刻"不忘初心"。千万别忘了你研究这个问题究竟是为了啥。至于其余问题咋整?你再写一篇"夫妻共同债务的认定问题研究"不行吗?

综上,一个问题变成十个,这是本事;十个问题回归成一个,更是本事。收放自如之后,你的论文写作神功就大成啦!

你动了不该动的几类题目

曾经有文章介绍过如何选题,核心思想是要以问题为导向。那么是不是说发掘了真问题,就一定可以写?当然不是。题是好题,但作为博士生,能不能驾驭得了还是个疑问。这可以粗略地类比为,熊掌是好菜,但一个厨师速成班出来的厨师敢做吗?因此,选题之时就得稍微注意一下,有几类题目你的导师敢碰,但你最好离得远远的。

1. 理论性超级强的题目

此类题目,除非你本身痴迷于理论,否则,千万别碰!举个例子,《法律行为制度的伦理基础》绝对是个好题目。但你敢写吗?理论性超级强的题目,写了之后只会有两个结果:第一,理论架构超级严密,绝世好文。第二,自己把自己绕进去,不知所云。其实,也可能有第三种结果,即根本写不出来。对博士生而言,自己还处于学习阶段,架构理论这事儿,完全可以等到进行科研十年后再写。

那么,是不是说,涉及理论的题目一概不能写?当然不是,毕竟博士生又不是只能做案例研究。如果是"某某理论在实践中的应用",或者是"某某理论对某现象的阐释"(例如"正义论视角下的中美贸易战研究"),这绝对没问题。

2. 实务性过于强的题目

这类题目可以说是跟上一类相对的。啥叫实务性过于强?不是说"案例研究"就是实务性强,而是某些论文题目,只有一线工作经验丰富的人才能写得出来。举个例子,我导师曾经抱怨过,去某某高校答辩,某硕士生的论文题目是《两税合一的法律意义》。导师问:"知道两税是啥吗?"答:"知道。"问:"报过税吗"?答:"没。"问:"知道退税是咋回事吗?"答:"不知道。"导师:"那你是怎么挖掘出问题的啊?"

这种题目作为硕士论文还好,毕竟只要查重没问题,通常也不会有人追究是否写得出新意。但是,博士生写论文是要发表的,过于实务性的题目,对于没做过实务的人而言,往往不容易让人耳目一新,只能是根据二手文献进行加工。写出来的东西,编辑也不会太喜欢。

3. 自上而下的题目

对博士生而言,好的题目应该是"自下而上"的,即面对一座蛋糕山,你即便只从角落里刨下来一块儿,也能吃饱。山具体是啥样的,不重要。或者至少暂时不了解也没事。举个例子,《〈反倾销协议〉第17.2条的解释》。写这一条,甚至都不需要知道反倾销是咋回事。因为,这条仅仅涉及司法审查的范围问题。这就是个"刨一块儿就能吃饱"的题目。

那么,为啥博士生最好从这种题目下手?因为博士生时间紧张。3年的时间,要写论文,还得投稿,还得排刊期,没有时间等到彻彻底底地了解了一个题目之后才动笔。否则,一篇论文写完了,都过去2年了!而有一类题目,偏偏是"自上而下"的,即不了解题目全貌,根本啃不动,例如《WTO争端解决机制的改革》。当年写了这个题目的师妹就抱怨过,想写这个题目,首先得对WTO规则体系有一个精深的理解。比如,你想写WTO争端解决机制在处理反倾销问题上过于拖沓,你就得知道反倾销调查究竟是咋回事。不然,难道只从表面上写写,上诉机构的成员应该是7个还是9个,任期应该是8年还是12年?这跟回字有四种写法的研究有啥区别?

综上,画个重点:对博士生而言,论文题目最好是小开口、好上手的;理论结合实际不给自己找麻烦的。这种题目或许显得功利而目光短浅,但是,博士生们,你们的目标首先是毕业,毕业后有了饭碗才有条件从事大型、体系性、十年磨一剑的研究。归根结底,目标决定策略。为了毕业,冲啊!

教你如何蹭热点：论文选题吃瓜指南

2020年玄幻式开局的直接结果，是这个世界丰富多彩得让人目不暇接。从钻石公主号到孙杨事件再到永久居留，分分钟让人手痒想要写论文，对吧？学民法的可能想着去写信息公开与隐私权保护，学海商法的想要去写船旗国对船舶安全的责任，学国际法的就更是啥都能写了，反正这些事件当中的任何一个都是国际性事件。但是，热点问题究竟能不能写？这是个问题。吃瓜群众所喜闻乐见的事情可不是必然能升级成论文的，急匆匆地下手写论文的结果很可能是热点迅速变冷导致论文迅速过时。那么，如何从热点当中筛出来能够写的东西？本文就来讨论一下这个问题。

首先，你得注意站稳立场。咱是法学学者，法学是科学不是神学。但是，咱也是中国人对吧？动笔之前先推演一遍，你的逻辑架构是否会直接得出一个反人民的结论。比如，论证结果是疑似新冠患者不享有隐私权，或者日本没义务保证船上的外国人的生命安全，那么这篇论文不用写就先废了。我当然不是劝说你先预设一个结论然后再片面筛选支持这个结论的材料，而是，一切法学研究必然是符合我们内心良知和正义的研究。

其次,你关注的热点问题,必须是一个扩展开来具有普遍性意义的问题。"普遍性意义"一方面是指,这个问题不能是一个单纯的个案研究。比如孙杨事件,你将它作为"暴力抗法"研究,这显然就不是个抓热点的好方法。你如果能将其扩展至程序正义与实体正义问题,那么你有可能写出一篇可以发表的论文。"普遍性意义"另一方面是指,你选择的这个热点事件是未来八成还会发生的,因而今天的研究会对未来有指导意义。

再次,尽量避免应急性、对策研究类题目。举个例子,上文刚刚提过的"程序正义与实体正义"的关系,是一个一百年前和一百年后都有研究价值的问题。与之相对,类似《某种特定药物是否属于兴奋剂范畴》这种题目最好别写。为啥?我给你讲个故事,某同学兴冲冲地去写《网络谣言被转发,达到什么程度可以入刑》,刚写完没几天,官方文件出台"500次"。小朋友顿时蔫了,因为他的预测是3000次!

最后，量力而行，千万别看着热点就上！比如说，从来没研究过野生动物保护问题的同志就别贸然去研究华南海鲜市场问题。连船旗国啥意思都不懂的也一定不要去研究港口对船的管辖权问题。等你把基础问题搞清楚了，人家的论文都可以刷屏啦！

博士生，请保持你和题目之间的距离

"论文得有时效性!"相信对于每一个博士生而言,这句话都是被导师提着耳朵絮叨了千百遍的。当然,这句话说得还真没错,热点题目人人都爱看,杂志都爱发,写起来性价比极高,对吧?对于名家、大家而言,的确如此。但对于博士生而言,未必。至少我自己的惨痛经历是,跟着热点写论文,往往是写起来感觉极好,但是一旦写出来,放那儿两三天,就顿时觉得自己写得无比肤浅。好一点的是就事论事,差一点的就是新闻汇编了。发核心期刊是甭想了,发个普刊没准儿还得给人家交点儿版面费。被自己坑过几次之后,我也在反思为啥?其实,一旦想明白了,原因还真的挺简单。

其一,文献不够。热点之所以是热点,一定是因为它新。也正是因为它新,所以,我能够看到的对此进行论述的内容,通常不是新闻就是论坛里的评论,至多是大牌学者就此做的采访或者长篇博文。但是,那又能有多长?朋友圈里转载的一篇长篇分析文章至多 5000 字,这能对问题作出透彻的论述吗?不仅如此,热点爆发后几天内写出的文章,又能够对事件作出多深刻的分析?举例来讲,美国外资并购国家安全法律,在 2018 年进行了重大修订。对此评论的文章的确不少,但至多能够把修订内容条分缕析地掰扯明白。真正能够讲清楚修订原因、历史沿革的不多。长江学者们当然可以用3天的时间写出一篇雄文,但是这样的大牌学者,往往既不写网文,也不在热点爆发的第二天就做专题采访。原因很简单,真正的学者往往会珍惜自己的学术思想,很少会随随便便、毛毛躁躁地发表一篇快餐式的文章。因此,对于博士生而言,蹭热点发论文最大的问题就在于,背后缺乏有力的文献支持。光靠自己闭门造车,造出来的估计也只能是个儿童车。

其二,视野不够。热点之所以是热点,一定是因为它足够劲爆。换句话讲,就是意义重大。那么,如此重大的意义,会对过去进行何种变革,会对未来产生何种影响?不知道,一切都未知——而每一篇论文,恰恰都需要对事件的意义、影响、对策进行展望。举个例子,DS379案(中美双反案)专家组审刚刚结束(就是认定中国国有企业等于"政府"或者说"公共机构"的那个判决),谁敢预测上诉机构审会变成啥样?我国商务部都未必敢,敢写这个的博士生一定会掉坑里的。事实上,这也的确是个大坑,这个案子是很少见的两审的判决完全相反的案子。因此,对于青年学生而言,最保险的方法是等到一切尘埃落定,不会死灰复燃了再动笔。以免刚刚投出去就急慌慌地撤稿。

其三,发表周期限制。说个非常现实的事儿:从写作到发表的时间,6个月是极限(可遇而不可求),9个月是好运(遇上了得庆贺),1年是正常。而一个热点事件爆发

后,前半年往往是杂志向名家约稿的发表高峰。举例来讲,表2是《中外法学》2009年第1期专题部分的目录:

表2 《中外法学》2009年第1期目录

专题:许霆案的规范与法理分析	
• 许霆案的规范与法理分析	梁根林
• 利用柜员机故障恶意取款行为之定性研究	陈兴良
• 许霆案的刑法学分析	张明楷
• 许霆案的定性:盗窃还是信用卡诈骗	刘明祥
• 脱缰的野马——从许霆案看法院的自由裁量权	陈瑞华
• 许霆案的民意:按照大数法则的分析	周安平
• 法条主义、民意与难办案件	苏 力

许霆案二审于2008年5月23日作出判决,即使判决作出第二天就开始写作、用一周成稿、2008年6月1日投稿,我等学术新人的稿子的质量能比得过以上这些名家吗?因此,不如稍微等等,待到文献更加充实后再去写作,没准儿反倒会更加周全。为啥没事非得跟国内一流名家死磕呢?

那么,最后一个问题:热点问题究竟啥时候写安全呢?发现热点、持续关注、看到名家第一批论文出炉,通读之;有了心得后再写。啥?你怕能写的都被名家们写完了?就算你抢在他们前面动笔,你写的也比不上名家。还有,是不是担心半年时间过去了,热点就不热了,没人关注了?如果真的是那样,当初赶着热点写了论文,岂不是更亏?

导师要不要给研究生题目?

论文开题汹涌袭来,为了找到合适的选题,学生的焦虑指数就会不断上升,不仅掉头发,还会出现失眠症状,有的思考未果的会直接跟老师说,"老师,你给我一个题目吧,你让我写啥我写啥"。相信不少老师会有这种遭遇,那么老师到底应不应该给研究生"选题"或者"题目"呢?

我是不喜欢给研究生题目的,原因如下:

第一,选题本身就是学术训练的一部分,而且是非常重要的一部分,你让我给你选题,那就相当于你这部分训练没完成,是我替你完成的。即便导师不在意,但事实上也剥夺了学生接受完整学术训练的机会。

第二,选题是非常重要的学术训练,爱因斯坦曾经说过,提出一个问题要比解决一个问题更加重要。基本上一个学术研究活动(例如写论文),到了能开题的环节(也就是发现了一个问题),研究工作已经推进将近80%了。也就是说,选题标志着你已经付出了大量的心血,有了大量的积累、阅读,文献综述已经完成,这样你才有可能有一个像样的题目。所以,这个过程对于从事学术研究的"研究生"非常重要。

第三,那些自己不能形成适当选题的孩子,其实多半是前期文献准备不充分、阅读不到位、文献综述没做出来。在这种情况下,即使导师给了学生一个"题目",学生还是需要从基础文献开始进行阅读,直到能够完成完整的文献综述,否则也无法完成一篇像样的毕业论文。那些期待老师给一个"题目",然后直接进入下一学术研究阶段的想法是极其幼稚的。

鉴于后台长期有一批"杠精"存在,他们一定会充满鄙视地、挑衅地质问:那么要导师干什么?导师可以帮你判断你的选题方向(记住是选题方向,是论域不是论题,也不是选题,选题是从方向里不断精确得出来的)是否正确,校准你对于选题的理解,不断修正以至于帮你最后形成一个精准适当、难度适宜、兼具理论价值和实践价值的选题,这是导师的工作。换句话说,导师是教你做饭的人,而不是做完饭直接端给你吃的人。毕竟你到社会上也得依靠自己,不能什么事情都擎现成的(东北话,指不努力、不用功、不争取,每天都等着天上往下掉馅饼的好事)。

此外,学生可以跟着导师做导师研究的方向,但是具体问题还是得自己发现和提炼,这个问题也得明确。文理思维不一样,学科之间差距也是有的,但是培养学生自己发现问题的能力是亘古不变的。

你别去找题目,得让题目来找你!

"老师,我不知道写啥!"

一聊起写论文,很多博士生就会产生这样的感慨。书,看了;时事,关注了;最新论文,读了;可就是不知道自己要写啥。好不容易找了个大方向,结果,知网一搜,哇,100篇同题论文,其中第一篇还是发表在《法学研究》上的。下载下来一读,发现这些论文把自己能想到的想不到的全都写了。真痛苦!

不可否认的是,有的同学找不到题目还真是因为懒,比如坐在宿舍两眼望天等着导师扔个题目过来那种。但是,绝大多数同学都不是那样的,而是每天勤快得很,翻来覆去地找题目,结果就是找不着。为啥?其实,题目真的不是你"找"出来的,而是主动找上你的。

不信?那么让我给你描述一下,找题目的几种形态。

- 初级形态:从论文里找。比如,随便抓一本法学期刊或者人大复印报刊资料,开始翻,看看哪个题目好写。然后,你就会产生如下感受:哇,人家写得真好。但是,我写不出来。这个题目太深奥,我看都看不懂更何况写了。这个题目角度真新颖,不过被人家发现了就没我啥事儿了。这个题目倒是好写,就是整理文献难一点。

可是,人家都整理完了,难道要我做补充么?

- 中级形态:从著作里找。比如,找你导师要一个此领域的书单,然后一本一本地读。然后你的感受将是:这个作者说得好对啊!但是,我咋没看到题目在哪儿呢?满本书上都是字,哪个看上去像题目?

- 高级形态:从时事里找。既然从论文和著作里找题目都不靠谱,我去看看现实生活中哪个案子值得研究,这不就是传说中的问题意识吗?然后,你的感受将是:啊,这个案子判错了,我认为应该这么判!于是,你写出来的,将是一篇案例分析。或者说是法官的判例改错。这东西看上去倒是像论文了,但是,真的不像能拿去发表的论文。

那么,以上三种方式的错误在哪儿?错误在于你是在找题目,不是警察抓小偷。小偷是客观存在的,而题目是需要被创造的。因此,单纯地"找",是绝对找不到的。哪怕双眼瞪成了探照灯,也绝对不会有题目自动跳出来给你看。

所以,真正的题目应该在哪儿?在你的脑子里啊。或者说,是在你穷尽某一个领域不断阅读的情况下,自己创造出来的。我举个例子,《为什么说某某案判错了》不是个好题目。但是,如果你写《论某某案的误判与比例原则的关联》这就是个好题目。又如,《美国某某法律综述》能写,但也不是个好题目。但《美国某某法对国际法治的破坏》,就完全可以写了。《某某法》或者《某某案》为什么可以成为题目?正是由于此题目与你内心深处的某一点产生了共鸣。这时候,这个题目就来找你了!这个题目,也会因为这一点共鸣,而成为你所喜欢的题目。毫不夸张地讲,你此时去写这个题目,是带着感情去写的。不是诗歌散文那样"呕心沥血"或者说"撕心裂肺"的感情,而是就像你看着你养的花儿慢慢长大、盛开的感情。

最后说明一点,此种"共鸣",是一个极其漫长的过程。就我自己而言,曾经发生过"一起新案例与几个月前读过的案子之间的共鸣",也出现过"一个新材料与一年前读过但似乎不知道咋写的材料之间的共鸣"。因此,等题目来找你,你可一定得有耐心哦!

硕士生、博士生,你真的会提问题吗?

每一个刚刚选定导师的硕士生、博士生,无不希望遇上一个热心肠愿意帮忙的好导师。不过,有没有人想过,想要获得导师的帮助,你首先得做点啥? ——此文当然不是暗示你不要提问题,而是告诉你得学会提问题。问题清晰了,获得的帮助才更有针对性。

首先,你得保证,你提的得是你导师能解决的问题。举例来讲,"老师,我觉得博士读不下去了"和"老师,我对国际法一点儿兴趣都没有",绝对不是好问题。因为,你的导师八成不擅长心理疏导,也不擅长培养你的兴趣。或者说,你导师把你招进来,是默认你想跟着他学习的。因此,更切合实际的问题是,"老师,我博士论文选题一直没有进展,您看是因为我看的案例太少,还是我的理论基础太差?"又或者,"老师,为什么大家都说《国家与市场》这本书写得很好,但我却看不出好在哪儿?"不是说你导师一定能替你解决这两个问题,而是至少你得给他个能下手的角度。

其次,你的问题越具体越好。抽象的问题只能带给你抽象的答案。比如,你去问你的法理学老师,"为什么我总学不明白理论?"老师也只能告诉你,"理论不是每个人都能学明白的。"但是,如果你能把问题细化成:"老师,我想要研究一下中美贸易谈判,您建议我去读什么理论书籍?"你的老师很可能直接扔给你一本《霸权之后》,并且直接告诉你重点读其中第三章。又如,你问你导师一百个论文写作问题,不如直接拿一篇成稿送到导师眼皮底下,"老师,您帮我改改?"相信我,你导师通常不怕麻烦,只怕你连麻烦他都不知道怎么麻烦。

再次,一定要确保你的问题是"非问不可"的。举例来说,要是某同学跑来问我,"老师,《国家安全法》通过于哪一年?"我的第一反应肯定是"百度去"。或者,如果有同学问我毕业论文的注释是啥格式,我的反应也一定是"看院网"。

一定要让我看到,你的问题是自己思考过的。再举一例,只要有同学拎着一段英文来问我,"老师,这段话我看不懂。"我一定会回复:"你先试着给我翻译一遍?"为啥?其一,我得确定这位同学是真的看不懂,而不是懒得读;其二,我得知道他看不懂的原因是啥。比如,是某个单词的意思理解错了,还是句子成分划分不明白。只是"懒"的同学,没资格要求我替他勤快。真的能告诉我困惑在哪儿的同学,我直接针对那个"点"进行指导也更有针对性。

最后,说句略微矫情一点儿的话,如果我是你的导师,我更希望知道你的问题的后续,尤其是解决起来会花费较长时间的问题。比如,你想知道如何学习民法思维,我推荐给你了王泽鉴的大部头。你知道吗,其实我多么希望半年以后你能高高兴兴地跑来告诉我,你现在会分析民法案例了!

到底什么是老师总说的"选题大"？L号算大,还是XL号算大？

一个学生跑过来问我,"老师你帮忙看看我的开题报告,老师们说我的选题过大。什么叫大啊,我真是不明白。"我一看,嗯,是挺大的——《经济法理论的重构》(纯虚构,勿对号入座)。但是通常学生并不知道什么样的选题是大的,什么样的是合适的,所以在这里说明一下这个问题。

判断一个选题是否"大",要从客观和主观两方面来确定,客观上是你要完成的是一篇什么样的论文？本科毕业论文？硕士论文？博士论文？投稿论文？不同的论文篇幅不一样，容量也就不一样，然后对选题的大小要求也就不一样。你是个什么身份？是否有团队？有什么样的研究经历？这些都直接决定你能做什么样"大小"的题目。

首先，我们需要明确，无论写什么样的论文都需要有问题意识，逻辑清晰，论证充分。那么从客观上看，本科毕业论文8000字起，硕士毕业论文3万字起，博士论文10万字起。这些不同的字数要求其实也就决定了你选题的"大小"，要不然写不下啊。虽然勉强用8000字写了一个巨大的选题，但是你就不能保证论证充分了，因为选题过大，还没等写完很多东西，字数就到了。所以，从这个方面来看，本科毕业论文的选题最小，硕士论文也要具体，博士论文选题稍微大一点。以我个人的研究领域举个例子：硕士论文选题——《实际联系原则对我国加入〈选择法院协议公约〉的挑战》；博士论文选题——《〈选择法院协议公约〉对我国民事诉讼制度的挑战与重构》。大致就是这么一个关系，我们要感受不同字数的论文能够包含的内容是不一样的，导致选题的"大小"也就不一样。

其次，从主观方面来看，不同大小的题目对完成人的要求也是不同的。举个医学项目的例子来说（源自我家先生），像《糖尿病致病机理研究》这样的选题，是属于大树级别的选题，这样宏大的选题基本得院士领衔，带领一票团队，在不少于5000万元资金资助的情况下才能做出来。像《甲基因在糖尿病致病机理中的作用研究》这样的选题,属于树干级别的选题,不需要院士,但也得是一个资深的教授,有团队,并且在不少于1000万元的资金资助下才能完成。像《甲基因在乙基因主导的糖尿病致病机理中的表达》这样的选题,属于树叶级别的选题,有经验的教授可以完成,但也必须有团队,资金资助在500万元左右就可以了(以上选题都是虚构,千万别对号入座,也没有参考价值)。虽然上文说的是申请项目的选题,但是跟写论文道理是一样的。我们在写论文的时候,首先要看看自己是谁,自己能驾驭多大的选题,有些太大的选题,真心不是我们本科生或者硕士生能驾驭得了的。那些在本硕阶段就想写《论法治》,就想写《国际经济法理论的重塑》,就想写《经济法理论的变革》的同学,还是先写一些微观的,自己能驾驭得了的题目吧。

总结一下,老师就是基于以上两种考虑:客观上,你现在要写的内容容纳不了这个选题;主观上,你自己的个人能力驾驭不了。解释到这儿,剩下的自己在实践中领会吧!

选题到位,下笔不累!

之前的文章讲的是小论文选题的来源,这篇文章着重谈谈论文的"选题"要"选"到个什么份儿上才能开始动笔写。我曾经见到过一种人,题目选好了,兴冲冲地开了个文档就动笔。不过这种人(长江学者一级的不算)通常会在几天后把那个文档给删掉。通常来讲,"选题"这个过程,往往会占到写论文的一半时间,即如果你通常是用三个月的时间写一篇论文,那么通常要用一个半月的时间才会最终把题目定下来。如果你正常的写作时间是半年一篇,那么选题就得占到三个月。所谓"磨刀不误砍柴工",千万甭急着动笔然后再颓然返工。我知道这个过程很闹心,我自己写论文时甚至得不止一次地提醒自己:别着急,题目还没选完,别动笔。但是,每当论文写完后,回顾整个过程,我都会觉得这个时间花得很值。因为,题目选定,下笔千言、一气呵成的感觉超级爽,跟夏天喝了冰可乐似的。

那么,题目究竟要选到什么份儿上才可以开始写?举个例子,假设你要写一篇关于欧盟数据保护的论文,那么,把论文题目定为《论欧盟数据保护》显然不行。一篇博士论文都写不完这个题目。再继续深入下去,定为《论欧盟数据保护当中的个人隐私权保护》行不行？作为本科、硕士论文，行；作为用来发表的论文，不行。这是因为，题目本身不够"尖锐"，很可能写成一篇综述型的文章，即面面俱到、缺乏关注的重心，很可能最后写完成了对整个制度的介绍但体现不出自己的特色。

再举一个非常惊悚的例子，都是写美欧数据保护问题的冲突（熟悉数据保护问题的，都应该知道著名的安全港协议问题），我亲眼看到，国际法专业的把这个事件写成了美欧之间的国家利益冲突，把两国国内法完全作为"黑箱"对待，只分析"是什么"，但不研究背后的法律传统；而法理学专业的把这个事件写成了美欧关于个人权利保护的两种不同模式，完全不涉及国家间的政治考量。除了基础素材完全相同，整个论文的铺陈、结构设计，看上去说的就是两个事件！

这件事告诉我们，在选题阶段，仅仅把要写的问题具体到某一个方面是不够的，还必须做到足够的"尖锐"，即必须有清晰的指向。例如，将题目定为《论欧盟数据保护当中个人隐私权保护的法治困境》，这就是可以的。写作过程中，随时都可以提醒自己，要突出的是法治困境，即欧盟当前法律关于隐私权保护到底有什么缺点，这些缺点是怎么产生的、应该怎么对抗，而绝对不会花费笔墨去写无关的东西了。

看到这里，肯定有人会产生疑问：上面那几个例子也配叫作题目？语言啰唆、语法错误，表意倒是清楚了，但编辑估计一眼看过去就会毙掉啊。对。这些都对。事实上，选题阶段追求的就是这个效果。只要表意清楚就行,完全不需要关注语言、语法问题。因为,这个题目编辑根本不会看到,能够看到的只有两个人:你和你的导师。这个题目仅仅是在写作过程中给自己一个提醒:我要论证什么东西。在全篇写完、最后定稿之前,还会最后调整一次题目,把题目改成语法正确、朗朗上口,乃至于引人注目的。

举例来讲,我们来围观一位学者的若干论文题目:《保护的责任:法治黎明还是暴政重现?》《从强权入侵到多元善治——武力干涉领域国际法的现存框架与演进方向》《贸易公平与国际法治:WTO多哈回合反思》有没有感觉到他老人家其实是很文艺的?

顺便说一句,我最为欣赏、至今难忘的一个论文题目,是一篇英文的历史学论文:*Malice in Wonderland*(仙境之恶)。这是一篇研究火烧圆明园的论文。多美的题目!感觉到作者的忧伤与无奈了吗? 注:此论文题目源自 Alice in Wonderland,即著名儿童奇幻文学作品《爱丽丝梦游仙境》。论文作者将"Alice"改为"Malice",以形容火烧圆明园行为之恶劣。

准备成啥样才能开题?

一个周五晚上举办师门读书会,顺便开题,结果发现一个普遍的问题,即同学们的开题准备得都不充分,在问题意识以及思路都不明确的情况下匆匆填写了开题报告,然后就开题了。这种程度在开题过程中肯定扛不住啊。于是我问了同学们一个问题,如果把整个论文写作过程看作100米跑,到什么时候才能开题?

同学们的答案五花八门,有同学说10%;有同学说30%;还有的说50%……我觉得这个比重应该更大一些,可以达到80%,前提是你想进行一次成功的开题,而不是开完题之后再重新梳理思路,循环往复地做之前没有做好的功课。理由如下。

第一,开题要有明晰的问题意识,要能把问题很清晰地表达出来。这在没有看完全部参考文献,没有分析完参考文献,没有做完文献综述的情况下是不可能产生的。大家都知道,尤其人文社科领域,资料的收集、阅读、整理的工作量很大。而开题之前,意味着大批量的、绝大部分的资料你已经阅读整理完毕了。这个工作量应该占到总体工作量的60%~70%。

第二,开题要求必须有清晰的解决问题的架构,俗称为大纲。也就是说针对你提出的问题,你得有能把这个问题分析透彻并解决的理论上的框架,否则就应付不了开题。虽然是一个初步的解决方案,但是也得是可靠的、差不多的、有依据的,不是信口开河、胡编乱造的。而这项工作要想完成也是需要时间的。

第三,成功的开题,是指老师认为你的开题报告没有硬伤,可以循着之前的思路继续研究,甚至可以动笔写作了。所以一个成功的开题意味着你收拾收拾开始进入下一个阶段,也就是初稿的撰写。你想想,都可以进行写作了,这个时候你还只进行了 100 米跑的 20%,可能吗?

第四,不成功的开题,是指老师不认为你这个题目现在可以马上动笔写作,还需要继续修正问题意识,解决问题的理论框架、切入的视角以及其他方面。所以你还要回去做之前没有做好的功课,再进行下一次开题。(只不过现在国内有些开题是形式化的,你参与过了,不管你实际上达没达到这个水平,大家就都认为你开题了,这其实是不对的)

第五,成功开题之后你可能开始正式写作了,这个时候你可能还会遇到表达问题,以及补充收集资料问题。但是请相信我,你不用像最初那样大量地搜集和阅读资料。这期间的搜集和阅读资料只是补充、细化和深化你的观点。如果这个时候你发现自己对材料的阅读和补充仍然是针对问题意识和大纲框架的,抱歉,你的开题是不成功的。

第六,另外,大家仔细想一想,硕士三年,研二下学期开题,研三上学期交初稿(研三下学期基本都跑出去找工作了)。从整个研究生培养的过程中,开题也是偏后的,不是一上研究生就开题,也不是研一下学期开题,而是研二下学期开题。这是为什么?不是留给你大把的时间出去浪,而是要让你先跑"80米"。

这几天国际法的博士要开题,我自己带的硕士和本科生也都在开题,所以他们都会抓住我问问题。问问题可以,但是这里面存在误区。给我的一个感受是,他们的功课没有做到位,根本没有清晰的问题意识就要开题。有的同学甚至认为开题就是一项研究的开始,通过开题从老师那里获得问题意识和研究思路。另外一个感觉是,他们总希望通过跟老师的交流和死缠烂打来获得问题意识和大纲。须知,在这个问题上,老师只是一个教练,指导你写作,但是具体的活儿得你自己干。这跟种庄稼是一个道理,农民们施完肥,浇完水,庄稼得自己长!

开题的时候，老师都想听你说些啥？

开题报告是学位论文撰写的重要一步，如果成功开题，一方面代表着你之前的积累和努力是充分的，你的研究方向是大致可行的，你的研究思路是比较清晰的，问题意识是比较强的。另一方面，意味着你大致的思路确定，基本上可以开始动笔了。开题是要提交开题申请书的，非常正式。还要召开开题会，由导师组集中帮你的论文把关。同时，你也需要向导师组汇报一些你的研究方向、研究问题、大概思路、资料准备和阅读情况。

但是结合这几年的开题，我发现同学们并不关心老师想听什么，只是按照自己事先准备的稿子开始念，自说自话。如果遇到老师提问，回答得也驴唇不对马嘴。如果是乖巧的学生还好，默默地把老师的意见记下来，回去慢慢琢磨。如果遇到特别犟、脑袋不转弯的学生，死活要用自己的"思路"说服老师，这一波神操作，真是弄得双方都很受伤。简单描述几个误区，希望能对同学们有帮助。

1. 标题不等于问题

老师们第一个要问的问题必然是——你研究的是什么"问题"？这时候你要是只把你的标题念出来是远远

不够的。因为老师这个问题的背后隐藏的逻辑是这样的:论文是要解决具体问题的文体,你必须要提出一个"问题"。这个问题要满足:①是一个麻烦、困扰、让人感到需要解决的问题。②这个问题必须具体,也就是说你不能说诉讼时效问题,要说明是诉讼时效的什么问题。一定要把问题说清楚、说具体。③这是一个真实的问题,或理论或实践。别笑,我看过很多学生自己臆想出来的问题。④这个问题的解决对理论和实践都有意义。

对策:同学们要能够从标题中解读出自己要具体解决的是什么"问题",把它清晰地描述出来。

2. 大纲不等于思路

如果老师的第一个问题被成功应对,老师马上就会抛出第二个问题——你是怎么研究这个问题的?或者你的具体思路是什么?这时候,绝大多数同学会念自己的大纲,我第一部分是……第二部分是……第三部分是……此时,如果你用眼睛的余光观察答辩组老师,他们已经快要炸了。大纲和思路的关系是,好的大纲是思路的体现,能体现提出问题、分析问题、解决问题的逻辑思路。不好的大纲,真的是千奇百怪、千姿百态,总之跟思路没半毛钱关系。也就是说,其实这个孩子没思路。退一万步,尽管你有思路,你也需要对你的大纲进行解读,把它背后的逻辑思路给老师揭示出来。

对策:不要念大纲,有思路就说思路,没思路就老实回去想思路,别顶嘴!

3. 装点门面不等于真才实学

第三个老师们感兴趣的问题就是你都读了哪些书和

文献。因为无论是自然科学还是社会科学,文献综述都是非常重要的。你读了哪些文献和书籍也是判断你的论文选题和思路是否可靠的重要指标。常见到有些同学不写参考文献,或者不知道从哪里粘贴过来一堆文献。但凡是文献中存在法语、德语等小语种的资料,这些参考文献多半是用来装点门面的,特别浮夸。

对策:老老实实告诉老师你读了哪些书,看了哪些资料,好让老师帮你判断一下你的选题和思路是否靠谱。

基本上,你能把上面三个问题说清楚,你就离顺利毕业不太远了!

开题指南:教你如何不挨骂

开题之前,相当一部分同学都很焦虑。要是被问起,"你焦虑啥?"答案又往往是:"我怕被骂!"这种心情当然可以理解,毕竟开题答辩和毕业答辩还不一样,毕业答辩至少手里有十万字论文打底,写得好不好且不说,至少心里不慌。而开题那天,心里往往只有模模糊糊的一点想法:这事儿可能是这么回事吧!我大概看了三四五六七八个案例,可是这几个案例讲的还不都一样。美国的立法看了,欧盟的立法是啥,我还一点都不知道!

也就是说,开题答辩必然是在"没准备好"的情况下被赶鸭子上架。毕竟,等到完全准备好了,也就快毕业了。所以,往那儿一坐,没底气、心发慌、怕挨骂,这太正常啦。那么,怕归怕,究竟要如何尽量减少被骂的几率?

第一,放宽心,别紧张,一紧张更容易说错话。你"没准备好",这事儿其实你导师知道,你面前坐着的所有博导都知道。因此,你要相信,他们绝对不是要苛求你十全十美,把问题考虑得滴水不漏。真的遇到不知道的,就坦率地讲:这个问题我目前没有研究。真没事儿。只要你别十个问题当中的九个都这么回答就行。

第二,正确看待老师们的问题。请相信,你对面的老师们不想让你开题失败,只想帮你出出主意,未来怎么才能更快更好地写完论文。因此,除非某老师真的指出你的某个知识性错误(例如,你认为中国于1995年加入了WTO),否则,一切问题都是在启发你进一步思考的。比如,某老师问你,"中国入世议定书中,有没有明确提及'中国是非市场经济国家'?"哪怕你知道答案,也千万别像河豚那样一碰就炸,开始反驳,"就算没有,那又怎么样?我论文的结论在美欧对华反倾销的背景下依旧成立!"也许,这位老师只是在提醒你,要区分一下市场经济国家和个案中的市场经济地位。因此,正确的处理方式是:"老师您说的是,我在措辞上注意一下。另外,您的意思是不是说,我应该加强论述一下,美欧的现行反倾销措施其实是没有法律依据的?"你对面那位老师一定会很欣慰的。也就是说,当你对面的老师拿块砖冲你走过来,千万别认为他唯一的目的是想拿砖拍死你。人家其实是想把砖免费送给你,让你拿去打地基的。

第三,有很大几率,你会被问几个在你看来是很蠢的问题。这时候,千万别流露出对提问老师的不屑、鄙视等情绪。那位老师很可能知道答案,只是想看看你是否考虑到这一层。这就正如一个笑话所讲,一个幼儿园小朋友回家告状:"我觉得老师是个弱智!她都说了几遍3+4=7了,过一会儿还问我3+4等于几。"遇到这种问题,就当对面的老师给了你陈述的机会好啦。例如,我开题那天,就有老师问我:"俄罗斯是WTO成员吗?你在写WTO的论文里讲俄罗斯做什么?"我开题那年,俄罗斯入世谈判的确还没完成。我只需要解释一句,"的确像您说的那样,俄罗斯还没有加入 WTO。但是,我写的内容,正是它入世谈判当中被欧盟质疑的内容啊。"千万别试图给你对面那位老师去做科普。否则,你导师一定第一个骂你!

第四,真的碰上毫无头绪的问题,一定记得要请教,问问这个问题真正的答案是什么。如果你对面的老师是研究这个问题的行家,那么,他完全可能直接给你指条通向真理之路。即便这位老师对此并无深入研究,你也一定要相信,他能提出问题,就至少会有解决问题的基本思路。

你的选题能不能通过不取决于我让不让你写,而是取决于你能不能说服我

本来研二的同学按常规要开题,但是由于疫情,他们和自己师门的学生没办法见面,也没办法当面讨论开题,于是就约定在周末云开题。模式照旧,需要同学先说自己提出了一个什么问题,打算怎么解决这个问题,初步的结论是什么。需要强调的是,在此之前已经安排学生进行文献检索,在文献阅读完成之后才能进入开题环节。

在开题过程中,学生对于自己提出了一个什么问题把握得并不清晰,有的同学直接告诉我:老师,我要解决中国加入海牙判决公约的问题,我要解决我国判决承认执行中互惠原则的问题。问题不清楚,前者是作者要做的事情而不是问题,也就是作者的药,但是没有指出病。后者压根也没有提出互惠原则的问题。有的同学勉强提出了互惠原则存在保守性,我进一步追问,我国互惠原则存在保守性这是一个判断,哲学上叫作断言,我们需要判断你这个断言是真的,也就是你为什么认为我国互惠原则具有保守性?理由是什么?通常学生也给不出具体的理由。

我们提出一个问题也需要证明这个问题是一个真问

题,我们对这个问题的判断是一个真的判断或者是一个真的断言,而不能直接摆在那儿就认为它不证自明了。最近审了很多校内、校外的硕士或者博士论文,判断都下得极其随意且缺乏根据,比如提出任何一个问题都会扯上我国立法不完善、法官素质不高,解决任何一个问题都会提出要加强立法、提升法官素质(哈哈,估计法官看了会气死)。这些断言都需要论证,而不能不负责任地扔在那里,否则别人很难认同你的观点,你写论文不就是为了让别人了解并认同你的观点吗?

在线上啰里吧嗦地跟学生讨论了两个小时,无非想让学生明白:首先,写论文是需要有一个问题的,关于这个问题我已经写了很多篇文章,自己回头翻看吧。其次,对问题的回答、结论、断言、观点和判断都需要证明,不是不证自明,也不是摆在那儿让读者自己想。所以几乎所有同学对于问题的判断都不能被认为是"真"的判断,都是自己主观想象的,需要后续被证明的!

有一次,有一个同学突然问我一个问题:老师,那我还能写吗?我一听就笑了。孩子,不是我让不让你写,我让不让你继续写取决于你是否能说服我你这个判断是真实的,你这个想法是可靠的。截至目前来看,好像你还得回去继续琢磨然后再过来说服我。为什么把这个问题拿出来说一下呢?很多学生会认为老师手里握着生杀予夺的大权,可以决定你是不是能开题,是不是能参加答辩。事实上不是这样的,是你要先证明自己已经达到了这个开题、答辩标准,你的研究和努力能够说服老师并且给老师信心,让老师相信你能完成进而同意你继续围绕这个选题做下去，而不是老师心血来潮地表示同意或者不同意。一个合格的老师不能以自己的喜好和心情来决定这个事情，凡事都是有客观依据的。说句更客观的话，有很多同学选题的方向都跟老师的研究方向不一致，你能不能开题其实老师是不知道的，是需要你在开题的过程中说服老师，证明了你的研究价值和潜力，老师才会认同你的选题。

致要答辩的研究生：你知道"标题"和"大纲"没有调整好就动笔写正文的后果是什么吗？

大家是不是以为寒假到了，大学老师们都开始"冬眠"了，不用干活儿了？唉，才不是。除了让人头疼的各类项目都会集中在寒假申报，最要命的还有各路博硕论文，其中博士论文最让人头疼。那段时间我除了审各路社科基金的本子，还要负责看各种博士和硕士论文，有别人的，有自己学生的。其中发现了一个问题，这个问题说实在的，到距离要答辩提交论文还有 2 个月的时候，几乎已经无力回天。

这个问题就是，在一篇十多万字的博士论文中，你发现这篇论文根本没有问题意识，论文的大纲也没有基本的论文逻辑。这类问题就是典型的在开题阶段就不成熟，标题没有斟酌好，大纲也没有梳理好，就开始匆匆动笔了。然后作者（我倾向于把这些研究生叫作小可怜）就在这个错误的大目标（标题）以及没有调整好的路线图（大纲）的指导下开始了漫长、曲折甚至是错误的写作过程。这样写成的论文，最后的状态可想而知!

老师们最害怕见到这种论文,因为根本没法给出修改意见。为什么这么说?因为这种论文是需要继续抽象提炼和深挖问题意识,同时要对结构大刀阔斧地进行修改,这是唯一的解决之道。但是,你觉得学生能改吗?你觉得学生能乐意改吗?我曾经建议过这类论文需要调整结构,结果学生一直向我证明这种结构的合理性,拒绝修改,因为修改的难度实在太大了。一方面,由于学生本身就没有问题意识,没有提炼到位就开始动笔,这种论文本身就是缺乏主题的;另一方面,这十多万字其实也是学生在毫无逻辑的情况下绞尽脑汁拼命堆上去的,是没有到位的文字。让这些学生调结构,就是要让学生在这堆毫无逻辑,本来就松散的文字中硬是抽离出一条主线索、一个主题、一个问题,其实,这松散的十多万字,一碰就碎,哪里能抽象出评审老师想要的问题意识、主题和主线呢?

学生也是知道这一点的,为了不想碰碎他辛辛苦苦好不容易堆起的松散结构,他不惜用各种理由解释论文的合理性,因为他也没能力对这些文字进行提炼和总结,时间也不允许,精力和心情也不允许。所以我经常说,修改这种标题和骨架没有调整好就写成的论文,就像在跑马拉松的时候负重100公斤——跑不动,这种论文也根本改不动。

那么如何解决这个问题?方法是多方面的,我在这里只想谈两个方面。其一,要加强对问题意识的重视,师生都要加强对问题意识的重视。有人问我,指导学生论文什么最重要？我回答：问题意识。只有有了问题意识才有了根本，没有问题，写出来多少字都没有意义。这样的论文在后续的程序中，比如盲审、答辩，就只能靠运气。运气好了就过了，运气不好就过不了。有的学生对问题意识认识不到位，又着急毕业，所以总是赶着在没有完全具备写作条件的时候就开始写作，这是很要命的，在对博士论文审查越来越严格的今天也是很危险的。其二，老师们也要不停地向学生传递问题意识的重要性，以及问题意识是怎么形成的。尽量纠正学生的认识以及对问题意识不正确的幻想。曾经有一个学生跟我说，他的老师告诉他问题意识可以在写作过程中慢慢寻找。我个人认为，这个是动笔写作之前就要解决的问题。还有一种情况是老师很明白问题意识的重要性，但是不能有效地指导学生。有些学生由于前期时间节奏把握不好、延期等，心里很着急，虽然老师一直强调问题意识，但是学生只有看到一本厚厚的论文摆在自己面前才能控制住内心的焦虑，于是在不经老师允许的情况下就写成了论文。这种情况下，其实指导教师也是被裹挟的，你说不让答辩吧，好像老师是有意阻碍；让答辩吧，这样的论文能否通过不确定性很高。

说了这么多，其实就是想说，老师和学生都要加大对问题意识的重视程度。对于学生而言，在问题形成以及最终敲定的时候一定要跟老师再三确认，只有在一个好的标题和大纲之下写作，才能保证论文在后续的程序中不会受到太大的挑战。别背着老师偷摸自己写，这样真的是很危险的。曾经我有一个学生开始提交给我的就是一篇完整的小论文,大概 2 万字。在选题和确定大纲时都没有和我商量,结局是这 2 万字根本用不上,逻辑和问题意识都不清晰。所以在此强调,有了问题意识、大纲清晰、富有逻辑才可以动笔写作。

写博士论文就像下厨,只有佐料和食材是不行的!

博士生论文开题,曾有一个学生的开题报告我感觉不对,就说了一堆专业术语,但是看着博士生的表情,我感觉他没听懂,于是乎我就用下厨房来比喻他的开题报告和目前正在推进的论文写作工程。

这个学生看了一堆书,把一堆信息都放在了开题报告中,但是你看不出问题意识,也看不出开题报告中的七个部分内在的关联,以及它们都为什么中心服务。我跟他说:"你没有问题意识,你的结构没有逻辑。"他表示:不明白!

我说,"写论文就好比你要下厨房。你有一个很大的厨房,里面有一个大操作台,一侧摆满了各种佐料,每种佐料都放在一个小白碗里。另一侧摆满了各种食材,肉、蛋、奶和各种蔬菜。肉包括猪肉、牛肉、羊肉等各种肉;蔬菜包括芹菜、韭菜、白菜、茼蒿、空心菜、西蓝花等。你现在的论文就是一个摆满了各种佐料和各种食材的厨房,然而你的问题在于,你并不知道今晚要吃什么,以及如果想要吃红烧肉应该用哪些佐料以及用哪些食材。"我这么一说,该同学马上就懂了,他问我:"老师,我该怎么办？"

怎么办呢？你需要继续阅读专业文献，思考你要解决的问题是什么，这也是文章的问题意识。这就好比，你很明确地知道你今天下厨要做的是"红烧肉"。然后，你需要知道红烧肉的"菜谱"，也就是你得知道怎么做红烧肉。最后，不断地练习做红烧肉。要知道一个好厨子是长期训练的结果，他做的第一份红烧肉可能不好吃，卖相也不好，但是做了十几、二十次后，他已经能够很好地掌握各种材料放多少，什么时间放以及按什么顺序放。在这里，我觉得中国的饮食文化真是博大精深，他从来不告诉你各种佐料放多少，只是"少量""酌情""适量"。这中间的火候和分寸就需要你在不断练习中自己掌握以至于熟能生巧。写论文也是如此，你需要先确定你要做"红烧肉"，也就是问题意识。同时你要具备写作的基本技能，你还要不断地练习。这就好比学习开车，你光看了理论，知道什么是发动机，什么是火花塞，什么是油门、方向盘……但这是不够的，你还得学习如何上路，也就是开车。学习上路也需要不断地练习，不可能一下子就很熟练。

之所以写此文是觉得很多同学把论文写作想得太简单，总觉得看书就能解决问题，但是看书只能给你提供素材，也就是"佐料"和"食材"，你还需要有思维能力，这种思维能力能帮助你清晰地知道自己要解决啥问题，还要不断地刻苦练习。这三者缺一不可，否则就会像上面的那位同学，把一大堆资料和文献摆在那里，却说不清楚自己的问题意识以及要如何解决这个问题。

文献使用篇

手拿文献跟老师谈开题
——这是对论文最起码的尊重

学生约我谈论文开题,我说好的呀,于是我们在办公室约了见面。见面我就一直看着这个学生,把学生盯得直毛楞。学生问我,"老师您瞅什么?"我说,"我想知道你用什么跟我谈,你没带电脑,貌似也没有带打印的资料。那么我们谈什么?"学生从书包里拽出一张 A4 纸告诉我这是他的思路。我问这思路从哪里来的?他说是他想出来的。

尽管我写了好多文章来说明开题和文献的关系(请参见《准备成啥样才能开题?》),在确定了大致的方向之后,学生就需要开始大量地收集资料并且进行专业阅读,然后逐步在所研究的领域缩小选题范围,直至最终找到一个问题,进而围绕这个问题进行写作。但是还有很多学生在跟我谈开题的时候只带着脑袋来,一篇文献都没有。

老师为什么需要文献,是为了看你的文献目录,看你对于文献的把握。

首先,文科的研究依靠文献。很多同学觉得社会科学都是凭空想象的,其实不然。论文需要论证,需要证明观点的科学性,需要大量的论据,前期文献没有研究透彻,论据就不充分;论据不充分,论证就不充分;论证不充分,文章写得就不会太充分。因此文献关乎文章质量,没有文献你到底要说啥?

其次,老师虽然是老师,但是不是所有选题都精通,需要凭借你的文献才能判断出你的选题能不能写。现在学科的范围都很广泛,即便都是在国际法范围内选题,也会遇到老师不熟悉的领域。你突兀地拿出一个选题,没有文献支撑,老师也不知道这个问题到底能不能写,只有手拿文献列表还有阅读笔记,才能跟老师探讨你的思考。

再次,参考文献能说明很多问题。你手中的文献能够让老师帮助你判断你这个选题能不能写、值不值得写以及有没有可能写完。曾经有一个学生在答辩的时候说,我研究的这个问题的文献比较少,所以我的论文研究得也不太充分。文献太少能够说明这个领域并不活跃或者不值得研究,抑或研究起来太难。以上都有可能,但是对于你而言,没有文献你的研究很难推进。所以如果学生提供的文献数量太少,我们通常是不建议在这个方面选题的。

最后,参考文献能带来问题,这是论文最主要的核心内容。这是最重要的,论文是解决问题的文体,也就是你的论文写作需要围绕一个问题展开,可是这个问题从哪里来?从你的想象中来?不是的,是从阅读文献和对实际问题的观察中来。有时候我们从实际生活中观察能得出来的仍然是感性认识,通过阅读相关文献能够上升到理性思考。因此,可以毫不夸张地说,问题意识来源于文献。

文科不做实验,所以文献的研究非常重要。所以下次记得,一定要带上文献再跟你的老师讨论开题,这样你的思考就不是无源之水、无本之木和无稽之谈了。

教你如何筛选文献

要写论文，先要看论文，而"看论文"的前提是得选出来有价值的论文。那么，咋选？

第一，先看期刊。法学 CSSCI 有哪些都知道吧？排名前五的都是啥？这里面跟你学科相关的其实没几篇（毕竟这些杂志可是 2 个月才刊出一期），下载下来，看，反复看。啥，你说会不会有滥竽充数的水货在里面？我当然不敢说这些杂志一定不会有"关系稿"，但是，那至多是从 10 分的标准降至 9.5 分录用（搞不好还是降至 9.9 分）。你得相信，顶级期刊的主编，眼睛一定是雪亮的！

第二，再看作者。是不是说排名靠后的法学类 CSSCI 和其他 CSSCI 当中的论文就不好分辨了？也不是啊。作者单位在那儿摆着呢。比如说，某学报发表了一篇署名为"北京大学法学院"的作品，你觉得作品质量会如何？北大法学院能把这兄弟录用了，至少人家水平也不会差到哪去。

第三，注意时间。像国际法这种变化超级快的学科，5 年前的论文有时候都会过时。因此，筛出来一堆论文之后，正确的顺序，是从后往前看，即先看最新一篇发表在权威期刊上的论文，别沿着"学说发展史"从 1995 年的开始看！为啥？因为好论文通常会简短地回顾一下这个问题的发展。人家都总结完了，咱们站在巨人的肩膀上多省事儿啊。此外，从旧论文开始看还可能有个隐含的问题：论文，必然是针对"当下需要解决的问题"进行写作的。你觉得20世纪90年代需要解决的问题，今天还可能仍旧没解决吗？已解决的问题，咱现在还研究它干啥呢？（法史、法理专业可能有永恒的未解之谜，此条请批判性对待）当然，并不排除一种情况——本领域的开山之作，发表于1988年。也就是说，那篇神作正式提出了某个概念，作出了某种分类。如果是此种情况，一定要看那篇最初的经典，那绝对不过时！至于怎么判断是否属于经典？看引用啊。如果连续10篇论文都提到了这篇古董级的作品，那一定是有不寻常的意义，对吧？

第四，注意研究方法。如果前三项筛选后手头还有若干作品，那么优先挑选与你的研究方法最接近的。假设你偏向案例研究，先看案例分析为主的论文，将有助于你迅速进入主题，而不用花很多时间分析作者的具体研究方法是啥。这样的论文你理解起来也快，对吧？——这一点，只针对阅读顺序。不是说研究方法不一致的就可以不读啦。

以上四步做完，相信你的文献综述已经有数啦。不信？跟我按照下面的顺序讲讲：对于这一主题，近年来权威研究成果包括……其中，以某某教授、某某教授的代表作最为典型。当前，最新的问题体现在……本人拟研究的进路是……对此，既有研究为……我可能达成的创新有？

咋样？挺容易的，是吧？

案例研究式论文,如何选择案例?

如何选择值得研究的案例?投机取巧的做法是"跟导师要"。但是,这约等于斯内普教授问哈利波特"去哪里找牛黄",后者回答"去你的材料柜里"。那么,在没有导师帮助的情况下,究竟应该找啥样的案例去评述?对此,有初级、中级、高级三种"玩法",在没有导师指导的情况下,建议逐级进行,强烈不建议一上来就挑战最高难度。

初级玩法:找热点案子写

热点案子之所以成为热点,肯定是因为它有典型意义。举个例子,"昆山龙哥案"一经曝出就引发了大量关注,这一定是因为此案在正当防卫领域意义深远。

不过,跟热点这种写作方法适合练笔,不适合写用来发表的论文。为啥?你盯着热点,名家也盯着热点啊。你想和张明楷同台竞技写同一个案子的评述吗?因此,这种因热点而生的案子,在发表上可能会有难度。不过,如果仅仅是用来练笔,那完全没问题。因为,可以写完之后对照名家评述,看看自己究竟差在哪儿。

中级玩法：找跟中国有联系的案子

拿热点案子练会了如何写评述，就可以以发表为目的写这类论文了。那么，此阶段选啥样的案子才能既容易上手又方便发表？重要的话讲三遍：中国问题，中国问题，中国问题！

原因很简单，一个案子如果从头到尾跟中国没啥联系，这个案子被编辑喜爱的程度也有限，你的论文估计也要凉。当然，所谓的中国问题，并不是指一定要是在中国发生的，或者案件一方为中国人的。举个例子，阿根廷与欧盟反倾销案（就是生物柴油那事儿），可以写吗？可以啊，那个案子中欧盟对付阿根廷的手段，简直跟欧盟对付中国的手段是一模一样的。因此，评述完了再去论"对中国的启示"就可以啦。

这种案子如果选得好，完全可以避开"客流高峰"不跟别人撞车，同时还能吸引编辑注意力，容易发表。当然，如果不放心，可以选完案子后再去问问导师，"老师，我写这个案子的评述可以吗？"

高级玩法：找让你"怦然心动"的

这可是"一般人我不告诉他"的秘籍，也是在我看来写案例评述的终极层次了。还有没有更高级的我不知道，因为本人也只修炼到这个层次。

啥叫作"怦然心动"？如果再拽几句古文，就是"众里寻他千百度,蓦然回首,那人却在灯火阑珊处"的问题。再换句话讲,就是学术界已经假想了很久的事儿,结果,突然有一天居然出现了,让你恨不得扑上去狠狠地咬一口。

举例来讲,我的某篇论文题目就是这么发现的:"社会倾销"一词,我常常在论文当中看到,但这个词通常并不是用于描述"反倾销"语境下的"倾销",而仅仅是用于描述劳工成本低的国家将产品出口至劳工成本高的国家这一现象。然而,突然有一天,我发现,欧盟居然真的适用反倾销规则处理上述现象了!换言之,此前一直是比喻意义的"社会倾销",居然真的被欧盟当作"倾销"处理了!好题目!我一定要把它写出来!

那么,为啥说这是"高级玩法"?因为,这种玩法的前提是"众里寻他千百度",即你心里对某问题必须已经有个预期(这个问题值得研究、值得关注,我关注好久

了,老天爷赏个案例吧),然后才能对某个案例"怦然心动"。因此,不是别人告诉你案子重要,是你自己把重要性刨出来的。前期的积累是关键!从这个角度讲,刚开始科研的萌新们如果没有这种"心动"的感觉,也千万别慌张。不是你天赋不高,是你准备得还不够充分。等你三年级了,刚入门的师弟也会仰望你的。

资料分类存储指南

写论文必然要阅读资料,阅读资料就要存储资料。如果资料存储不好,写作过程就一定会成一团乱麻。举个例子,论文写着写着,突然发现我此处要引用"2017年欧盟《反倾销规则》第 1.1 条"——真正的写作过程,能回忆到这么详细已经很不容易了。更常见的是"欧盟好像有个新规定是说这事儿,是啥来着?"那么,如果我发现视线所及范围内的文件,都是这样的:

或者,稍微好点儿,是这样的:

这资料得找到啥时候去?

所以,开始写论文的同时,有一个干净整洁的文件存储习惯,直接会让未来的写作事半功倍。

那么,资料存储究竟是个啥样的过程?当然,这个过程首先应该因人而异,自己舒服就行。我在此记录一下我自己感觉舒服而且特别接地气的整理方式,供大家参考。

第一步:建一个文件夹

在哪儿建?强烈不建议建在桌面,尽管在桌面有一个文件夹总比把文件直接散在桌面上要好得多。原因很简单,桌面的默认存储路径在 C 盘。而 C 盘则是电脑重装系统必须格式化的。相信每个写论文的人最大的噩梦就是,一觉醒来,电脑黑了,资料没了!

因此,建议在你通常存储文件的那个硬盘里,新建一个文件夹,然后再建一个快捷方式,把快捷方式挪到桌面。这样,开机之后只要点快捷方式即可。这个文件夹的名称可以随意,例如,我每次新建的文件夹,总是命名为"正在写的论文"。咋样,清楚不?

第二步:开始放文档

阅读过的资料全都统一放在建好的文件夹里。从网上下载的资料,如果来自中国知网,文件名可能会工整点;但政府文件之类的就未必,英文文件的名称更是五花八门。下载的时候可以不用理会,但是,在阅读完一个文档后,一定要给它改名!以免未来写作时陷入资料的汪洋大海中。

具体咋改?其实很简单,闭上眼睛想一下,假设你要去跟导师汇报你最近做了啥,会怎么介绍这个文件。"老师,我这周读了一个 2017 年 OECD 的公司治理规则。"好,那么这个文件就叫作"2017 年 OECD 公司治理规则"了。"老师,我读了秦娅关于中国入世面临的挑战的一篇论文。"好,那么这个文件的名字就叫作"秦娅论文——中国入世的挑战"。也就是说,文件的名字未必真的是这个文件的题目,也可以是这个文件给你留下的最深印象。毕竟,写论文过程中再回头引用资料时,你的头脑里很可能只有一个模糊的印象:我在美国商务部关于中国国有企业的报告里读过这事儿,真不一定能想起来那个报告叫啥名。当然,如果资料是法条,还是建议将文件名直接改为法条的正式称谓。需注意的是,给文件改名,如无特别原因一律用中文进行。毕竟写论文的语言是中文,整个思维方式是中文的,回忆资料在哪儿这个过程也同样是用中文进行的。否则这时突然开始想自己给资料取了个什么英文名绝对烧脑。

这是一个我改过名的文件:

uscc关于中国国有企业的报告.pdf

顺便说一句,资料改名还有另一个功能:区分这个资料自己是否读过。再次打开文件夹,只要是很乱的英文或者数字命名的资料,就一定是没读过的!

第三步:开始写论文

资料找齐,就可以开始写论文了。那么,这个新建的 word 文档叫啥?按照我特别接地气的命名法,我通常会把这个 word 文档起名为"开始写"。然后,每当要对之前写过的东西大动干戈时,"另存为"一个新文档:"开始写 0811""开始写 0814",即不断地保存历史版本,同时在文件名后面加上对文件大修的日期以作区分。为啥?你是否听说过,会有一种写作方式是"我还是觉得上一个版本更好"?

第四步:论文正式定稿,收工

把最后定稿的 word 文档名称,改为你论文的真正题目。同时,把这个放了所有资料的文件夹同样改为论文的真正题目。这一个文件夹的历史使命基本就已经终结了。当你的博士生涯顺利向前推进,当你看着硬盘里满满当当的文件夹一字排开,你会觉得这些文件夹里满满的都是希望啊,通向毕业、通向双一流教职的希望!

参考文献的"四性":同学,你做了个"假"参考文献

我一年审多少篇论文?你猜!本科、硕士加博士,内审、外审加盲审,校内、校外加教育部,保守数字在上百本。你可能会说,这不累死了。嗯,其实有些论文只需要看两分钟就知道不行,除了标题、目录之外,参考文献是一个非常重要的判断标准。有些参考文献一看就不行,参考文献不行你还指望这论文写得有多好,那是绝对不可能发生的。那么,什么样的参考文献是导师们心仪的参考文献呢?需要满足四个方面的特征。

一、全面性

啥意思,关于你要研究的这个主题或者问题的所有文献,尽可能穷尽。如果说,你这个主题所涉及的文献实在太多,无法穷尽,那么你也要尽量地大数据采样,而不能就选择那么几篇,这根本没有代表性,建立在这种偏颇数据基础之上的文章是根本不会有什么创新性的,甚至观点都是偏颇的。

二、权威性

权威性怎么判断呢?现在各行各业都有标准,尽量选择 CSSCI 期刊上的文章,这上面的文章还是基本能保证质量的,写作的风格也可参考,观点也是相对可靠的。那些乱七八糟的期刊来源就算了。权威性还有一个判断标准,就是在某个领域大家都要援引的一些经典类的文献,那你不可能不参考啊,否则人家一看你连这些都没有,你这文章怎么保证观点是正确的啊。

三、即时性

文献必须得包含最新的研究成果,也就是你这篇论文如果是上半年写完的,至少要将文献更新到上半年 3 月份;如果是下半年写完的,至少也要涵盖上半年的文献。否则人们会质疑你文章中的观点是不是过时了,因为没有包含最新的东西,你怎么说你观点是新的?我有一个特别勤奋的学生,研二上学期就想把毕业论文写完,我说,那你最后一年的文献怎么办?到你答辩的时候你的文献就过时了。这一点也是必须要注意的,否则一打开参考文献都是 2010 年左右的文献,或者 2000 年左右的文献,那这篇论文就可以直接合上了。

四、针对性

文献必须有针对性,否则你怎么能说你从这些文献中吸取了思想形成了你手中的硕士论文呢？如何判断文献是否有针对性？一个简单的方法就是你的文献是不是跟你的核心关键词有关系。每篇文章都有3～5个关键词，关键词中还有核心关键词，最理想的有针对性的文献是与核心关键词有直接关联的。否则，参考文献不具有针对性。那些写了法学论文的同学把《妇女之友》这类的文献放上去其实是不合适的。哈哈哈，纯属虚构，切勿对号入座。

以上四点，供大家参考，希望在毕业季对大家有所帮助！

事出异常必有妖:参考文献的分布状态能告诉你什么

我渐渐发现,要是让学生自己组织和安排毕业论文的写作进度,那一定是拖到最后没时间了,草草了事,闹得老师和学生都不开心,毕业论文质量也不好。于是把每周的师生见面会改成从研二开始抓毕业论文写作,从头开始抓。这个过程研一跟着看、学和讨论;研二主导,从检索、确定选题、大纲、写作、初稿到定稿;研三预答辩。第一周讨论大致的论域,第二周进行文献的第一次搜集和检索。刚进行到第二周,就发现文献列表出现了很重大的问题,于是有了本文。

事实上,我们在确定研究方向时,其实是不知道要从哪个方面和层面切入的,只是有了一个很大且混沌的模糊概念。随着文献的检索和文献的阅读推进,问题才能越来越聚焦,越来越突显,最后问题完全呈现,然后围绕问题确定文章的标题和大纲。所以我经常跟学生说,论文开题是一个过程,当你开完题的时候,其实60%～70%的写论文工作几乎已经完成了。而这个过程也是不断地累积文献、精选文献的过程。文献对于学术研究非常重要!

有天晚上,学生汇报自己的第一次文献检索情况,出现了如下几个问题,所以这里简单地把问题总结一下。

收集到的文献数量少

硕士论文写作文后参考文献至少要列80～100条(包含英文文献),只有达到这个数量我觉得才有可能写出一篇言之有物的论文(现在很多学生文后参考文献就30～50条)。但是要列出80多条,就意味着你的检索量一定要超过这个数量,甚至是数倍于这个数量。所以检索的文献数量少或者不够,会直接影响论文的质量。

文献数量本身就少

很多同学跟我辩解说:"老师,我研究的这个领域文献本身数量就很少。"说这话的时候好像我不理解他,很委屈。如果一个研究方向或者问题的文献数量很少,从我个人的角度看,其实这样的选题就是失败的,或者是无法进行的。为什么这么说?一个领域文献少只有两种情况:其一,没问题,因为这个领域没有问题,所以关注的人少,人们研究的成果就少;其二,有问题,但是谁都没发现或者谁都解决不了,这种几率特别小,而且估计你一个小小研究生也解决不了。总之,如果文献数量本身就少就意味着你研究的"原材料"就少,想做成一个成品"硕士论文"其实是很难的(或者不可能,"巧妇难为无米之炊")。

文献数量超级多

这种情况也要注意,是不是这个领域已经被研究透了?研究滥了的领域你就不要再跟着入坑了,你也不会研究出什么新鲜问题,文章的创新性容易受影响。而且文献数量超级多也得看看文献的性质,即权威性、针对性等。

文献分布异常

有一个同学搜集的文献就截止到 2016 年,2017—2019 年的文献一篇没有。这是一个需要引起警觉和注意的现象,且不说缺这两年的文献不满足参考文献的时效性,就单说为啥这两年没有文献,人们为啥不研究了?只有一种可能,已经被解决或者已经不需要解决了。如果是这种情况,你还孜孜不倦地研究这个领域,其实是没有必要的,因为你研究不出什么新东西。还有一个同学的文献出现了波动,2010 年之前的文献很多,突然于 2010—2016 年沉寂,但是到了 2017 年文献突然又增多了,这就暗示这个领域出现了一些重大的调整和变化。所有这些东西都需要引起我们的注意。

文献虽然不会说话,但是它用它的状态向我们传递信息,希望同学们不只是为了检索而检索,文献本身的数量、质量、分布和变化都暗含着我们所选择的研究方向可能出现了一些调整,这些都是学术研究的一个部分,也是需要你关注的内容。

博士研究生都应该看些什么书,以及怎么看?

最近接二连三地有人问我,我应该看什么书以及怎样看书。而且,有一个老师特别困惑地对我说,他有一个学生总觉得自己学习不扎实,天天看教科书,谁说也不好使,这个学生就认为自己就必须看教科书才能把基础夯实。

回答这个问题,得从头开始捋。博士生是需要写论文的,也就是必须出 2 篇(甚至更多)资格论文以及 1 篇至少 10 万字的博士论文。那么写出这些东西都需要阅读哪些书呢? 光看教科书是不是够呢? ——肯定是不够的。

要想写出东西,你需要:①坚实的学科基础。这部分内容本科、硕士阶段的学习以及你自己阅读基本教材、基本学科读物能解决。②所要研究领域的专著和论文。这部分你必须和你的导师锁定研究领域,然后找到这个领域的几乎所有权威的著述和论说,加深你对这部分内容的理解。其中①是说明文,看完了之后能捋清楚学科脉络和体系,②多数是议论文,看完了能加深对某专业领域的体系认识,并且能知道目前关于这个问题的研究进展情况,进而帮你提供问题意识和研究思路。只有在①和②的基础上,博士生才具备论文写作的基础。

这样你明白了吧,教科书是要看的,但是不能主要看这些基础类的书籍,这并不能给你提供博士期间 2 篇小论文和 1 篇大论文所需要的问题意识、思路、方法以及其他。很多情况下我们都默认,博士研究生应当已经具备了理论基础、学科知识体系,在博士阶段是不需要解决这个问题的。但是鉴于现在学生来源比较多样,每个人的情况也不一样,如果学生觉得自己的知识体系有缺陷,是可以看基础教材的。

但是问题就在于,你不能只看这些基础的教材,甚至不能花大量时间来看这些基础类的东西。其实如果一个博士生在这个阶段还要补齐基础知识,那是一件很令人头疼的事情。你要在看教材补齐基础知识的基础上不断地开展专业阅读,只有这种阅读才能给你问题意识和写

作思路。

那么,为什么会有人特别热衷于读专业基础类的教材呢?(我再次重申,这类书籍必须读,基础知识必须有,但是这不是博士阶段主要应该解决的阅读问题。)是因为教材特别好懂、特别清晰、特别具有知识性和体系性,教材上全是知识,因为教材是说明文,他基本不会逼着你去思考,逼着你想思路。因为读教材是很容易的,比阅读专业文献和专业大部头著作要容易得多,所以人类好逸恶劳的本性容易让自己选择容易的东西。而且看教材还会造成一种假象——我每天都在读书,如果这样还不能写出论文,那就不是我的事情了,是我不适合搞研究。看看,就这样,实现了自我安慰和心理逃避。

对于这个很用功,但是就是写不出论文的学生,以我的了解,他是很"用功",但是不会深入,只看基础类的教材,不看或者很少看专业评论性的文章,不思考、不动脑,只拣最轻巧的活儿干,这不叫"用功",只不过是披着用功外套的"懒惰人"!

参考文献太少是病,得治!

"同学,你这论文参考文献可太少了啊!""老师,那我回去再加几个文献?"

以上对话,在毕业论文评审阶段常常发生。对于态度非常好主动提出要补几个参考文献的学生,我其实很想说:亲,你是在写论文不是在煮面条啊。你当参考文献是酱油么,感觉面条太淡了就加点儿进去?就算你加点儿酱油,这菜还入味么?不信你炖个大肘子,出锅前一秒钟再放盐试试,你看这肘子好不好吃?

大肘子的事先不谈,咱们严肃点儿说,当一位老师对你说"你参考文献太少了",他其实想说的是啥?

第一,担心你对这个问题并没有十足的掌握。这一般是针对资料性比较强的论文,比如题目为《WTO法中"非市场经济"国家反倾销问题研究》的论文,如果参考文献里没提到DS379案,对不起,这注定不是一篇合格的论文。对某领域比较了解的老师只要扫一眼参考文献就会知道,你的研究全不全。(说明:此处的"参考文献"也包括脚注,泛指一切对论文进行注释的东西。)

第二,担心你没有形成和学术界的有效对话。咱们写论文可永远都是个"站在巨人肩膀上"的过程,即只有和已有研究形成对接,且能够对已有研究形成推进,这篇论文才有意义。所谓"对接",就是保证别人知道你在聊啥。好比我跑到法学院院长面前讨论篮球运动员的膝盖劳损问题,院长一定不会感兴趣。这就是没形成有效的"对接"。但如果我讨论的是"有个校友想要捐款!"估计院长肯定很感兴趣。而所谓"推进",通俗来讲就是,"我知道你在说啥,我借着你的话再说几句后续的"。有了这两个因素,你的论文才会引人关注啊。那么,如何判断是否存在对接和推进呢?"推进"可能得看看具体论述,但"对接"直接看参考文献就行。如果某论文连此领域最权威的几篇论文都没引用,我如何能相信它能够对接既有研究呢?

第三,担心你在编论文,而不是在做研究。啥叫编论文?就是"闭门造车",坐在那里不看书不看资料,单凭朴素的法律直觉思考一个问题应有的对策。这就不仅仅是不能和其他学者形成对话的问题了,而是一种玄而又玄的"言出法随"境界——我说的话就是真理,我在逻辑上可以自圆其说,这就是一篇有效的论文,你们杂志就应该给我刊发。法律是一门科学,不是神学。那么多学术规范和法学研究方法之所以存在,一定是有原因的,对吧?

以上三种情况的严重程度依次递进,至于你的老师对你说"你的文献太少"究竟属于哪种情况,我觉得可以对号入座了。那么,我再问一个问题:以上哪种情况是"我去加几个参考文献"可以解决的?哪一个都不行!资料不够的话,补充资料很可能导致论文推翻重写;跟学术界进行对话可是论文通篇都要进行的工作,而不是开头结尾稍稍加几句话就行。

综上,咱们如何才能解决"参考文献太少"这个问题?解决的关键还真的不在于补救,而在于预防。正所谓"上医治未病",论文从开题那一刻起,就一定得注意资料的积累和整理,千万别抱着3篇参考文献就高高兴兴地动笔啦。

再论参考文献:参考文献多,一定等于论文质量高吗?

上次论证了参考文献太少是病,那么我们这次讨论一个相反的:参考文献多了一定等于论文质量高吗?当然不是。说来有点讽刺,对于有的同学,我要说"你的参考文献太少";而对于有的同学,我得说:"你把参考文献删一删!"

那么,为啥?情形一:我翻开一本论文,第1页下面3个脚注。脚注1:《中国社会科学》。好!脚注2:某业界知名刊物,以每期刊发100篇论文、每月出版3期而闻名。(我:你确定要参考这个刊物上的论文吗?)情形二:页下注:百度文库/道客88/某某论坛/新浪微博……情形三:中国加入WTO(脚注1)以来,经济得到了长足发展(脚注2)。正如朱镕基总理(脚注3)在入世谈判时所言(脚注4)。(我:我有一种看维基百科的感觉,咋到处都是链接?)

以上三种情形,你看着眼熟不?反正我读本科时情形一和情形三都干过。那时候啥都不懂啊,总感觉出版物上的都是真理,加了脚注就代表我有权威依据了。

我们再来分析一下,不适当的参考文献究竟会有哪些弊端。

其一,引用不权威的文献,只能证明引用者没眼光。这可以粗略地比喻为"总和街头混混称兄道弟的人,自己八成也是个社会青年"——当然,如果援引了一篇写得十分可怕的文章目的在于批判此种研究是不充分的,这个理论上可以;只不过,你真的愿意选一个原本等级也不高的文献作为批判对象吗?如果你是武松,你得去打虎啊。打猫算什么英雄呢?

其二,援引非学术性的文献,除非你是用来说明某种社会现象,否则只能证明引用者不专业。举个例子,援引新浪微博对某选秀节目的评论,可以用来说明"民众对歌曲版权问题存在广泛误解";但是,绝对不能援引某明星的发言"我认为翻唱原作是合法的",就说明这事儿真的是合法的。

其三,每说一句话就加个脚注,这很容易引发读者的

"审美疲劳"。真正需要加脚注的,往往就两类:一是事实(比如论文引用了某个判决原文);二是观点(如陈兴良教授的看法),但绝不包括人所共知的事实与不言自明的观点。热热闹闹地乱加一气,读者朋友们可能会觉得自己的智商受到了侮辱哦。在论文里写个"中华人民共和国成立",还得加个脚注告诉我这是1949年的事儿?

最后说明一句,参考文献权不权威,不完全看作者身份,哪怕是某某学院的一名博士生,能够在《法学研究》发表论文,同样是权威的。判断权威性,看期刊等级、看学界地位,职称年龄反而不重要。至于你怎么知道这些?很简单啊。下载一份CSSCI期刊目录,没事读它个一两遍,心里就会对"谁是权威"有个印象啦,或者至少法学那20本左右必读的期刊是啥总得知道吧。至于学界地位,你不知道你研究的这个领域有哪些牛人?这也容易,找你导师八卦一番去!

你导师的论文,你究竟读过没有?

给本科生讲国际私法的时候,我往往会强调读论文的重要性。其中一个重要的激励同学们去读名家论文的方法就是:假如你在保研面试的考场上,惊遇某某教授,教授亲切地问你在这个领域读过哪些文章?此时,如果你恰好读过这位教授的新作,那么,你和他之间就会有无数话题可聊啦!那么考上研后,自己导师的论文,还要不要看?要!但目的绝对不在于哄你导师高兴,尽管客观上的确能起到这一效果。真实的目的如下。

其一,可以从中学到如何选题。哪怕你对你导师的选题不感兴趣,也可以大胆去问:"老师,您这个题目选得真好,您是咋发现这个题目的啊?"如果是对外人,你导师很可能给一个非常官方的回复:因为这个题目具有研究意义。但是,如果是对自己的学生,你导师完全可能跟你说实话:某天,我在美国商务部网站上晃荡,看见一个案例不禁拍案而起——而这个案例,很可能并不出现在论文的开头,而是出现在论文第 4999 字,共占据 100 字篇幅。你导师不说,你怎么可能想到这么小一个案子会引出来一万字的论文呢?

其二,可以从中学到如何构建整篇文章。再拿刚才说的那个"占据100字"的案子来说,你完全可以继续问你导师:老师,您是如何从这个案子里,挖掘出此论文这么宏大的一个主题呢?举例来讲,您是如何从一个小案子里看出GATT第20条例外有问题,并最终将论文的主题定为"贸易与环境的冲突"的呢?这个问题的重要意义在于,你看到的所有论文,都是作者"再加工"后的结果,完全不会体现作者最初的思考进程,有的论文成稿甚至与作者的思考路径截然相反。再举个例子,我自己的某篇论文,构思流程如下:首先,印度尼西亚诉欧盟的某起反倾销案子,欧盟输了。其中反映了宏观调控的合法性问题。其次,美国与中国的反补贴争端,美国输了。其中也反映了宏观调控的合法性问题。最后,我要不要写一篇《宏观调控的合法性分析》?成品论文的最终写作顺序是:宏观调控的重要性—宏观调控问题在WTO规则项下无章可循—印尼案—中美争端—我国对策。

所以,越是不会写论文的同学,越是应该拎着论文去采访你的导师,请他老人家原原本本地跟你讲讲构思的整个过程,以及如何在构思结束后完成从"一个构思"到"一篇论文"的飞跃。相信我,这世上除了你的亲导师,不会有人肯这么详细地给你讲"一篇论文的诞生"。

其三,你还可以跟在导师后面捡个漏!我自己写过的相当一部分论文,写完后都有点意犹未尽,感觉有些问题也还应当写写,但又未必值得专门花时间去整一篇出来。这些问题可能是理论性不太强、资料搜集工作过于烦琐或者直觉发不了太高等级期刊的——可是,这真不代表这些问题不值得写啊。尤其对于硕博士生而言,太

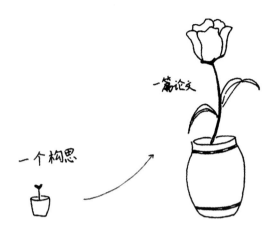

有挑战性的题目反倒不好下手。所以,如果看了导师大人的一篇论文,你也感觉对此领域有点儿兴趣,不妨去问问他老人家:您觉得这个领域还有什么值得我去进一步研究的吗?你完全有可能在捡个题目回来的同时,顺手就把导师他老人家当初写论文时的资料包也给"牵"回家啦。

综上,看导师的论文,真不是为了找机会恭维导师,也不是为了死记硬背其中的知识点。知识是"鱼",写论文的方法可是"渔"啊。看完论文,揣摩下思路,再去采访你导师一番,保证你和导师都会乐呵呵的!

心中没有学科体系,你还敢写论文?

读博士得写论文,对吧?天经地义的事儿啊。可是,有的同学——尤其是一些跨学科考博的同学,写出来的论文像回答本科生期末考试最后那道大题似的,中规中矩一点不出错,可也一点灵气都没有。比如,让他写《论机动车驾驶员的注意义务》,他就把所有跟交通相关的法律法规搜集起来整理一遍,从上车前环绕车体一周到通过无红绿灯路口前瞭望,再到盘山路要鸣笛通过,就完了。你问他有啥见解?没有。更可怕的是,还有的同学拿到题目一点思路都没有。比如,让他研究一下国际法上产业政策的合法性(这个题目真的能写,但不容易),这位同学两手一摊:老师,我没思路!我搜过了三国法数据库,里头没这四个字!

以上两类同学,如果没遇上个好导师,博士期间的论文很可能要废。不过,咱们还得多问一句:这个现象究竟是如何形成的?为什么有的同学拿到一个题目就文思泉涌下笔千言,而有的同学什么都想不出来?当然,这可能与个人天赋有关,有的人就是不擅长从事任何创造性劳动。但是,还有一个重要的原因,就是很可能这位同学心中没有一个完整的学科体系,拿到一个题目,没法把这个题目放到适当的位置去总体思考。

对于前述《论机动车驾驶员的注意义务》的例子,如果你拿着这个题目去问驾校师傅,他会怎么回答?估计这位师傅脑海中会瞬间冒出来无数科目三考点,对吧?那么,如果你拿着题目去问你的刑法老师呢?他会习惯性地把题目放入刑法分则的多个罪名当中去分析,然后告诉你,驾驶员违反了什么义务构成交通肇事罪、违反了什么义务构成危害公共安全罪。如果你拿着题目去问你的民法老师呢?你很可能会听到"合理人"标准。

以上三种问题分析方式其实都是"体系性思考"方式,即拿到一个题目,先去跟你头脑中的学科知识体系套个近乎,看看这个题目究竟属于学科知识树的哪一枝;然后,先从那一枝开始分析,逐渐延伸至相邻的法律关系,比较异同;再延伸至异国同类法律,进行比较法研究;最后,列提纲、写作。这样的论文才不会空洞,也不会流于就事论事。而很多博士生,尤其是跨专业博士生,缺的未必是对那个小问题的了解,而是对整体知识树的建构。这个知识树,甚至不限于本二级学科的知识。举个例子,哪个研究国际法的人敢说自己一点不懂民法呢?

因此,对于某些写不出论文的博士生同学,我给出的建议往往并不是对"某个小问题"去认真研读,而是找出那个小问题所在的更广阔的学科背景,先完善整体知识结构。正如某人脚痛,真实原因很可能是尿酸过高引发的痛风,"头痛医头脚痛医脚"并无助于这位同学的学术发展;正如眼科医生在本科阶段同样要内科、外科、妇科、儿科学个遍,只有具备成体系的知识,才能有持续的学术

你的知识树

产出。因此,感觉"提起笔就不知道写啥"的同学,请务必去找你的导师,请他给你推荐些书目,把学科基础打牢。对于某些读了博士却被导师叫去听本科生课程的同学也不要认为导师小看你了,这也可能是你的导师在变相地帮你种好知识树。

博士研究生听课指南

博士阶段的学习有别于硕士和本科阶段的一个重要特征,是此阶段是以研究而非听课为主。然而,这也并不代表,一名博士生从入学到毕业都完全不会去听课。博士生或多或少都会有必修课要上,而且导师的课也要跟着听的。那么,博士生应该怎样听课?拿个本子一板一眼地像本科生那样做笔记划重点?你敢那么干,你的导师绝对不会感动于你的勤快,只会感叹于你的不开窍。其实,博士生听课,自有其一套窍门。

其一,听什么?听前沿!给博士生上课的老师,极少按照"概念、历史、特征、要件"这么个结构讲课。比如,讲国际知识产权保护,当然会提几句当前的国际条约体系;但是,重点很可能不是"当前的法律是什么",而是美国对华"301 调查"当中的知识产权问题。再比如,讲 WTO 法,博导们也必然不会从 WTO 历史、GATT 各轮谈判一一道来,而是很可能直接谈 WTO 当前面临的危机。因为在博导的潜意识里,博士生完全可以通过自学掌握基础知识,只需拿着手电筒照一个方向,博士生们就会沿着该方向往前走。因此,别上完课就开始说"听不懂",就算听不懂,一定要先记下来,这节课发现的新问题,导师说了有研究价值,或者至少是目前有待研究的。如果能从中挖掘出小论文的题目,岂不美哉?

其二,怎么听?去讨论啊!绝大多数博导,都不喜欢在上课时自己拎着教案从上午8点讲到中午12点,然后拎包走人。更可能的上课方式是:拿出新资料,然后组织课堂讨论。比如,给学生看两个案子,讨论一下为什么会这样,要怎么解决。这种讨论课,哪怕内容不是你喜欢的,也一定要参与!这其实是由博导领着你走一遍研究全过程,这是比较少有的。参与这种讨论,需要关注的不是答案是什么,而是博导们究竟从案子里提炼出什么问题、这些问题是怎么产生的、分析问题时采用的是什么思路。甚至于,如果你跟不上老师的思路,可以问:老师,为啥同一个案子,我却想不到这个问题,而您就能想到?我博士毕业很多年了,看到身边的同事写了一篇绝妙的文章,也会去问同一个问题!

其三,你导师的本科生课程该不该听?应该听!有一部分博导,会要求自己的博士生听自己的本科生课程。有一部分博士生会因此嘀嘀咕咕,认为这是导师大人不相信自己学术底蕴的表现。"这么简单的东西,还让我听!咋不让我听大一公共课'法律基础'去呢。"其实,还真冤枉你导师啦!博士生听本科生课程,主要作用有两方面:一方面,有的老师在本科生课堂上反而会讲学术前沿问题。比如,某和解公约通过后,在一大批法学院的国际私法课上,准会有对这个公约的介绍。即便讲得不太深入,听一遍也会有点收获。另一方面,导师其实是在教你讲课啊。听本科生课程,就别做笔记记录什么是仲裁条款独立性了,一定要以看戏的心态去上课,观察导师如何把一个定义拆成几段讲给学生,如何通过一个段子引入新内容,如何把难理解的东西给讲简单了,甚至如何把300人的大课气氛给调动起来。观察才是模仿的前提。当你未来走上讲台时,你会不自觉地模仿你导师的风格的,这可是形成你个人风格的前提哦。

综上,听课不影响科研,它能为科研提供"粮食";听课也不耽误时间,它能为你未来讲课风格的形成提供范本。因此,博士生们,别翘课,来听吧!

论文一篇,读书十年

作为一名毕业于某个以案例法研究见长的法学院的学生,我向来承认自己理论功底很差,很敬佩那些从柏拉图到罗尔斯无一不知的学者。正好,吉林大学理论法学研究中心就有一位(当然不止一位)这样的大神,所以我经常去请教点儿理论问题兼被鄙视。比如,"某老师,您的新论文我看啦,我好羡慕!我得多少年才能写出这样的论文啊"!某老师:"你的话,得十几年吧,把我读过的书都读一遍就可以了。"我:"好吧。"某老师:"不过,我真的不建议你去一本一本地读,毕竟,读完你都50岁了。"我:(溜了溜了)

以上对话有艺术加工成分,但中心思想未变。其实,我对上述对话完全有心理准备。因为我虽然懂案例,但不懂理论。我带的学生也经常问我类似的问题:"老师,为啥你看到DS529就直接想到DS473了啊?这两个案子明明原、被告都不一样哦。""老师,你为什么把美国对华反补贴和美国外商投资审查联系起来了?"我:"如果我告诉你,那个DS473我在读博期间读过,那个反补贴案子是几年前的热点案例且跟2021年那个外资审查案子几乎是一回事儿,你会不会觉得我在故作高深?"

其实,真的不是装腔作势。科研做到一定年头的老师们都会有这么一种感受:写论文,往往真的不是满篇都是创新。遇到一个新问题,做理论研究的老师会本能地想,这个问题跟韦伯曾经的论述好像啊;做案例的老师会本能地想,这个问题跟3年前的某某仲裁案好像啊!这个过程,真的一点儿都不神秘,毕竟,任何人对问题的思考,都必然建立在自己全部的知识、经验和见识的基础上。就好比,有人开了一个废品收购站,看到某电视剧当中"偷电缆卖钱"情节时突然大笑:这导演连电视剧都不会拍,那明明是铝芯儿的,不值钱,偷也得偷铜芯儿的啊!看电视剧突然想到自己的老本行,正常不?太正常啦!同理,一个读过霍布斯的同学看到德国抢瑞士口罩脱口而出"所有人反对所有人",不也很正常嘛?

那么,我写此文的目的到底是什么呢?当然不是炫耀我读过多少案子,而是:

其一,想请各位刚刚涉入科研(以及任何一个行业)的人别心急。别人出口成章,背后不一定有多少年的积累呢。很多时候,年轻人哪怕再勤奋、再有天赋,较之于老专家,差的还真就是积累和见识。举个让我印象极其深刻的例子,我家娃住院且症状奇怪,我在24小时内先后见到了20岁出头的实习生、30岁左右的管床大夫、50岁左右的二线大夫,以及快80岁头发全白的老爷子。你猜,药到病除的是谁?

其二,不急可也得去积累。就算为了未来能写出来一篇漂亮论文也得耐得住性子去读书。我咨询过的教授们普遍表示,学术研究往往是一个这样的曲线,坚持住的就爬得上坡,坚持不住就真的"一马平川"了。谁也不想50岁时发现自己较之于30岁一无所长,对吧?

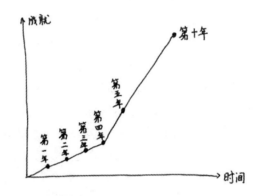

其三,说到积累,也给刚刚进入科研圈儿的同学们提个醒儿:"可着一只羊薅羊毛"才是积累。而不是从一只羊身上只薅一根毛,薅1万只羊,那不是积累。当然,不是说刚刚入门就得决定"我这辈子就只研究反补贴了",然后在未来的三十年内不论世事如何,研究方向都完全不改,而是大方向最好不变。哪怕今年研究贸易救济、明年研究竞争中立,也都是围绕着国际经济法进行研究;但如果今天研究非关税壁垒,明天研究跨境送达,估计这辈子都只能是一个浅坑加一个浅坑再加一个浅坑了,距离打出一口水井便遥遥无期了。

其四,年轻人积累不够怎么办?难道就不写文章只读书吗?怎么可能,你有导师啊!没事儿多问几句:"老师,我这篇写反倾销的论文总感觉有点儿就事论事,您建议我再联系哪方面问题加深一下深度?"哪怕你导师不告诉你"2018年美国和韩国的那起洗衣机案子很值得看",也会指给你一个方向:"你去看看还有哪些案子触及了出口限制问题。"这都是借别人的积累丰富自己的论文。

不以"写作"为目的的"看书"都是"扯犊子"

年终岁尾,宜总结!我这么负责的老师必然不会放过学生,利用学期最后一次读书会,大家都说说自己这一学期的收获是什么,顺便对明年进行展望。同学们不约而同都说到自己读了什么书,读了几本。对于这种情况,我通常心里都是微微一笑,不以为然。

有很多博士生跟我说,老师,我今年读了可多书了!我问他,然后呢?你能告诉我你读了哪些书吗?有很多学生甚至都想不起自己读了哪些书。还有,你能告诉我这些书都写了哪些内容吗?主要观点是什么?它的体系是什么?思路是什么?理论依据是什么?给了你什么启发?这些书的优点在哪里?不足又在哪里?

也许光看本文的标题,你们会觉得我这个老师特别功利。那你告诉我,你读博士不为毕业,为的又是什么?要毕业就得写论文,你懂不?"读书"和"读书"是不一样的,我见了太多的学生以为自己在读书,其实效率特别的低,效果也特别的差。

这张图告诉我们,普通的阅读最后能够留存下来的学习内容不会超过 10%。所以,单纯的、无目的的看书效

图4 学习金字塔

[资料来源:美国国家训练实验室（National Training Laboratory Ins）]

果就是这么差。

只有以特定的写作目标作为目的,才能实现有效率、高学习留存率的阅读。原因如下:第一,围绕特定写作目的会让你有选择地阅读而不是漫无目的地在书海里瞎转悠,入宝山而空手归说的就是在高校里瞎转悠的读书人,还自以为学富五车。第二,围绕特定写作目的会将被动阅读转化为主动阅读,你会主动寻求对自己将来写作有用的信息和观点并对这些观点进行分析和思考。第三,围绕特定写作目的必须将书的内容嚼碎咽下并且消化,杜绝了囫囵吞枣的可能,因为那样流氓式的读书只能让你了解个大概,并不能保证你在需要的时候能输出具体信息和内容。第四,围绕特定写作目的会让你将这一特定主题的文献全部串起来,而不是分散地单篇阅读,将文献割裂。这样有助于你形成整体性思维,对某一具体问题有非常深刻的了解和洞见。第五,只有通过写作的方式将毕生所学呈现在纸面上的时候,你才能实现对这一领域的知识体系驾轻就熟,学习效率达到90%。因为写作就是要告诉别人你是怎么想问题的,也是客观上教授他人的一个过程,这是一个绝好的学习路径。

所以,不要轻描淡写地说看了多少书,对于在书海里游弋了大半辈子的人来说,意味着啥都不算!看书谁不会啊,有装模作样地看书,有懒懒散散地看书,有云淡风轻地看书,有闲云野鹤地看书……而你,作为博士研究生,要时刻记着你得毕业,你得有目的地看书,你得能输出。这么说吧,看闲书的时候能输出生活的智慧,像女教授这样能写文章,能指导生活;看专业书的时候能输出成文章,能发表,能毕业,能有一个"通吃"任何岗位的好文笔。

不要跟我说你看了多少书,要跟我说你写了多少字。没有经过写作检验的"阅读"都是靠不住的,都是在开玩笑。

你脑子里的才是知识,电脑里的不算

"小王,上个月给你的论文题目,你研究咋样了?""老师,我看了很多资料,其中一半都是英文的哦。""好啊,那么资料里说了啥?""老师,我给你看,这个文件夹是英国的资料,这个文件夹是美国的资料,这个是我从知网上下载的……"——这对话,你看着眼熟不?我不止一次遇上这样的同学,勤快点儿的还能给我开个参考书单。只不过,一问起资料里说的什么,不是告诉我"老师,我正在读",就是"老师,我读过但全忘了"。

记得吉大秋果同志曾经写过一篇文章,讲的是"手里没资料别来和我谈论文"。这篇文章说的没错,只不过,似乎有的同学对此进行了字面理解,真的手持资料头脑空空地来找我谈论文了。于是,此次谈话注定了没有效果。我既不可能帮这位同学从一堆资料里挑出来一条论文主线(这资料究竟是你看还是我看?),也不可能给这位同学指明下一步的路径(你都看不清下一步,我咋告诉你再下一步怎么走?)。

其实,这种像松鼠一样囤资料的现象还真不少见。大家只要围观一下"双十一"或者"618"有多少人囤了100包面巾纸或者20本笔记本就能理解此种心理了。只不过,"双十一"囤货是贪便宜,囤资料则是偷懒。一份资料真看起来会很辛苦,尤其是那种理论性强的或者生词多的资料,也许从早到晚只看了四五页;但是屯资料很轻松,在网上闲逛2个小时,电脑桌面就会被你铺上满满一层下载的文献。这一天成效多显著?但是,这种囤真的有用吗,你真的知道自己下载的是什么吗?别的不说,有多少人高高兴兴地下载了一份资料,结果发现同样的文件已经在电脑桌面上躺了半个月了?

当然,我的意思绝不是说"不要去搜集资料",而是说"囤"和"读"其实原本就不应该是两个独立的过程(导师囤了一堆资料交给你除外)。正常的程序,应该是下载几篇代表性资料(比如说,发表在《中国社会科学》上的,或者5年间被引用了293次的),然后,赶紧读!倒也不用精读到倒背如流,但至少要做到对这个问题有个大致的了解(比如,里面有几个分支问题,其中哪个分支争议最大、哪个问题已经基本被学界公认)。

然后要有的放矢地继续囤资料。如果是几乎没争议的问题,就别继续搜集文献了,暂时搁置即可。对于争议极大的分支问题,赶紧换关键词进一步细化搜索。例如,一级关键词:农村集体组织成员资格;细化后的二级关键词:外嫁女加农村集体组织成员资格。另外,学界研究频频指向域外研究的,赶紧改换视野。比如,假如若干代表性文献均援引彼得斯曼的某理论,且此理论对解决问题至关重要——还等什么,看原文去!二手文献真的"不香"!

研究生们,你这种文献的读法根本写不出毕业论文

每年 6 月左右,博士、硕士论文开题,答辩一个接一个,导师们的生活也被各种开题报告和毕业论文围绕着。在修改开题报告和毕业论文的过程中,我们会发现学生们有很多概念是模糊的,很多术语是偷换替代的,还有很多思路是不清晰的。但是翻到论文的最后看看参考文献还是蛮翔实的,于是我就捡了一篇自己特别熟悉的文献跟学生聊起来。

我问:"这篇文章研究什么问题?解决了什么问题?什么思路?具体观点都有什么?这篇文章参考的别的文献都有什么?你认为这篇文章的优点在哪儿?缺点在哪儿?你从中获得了哪些启发?"学生:"嗯,不知道?"

结论是学生要么支支吾吾地说不清楚,要么就说自己忘了,读的时间太久了没什么印象了。于是我又问了一个问题,你能不能谈一谈什么是阅读?你是怎样阅读的?学生回复我说,就是看文献,偶尔做笔记。我问他怎么做笔记,他也没有成型的笔记拿出来给我看。

这就产生了一个问题,很多学生是用看小说、看闲书的方式来看专业文献的,用陶渊明的话说——不求甚解。这种阅读是一种广义意义上的阅读,是一种生活式的阅读,这种阅读只强调对内容的知晓,不强调提取和输出。而专业文献的阅读需要细致的,求甚解的,甚至是以输出为目的的阅读。

余秋雨先生曾经给阅读下了一段定义,我觉得挺好的,拿过来跟同学们分享一下。他说,阅读是指读完一段文字能够以逻辑的形式呈现出来,这才是真正的阅读。反观我们现在的很多所谓阅读,其实就是寻求个心理安慰,大致看一下,到关键的时候根本提取不出来,也不明白作者写作的主旨和要义。这种坐在图书馆里一看看半天,收效甚微的阅读和学习方式,除了能够欺骗自己没有浪费时间,其实没什么太大的效果。

那么,怎样才能做到真正的阅读呢?我尝试带领学生阅读一篇英文文献,我们逐字逐句阅读完之后,分析每句话、每段文字甚至整篇文章的要义,并把这篇文章做成一个思维导图。这篇文章是 Louise Ellen Teitz 发表在《杜克比较法与国际法杂志》上的《另一项海牙判决公约?不顾过去,为未来做准备》(*Another Hague Judgments Convention? Bucking the Past to Provide for the Future*)。以下是该篇文章部分内容的思维导图:

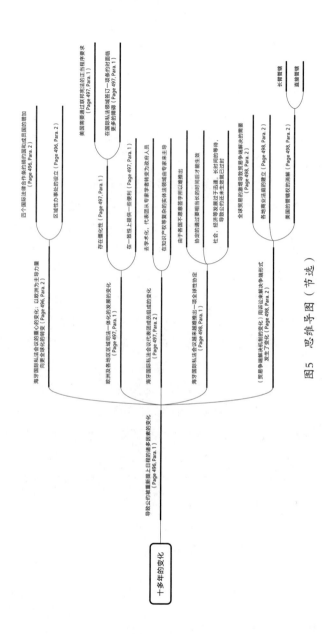

图 5 思维导图(节选)

在思维导图中，可以清晰地看出作者要研究的问题、思路，以及具体展开的细节和主要观点，并且在最小的一个逻辑层次上（一定要做到最小，即不能再提取信息的那种层次）还要标明文献的页码，如果涉及文中所引的注释和参考文献，也要一并做上去。这样做的好处很多，这里放一张细节图，让大家看看页码和段落的标记怎么制作。

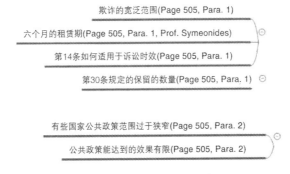

图 6　页码和段落的标记示意图

这样做的好处有：第一，做一份思维导图，需要深度阅读，并且深度抽象概括和提取文献信息。第二，在翻看思维导图的时候能够帮助你快速地回忆起文章的主要内容、主要思路和作者的主要论据。第三，能够方便你提取所需要的信息。大家都知道文科研究靠文献，写论文很大一部分素材都来源于各种文献，如果你阅读文章能够达到这种程度，在之后援引作者观点、分析总结文章内容、分析现有研究动态的时候就能够很容易地提取信息，还可以随手把注释做了，因为你在阅读文献做思维导图的时候已经把段落、页码和作者信息都写上了。第四，当你做了几十个或者上百个思维导图的时候，你就可以根据这些思维导图梳理你的文献综述了，那时候秋果再教你怎么把几十篇文章整理成一个大矩阵图。第五，做思维导图不仅能使你理解什么是真正的阅读，在阅读的时候还会受到抽象、概括、语言表达、文字使用准确度以及逻辑思维方面的训练，而这些都是学术研究需要的重要能力。

说了这么多，就是希望同学们明白这样一个事实，写论文需要阅读文献，对于文献需要深耕细作，不能像看小说那样，否则到需要的时候会提取不出来有用信息。学习有方法，阅读有技巧，希望能帮到同学们。这只是我训练学生的一种方法，可能还会有其他更好的方法，仅供大家参考！

阅读文献的时候,思维导图是怎么做出来的(附实例)

本人曾在微信公众号推出过一篇文章《研究生们,你这种文献的读法根本写不出毕业论文》,后台有很多读者留言,大致分成两类:一类是思维导图是用什么软件做出来的;另一类是思维导图是怎么做出来的。本文还以一篇文章为例,把这两个问题跟大家详细说明一下。

第一,做思维导图使用的软件是 Xmind。原谅我,这部分我只负责说,我有一个很能干的学生会做,我说然后由她在电脑上制作思维导图,我可以同她商量让她写一篇技术分享文章。

第二,思维导图看起来很美,但是那些内容是怎么被提炼出来并且写在思维导图上的? 我用 Ronald A. Brand 于 2015 年发表在《北卡罗来纳州国际法和商业规制》第 40 卷上的《对判决承认的理解》作为范文,给大家讲解一下。首先,还是以一份完整的思维导图为例。然后我们集中对该文第 25—28 段进行示范,让同学们清楚,在制作思维导图的过程中需要具有总结、概括、提炼、逻辑以及表达的能力,相应地,还要注意一些技术规范,这样才能做出一份赏心悦目的思维导图。

图7 《对判决承认的理解》第25—28段总思维导图

我们围绕这幅思维导图中的一小部分来做练习,该部分思维导图放大之后是这样的(建议大家先别仔细看,结合后文的英文短文做一个练习,看看自己做的思维导图和文中的有什么不一样):

这个局部的导图,对应的是文章的第 25—28 段(这是我从文章中截的图,第 25 段和第 27 段因在不同的页面被分成两部分)。

25 It has been common for U.S. legal scholars to look to German law as a source of comparison when demonstrating differences between the U.S. common law system and civil law systems in general.[66] This usually makes sense because the German system is quite similar to other European civil law systems and is, in fact, a model on which many non-European civil law systems have been developed.[67] Thus, it is no surprise that many U.S. commentators, when considering judgments recognition law, have looked to German law to demonstrate a significant civil law example. When this is done, the focus leads to section 328(I) of the German Code

25 of Civil Procedure. This section provides the bases for non-recognition of a non-EU foreign judgment, and includes the rule that "[t]he judgment of a foreign court shall not be recognized . . . if the courts of the State to which the foreign court belongs have no jurisdiction under German law . . . ."[68] This rule is generally interpreted to provide a test that mirrors the U.S. personal jurisdiction test for judgments recognition purposes.[69] Thus, a German court will not recognize the judgment of a foreign court unless that foreign court had jurisdiction ("personal" jurisdiction in U.S. parlance) consistent with German rules of (direct) jurisdiction. Like the United States, Germany appears to have no jurisdiction gap between its rules of direct and indirect jurisdiction.

26 The United States and Germany are not the only countries in which no such jurisdiction gap exists. Brazil is an example of a South American country in which there is no direct/indirect jurisdiction gap.[70] This means that legal system comparisons can easily lead to the assumption that others – even civil law system "others" – take the same approach as does the United States to judgments recognition law. Such an assumption is, however, misleading.

文献使用篇 291

27 In a significant number of countries, the list of direct jurisdictional bases – under which a court may exercise jurisdiction in the original case – is much longer than the list of indirect jurisdictional bases – under which a court may test a foreign judgment for purposes of local recognition and enforcement. For example, in Australia, the Foreign Judgments Act 1991 (Cth) provides three common grounds of indirect jurisdiction: (1) when the judgment debtor was a resident of the foreign jurisdiction at the time of commencement of proceedings; (2) when the judgment debtor voluntarily submitted to the jurisdiction of the foreign court; or (3) when the judgment debtor

27 is a citizen of the foreign country.[71] This is a much shorter list of indirect jurisdictional bases than the list of direct jurisdictional bases on which Australian courts may take jurisdiction over foreign defendants in the first instance.[72]

28 Other Commonwealth states have similar jurisdictional gaps, following the pattern in the United Kingdom.[73] In 2014, however, the Law Ministers of the Commonwealth States prepared a Model Law Foreign Judgments Bill, which both drops the existing reciprocity arrangement by which judgments from other Commonwealth states receive favorable treatment as compared to judgments from outside the Commonwealth, and sets forth a much longer list of indirect bases of jurisdiction, thus providing for a much-narrowed jurisdiction gap in the states that may enact the Model Law.[74] This move toward a decreased jurisdiction gap is a very positive one, and it will be interesting to see just how many of the Commonwealth states enact the Model Law.

然而要做出上述思维导图并不容易,需要如下能力:首先,完全准确地理解文章的含义,这需要有基础知识和英文阅读能力。其次,要能准确地抓住文章的重点,也就是要知道该段文字最主要的核心关键词是什么。比如第27段的核心关键词是"much longer"。最后,要能读出该段文字的逻辑层次,这个是最难的,因为有些同学会把背景性的东西抓取到最前面。比如在第27、28段,有些同学抓取到英联邦的法案这个层次,有些同学抓取到管辖权差距这个层次,但是这些层次都是背景性的,都不是重点,这两段文字的逻辑层次是:①很多国家关于直接管辖权和间接管辖权的清单是不一样的,间接管辖权清单要短很多;②以澳大利亚为例,它的间接管辖权清单就三项规定;③很多英联邦国家都跟澳大利亚一样,间接管辖权清单要比直接管辖权清单短;④虽然英联邦出台《示范法》想使直接管辖权清单和间接管辖权清单一样长;⑤但是得看有多少国家愿意加入该《示范法》(注意作者在原文用了"interesting"和"just"这两个词,其实是很消极地看待这个问题);所以结论是(这也是作者通过上述文字暗示出来的,这是作者的中心思想):⑥虽然有《示范法》,但是由于无法确定有多少国家会采用它,因此管辖权的差距(多数国家的间接管辖权清单比直接管辖权清单短)仍然存在。

在做这段练习的时候,有些同学总结到⑤这个层次,有些同学总结到④这个层次,有些同学总结到③这个层次,其实作者想表达的是①这个意思,但需要总结成⑥这个意思。这就说明同学们在抓中心思想和逻辑层次上还存在缺陷。

再说一下中心思想和主要内容的区别。中心思想是作者想要表达的意思,是作者的核心意思,有时候需要提炼到像第28段⑥一样的层次;作者在原文中用了一句:it will be interesting to see just how many of the Commonwealth states enact the Model Law,表达了其对各成员国加入《示范法》这个事并不乐观,不乐观就说明成员国之间的管辖权差距还是会存在,会存在就说明这些国家和美国不一样,和美国不一样就说明美国长期认为其他国家和它一样(直接管辖权清单和间接管辖权清单一样长)这个观点是误导性的(这又是第25—28段的逻辑层次,但是我们不强调这个)。此处作者的中心思想是需要提炼的,没有办法从原文中找到。主要内容是作者在文章中的一些叙述,是事,我们需要从这些事当中看出作者的意思,也就是情。总结一句:主要内容是"事";中心思想是"情"。

除了上述三项能力,还要有表达能力(书面和口头)。经常会遇到学生明白这段说的是什么,但是没办法用精准的语言把这个事给表达出来。所以我经常会跟学生说,表达能力是需要单独练习的,要利用不同的场合多表达。

最后,别忘了把注释、段落、页码、作者信息(我把这个叫作技术处理能力)填写在思维导图的相应位置,这样会在写论文的时候顺手提取相应信息,不至于在最后为了补充论文的参考文献时感到头昏脑涨。

咋读书？有技巧吗？

书中有没有黄金屋和千钟粟或许值得探讨，但书中有研究生需要的知识是毫无疑问的。不过，所谓"把图书馆里的书读一遍"用作励志故事可以，真的读起来实在浪费时间。拿到一个课题当然要读书，不过，咋读？

首先，要书单。跟谁要？一般来讲，书单提供者应当是你导师。但如果你导师对此方向不感兴趣，那么可选择具有如下特征且对此方向有研究的老师：科研较为勤奋（可参见知网近年来论文发表情况）、讲课也比较认真且好懂（你能听懂他讲课，就代表他看的书你也不会太反感）。别害羞，直接趁着课间去找这位老师就行，一般老师都不会拒绝帮这么个小忙。

那么要啥样的书单？别上来就要此领域最新研究成果，尤其是在你对此学科一无所知的情况下［比如法律硕士（非法学）想要学习国际经济法］。

首先，标配应该是：一本写得好的教材+若干本著作。教材可以比较快地帮你建立起知识体系，尤其是在概念的澄清上功不可没。否则，闹出来"读了许多著作还不明白究竟是'胡伯'三原则，还是'胡伯三'原则"这样的笑话可就事倍功半了。当然，如果是本科认真学过此学科

文献使用篇

的,教材可跳过。至于著作,哪怕是国际法这样严重依赖英文的学科,也请至少要一本中文著作,别一上来就挑战高难度!

其次,开始读。教材怎么读就不说了,此处只讲怎么读学术著作。一方面,批判地读。与教材不同,学术著作是有倾向性的。教材以"四平八稳"为主流,主要目的是交代清楚概念、背景、特征以及发展;少数作者虽然有自己的观点,但也至少会说明不同观点是什么。但是,学术著作的作者通常都会有自己的观点和倾向性,尤其是在作者博士论文基础上扩展而成的著作。因此,读的时候心里要有杆秤:作者的观点究竟是什么,他使用了哪些材料论证这一观点。如果你不赞成这一观点,你认为作者的观点偏颇在哪儿——读书一定要带脑子,别以为作者说的都是真理!另一方面,做笔记!我读书的时候,期末考试之前可以看着教材的目录说出每一章节都写了什么,但是看学术著作很少能够达到这种程度。为什么?教材是一堆细碎的知识点,章节之间逻辑关联不强;而学术著作很可能是一本书一个观点,章节间逻辑联系特别强。弄不清逻辑,只会湮没在知识的汪洋大海里。因此,一定要读一读、停一停、做做笔记,厘清作者观点,然后再往下读。

最后,反思。读书本身不是目标,学习才是目标。一本书读完后,一定要合上书想想,我从中学到了什么;两本题材类似的书读完后,一定要来个对比:同样的题材,作者的写法有什么差异?观点是否存在区别?为什么?举个例子,读完亚里士多德的《政治学》,再读完马基雅维利的《君主论》,你一定会思考一个问题:为什么亚里士多德认为对外战争是不正义的,但马基雅维利却着力鼓吹君主发动战争的必要性?两本书均为现实主义的经典著作,为什么"现实"的程度有这么大的区别?这当然没有标准答案,就算去问你导师也得不到标准答案。一定要自己想,一旦想明白了,一篇1万字的小论文就有题目啦!

看论文,你需要注意什么

看论文这事儿,如果有导师带着自不必说;我自己上课时也会带着学生看论文,当然不是领着他们从头到尾念一遍,而是直接抓重点:"注意这个主题,是对某某学者观点的回应。""注意看作者提出的三个理由!""看作者使用的这个案例!"也就是说,老师的作用是像导游那样带着你逛景点,直接把好看的地方指给你看。但是,你总不能指望导师像书童那样啥都带着你读。更常见的情形,是导师坐那儿等着你汇报最近都读了啥。

那么,论文究竟需要看些啥呢?这取决于你读文献的目的。你是对这个领域一点儿都不了解,想知道究竟是咋回事?还是只知道课本上的大概,想知道最新发展如何?或者是已经有了一定的研究,想看看学界是否存在定论以及与你的研究是否存在差别?情况不同,读文献的侧重也就不同。

情形一:什么都不懂。在这种情形下,其实我不建议你直接读论文,而是应该先翻翻教科书至少掌握一下基本概念和特征什么的。不过,如果手头只有论文的话也不是不能看,不过得跳着看。必看的,是论文的铺垫部分。每篇论文都有铺垫部分,通常出现在论文的第一、二部分。好的论文,通常会有1000～2000字的铺垫,比如说,先大致梳理一下"什么是国际习惯法",然后再展开论证"国际习惯法在我国是否拥有直接效力"。除此之外,正文能不能看?能啊,但是只看作者作为事实进行描述的部分,忽略论证部分!举例来讲,在一篇关于国家豁免的论文当中,你读到了"湖广铁路债券案",知道此案始末就行了。作者认为此案判决是否有问题,先别管。"啥都不懂"阶段,论文就是你的资料库,你只需要从里面往外提取资料。

情形二:懂基础知识。这个阶段,论文对你的意义,就是向你揭示最新进展。因此,可以基本忽略铺垫部分,关注新发展或者新学说本身。举个例子,如果你对WTO项下的反倾销协定已经熟悉了,想要知道2016年后的最新动向,你就别认真读论文对于什么是倾销的介绍了,直接跳到"2016年后"这部分开始读。至于是读"事实"还是"观点",我的建议是读两遍:第一遍主要关注"事实",比如10篇刚刚发表的论文,看看作者运用的都是哪些论据,其中又有哪些是高度重复的;第二遍看对于同一事实(论据),作者的评判,差异究竟在哪儿。这个过程不难,非常快!一下午整理10篇论文没问题!但是,对于作者观点的整理,千万要注意具体推理过程。

情形三:你自己就有能力对此问题进行研究,只是想和其他作者切磋下。这个阶段,看论文基本上是一目十行,相当于用你的知识体系去和作者的行文相对比,一边看一边思考:这个论据我能不能用上;这个案例我咋从未读过;同样一个案子,为啥他和我的结论不一样,究竟是他错了还是我错了？在这个阶段，套用古典小说里常见的一句话"虽未谋面，但神交已久"，你会有一种与其他作者惺惺相惜的感觉。当然，如果你不幸读到了一位知名学者的神作，也会产生"既生瑜，何生亮"的感受——都让他给写完了，我还写啥？不过，别紧张，这种情况极其少见！

综上，看论文究竟看啥，归根结底取决于你希望从论文里获得啥。打个粗浅的比方，对于一篇医学论文《鼠神经生长因子对于幼儿脑瘫的治疗研究》，临床医生可能会学到鼠神经生长因子的适用症状，刚进实验室的研究生可能会学会如何设计药物功能试验，幼儿家长可能啥都看不懂，只要围观最后一行结论"啊，这药有用！"就行了。因此，你别问我如何读论文，先问问自己究竟需要什么。

答读者问:英文著作快速阅读指南

有读者提问:老师布置了英文著作让我们读,可是效率实在太低,一天读不了几页。请问有没有快速阅读的方法? 答:没有。

开玩笑的。遇到事想找捷径当然不对,但"找方法"却是无可厚非的。英文著作有没有读起来快的方法? 当然有啊。不过在此之前,我们首先要分析的是另外一件事:英文著作读起来为啥慢?

第一个原因,也是完全无解的原因:英语太差,比如四级阅读都得看半天,上来就是大部头著作,不头疼才怪。这个原因,其实不是能通过"方法"来解决的,还得你的大学英语老师负责处理。

那么,在基础英语没问题(至少读英文版《中国日报》不成问题)的情况下,还可能有啥原因?

第二个原因:生词太多。这个原因其实很常见,好比我的某门英文课程,同学们如果不知道"impediment"是啥意思,就完全理解不了"不可抗力条款";不认识"perish"和"deteriorate"就无法读懂"保全货物"条款。当然,所谓"生词"既可能是专业术语,也可能是基础英语当中某些比较高级的"大词"(就是写作中用上可以加分的那类词）。举例来讲，"magazine"大家都认识，那"periodical"呢？

第三个原因：对于论述的实体内容完全不理解，即哪怕是读同一本书的中文版都跟看天书似的，这上来就读英文版，效率可想而知。

第四个原因：对外国作者写东西的方法不认可。其实我自己读英文著作的主要问题就在于此，对于很多著作，本能地感觉作者写得"散"，这三段彼此都是啥逻辑关系啊！

第五个原因：即以上"原因二""原因三""原因四"之和。

原因分析完了，那怎么办？兵来将挡。我的建议是：不着急，慢慢来，一口吃不成个胖子，一步只解决一件事儿。打个比方，我给硕士生开了写作课，第一节课练习内容：拒绝翻译腔。第二节课练习内容：写段首概括句。为啥不合一块儿练习？我怕一次提太多要求，把同学们给弄得焦虑了。面对困难也是同理，一次只解决一个问题。顺序如下。

第一步，先检视自己对该领域的专业知识是否理解。在完全不具有专业背景的情况下直接看英文书籍，能够理解的必然相当有限。举个例子，"statute of limitations"能猜出来什么意思吗？对于没学过民法的同学，跟你讲一百遍，你也理解不了这是"时效"！具体检视方法：当一个英文单词翻译成中文后你仍然不理解，那么果断把这本英文书扔了，先去看中文书！你要解决的首先是"入门"而非"提升"。至于能不能用英文书实现入门？

能,但是,严重不建议。除非你本身就在英语国家读书。

第二步,如果专业基础知识已经没问题,在读书之前先攻克单词关。还记不记得你初中、高中英语咋学的?老师不都是先听写单词再讲课文吗?学习法律英语也是同理。如果书中附有"术语表",就先查一下是什么意思;如果没有术语表,就在导论部分逐一查出重要术语,或者把目录中的生词先查出来。当然不需要像初中、高中那样每个单词读上20遍,大致有个印象就行,然后,你就会在正式的阅读过程中不断熟悉它们。别嫌慢,磨刀不误砍柴工!

第三步,语言无障碍、知识背景无障碍,但就是觉得外国作者的写作方式不合你口味,怎么办?那就别被他牵着鼻子走。听说过"六经注我"和"我注六经"的区别没?如果你已经有了自己的知识体系,你完全可以在读书的同时,不断地去反思:作者对这个问题是怎么论述的;和我从前学的有哪些区别;这本书如何补充了我所学的不足?也就是说,从读书的角度讲,你读到的可能是点滴的;但是从你的知识体系上讲,你自己的体系却是完整的。这其实也是我为啥建议同学先完善自己的专业基础知识再去读英文著作的原因。

读文献时,有没有怀疑过自己的智商?

此标题是我自己读文献的时候经常有的感受。我通常会在两种情形下产生对自我的深深怀疑:一种情形是,刚要动笔写某个题目,结果突然发现某牛人的同题论文刚刚发表,且写作的水准和深度都和我不是一个重量级的。此种情形至多算我运气不佳。另一种情形是,在第二遍读某文献时突然怀疑自己第一遍是"睡着"读的:这个案例里真的包括这段论述了?这篇论文真的提出这个主张了?我上次读的时候为什么没注意到?这一定是由于我的智商已经不够用了!

与我有同感的读者朋友们,恭喜你,你至少认真读过文献了。据我所知,绝大多数搞科研的都会感觉某些文献"读了跟没读似的"。而从来没有过这种感受的读者朋友们,我严重怀疑,要么是你选择的文献太过简单(比如刑法学博士生去读本科生红皮教材),要么就是你把论文当成一次性用品,从来没有把一篇文献在几个月之后反复读过。

为什么这么说?举个例子,我家小朋友新学得一词"大红车"。于是,只要开车带他出门,你就会惊喜地发现,满大街都是"大红车"。因为只要出现一辆,小朋友一定会说一遍。此前大街上"大红车"少吗？为啥我从来没注意到呢？我没事关注大街上有多少大红车干啥？对，问题就在这儿。我之前没有发现某些论述、主张、案例的存在，是因为我不关注；我不关注，是因为我不知道这些东西重要，或者说我一相情愿地认为，这不重要。于是，原本重要的东西也就被我漏过去了。

我再举个例子，我刚刚读了一个案例，一个此前读过两三遍的案例，突然发现，法官在某段当中再三强调，"卖方的所有商品都在加拿大不列颠哥伦比亚省生产，且有证据表明买方知道这一事实"。一瞬间，我突然明白法官为啥这么说了。该案论述的是《联合国国际货物销售合同公约》的适用，而适用该公约的条件之一是双方营业地在不同缔约国，之二就是条件一必须明确可知！也就是说，要是买方根本不知道卖方在哪儿生产商品，或者说直接认为双方都是美国企业，那么公约还适用个啥？所以，要问我之前为啥没注意到"买方知道这一事实"这个论断，还不是因为我对公约文本不熟！

因此，话说回来，读文献一遍是不够的。第一遍至多了解个大意，而更多的细节问题则是随着对问题理解得越来越深才能明白。所以，每当我从已经读过的文献当中发现了新的感悟，我其实是高兴的。这代表我对材料的理解又深了一步。

最后说一句，对资料产生新的感悟之后，我们应该做什么？把这一点记下来！或者用在讲课当中，或者作为论文要点。为啥？正所谓"推己及人"，你都得读好几遍才能理解的内容，你觉得你的听众或者读者可能第一遍就顿悟吗？我高中时的历史老师有句名言,"我啊,就是你们的书童。知识其实都在你们课本里写着,我只不过是再给你们读一遍,把你们没注意的东西指出来而已。"做老师或者写论文也是这个道理,对吧？

看了大佬的文章,感觉自己的文章像小学作文,咋办?

标题那句话,是一位大三小朋友给我的留言。其实,这事儿也怪我处理得不好。小朋友问我,感觉他的论文写得不错,是否有发表的可能?我直接给他看了一篇发表在《法学研究》上的同题论文,结果小朋友受打击了!

当我意识到,这么打击小朋友的学术热情似乎很不人道,我给这位小朋友留了个言:你老师我哪怕是现在,距离写第一篇论文11年了,也还有同样的感觉。刚有个灵感,搜搜文献,发现大佬已经写过了,遂愤然掷笔,暴饮暴食一番抚慰心灵。或者还有更惨的,辛辛苦苦写完论文刚要投出去,却惊闻某知名学者同题论文刚刚见刊。

这位小朋友未来是否会重振旗鼓尚不可知,但是相信每个混学术圈的,都有那么一段或者几段被大佬的神作打击到的人生,除了入圈就是大佬的少数人外。这种情况严格来讲,无解。你总不能不让大佬写论文吧?但是,拦不住大佬敲打键盘的手,咱们总得调整自己受伤的心。具体来讲,可以分为如下几步。

第一,先苦中作乐一下,至少自己的问题意识是要有的。看,我和大佬想到一块儿去了吧!这至少能说明我的方向是对的。俗话说,良好的开始是成功的一半,想想隔壁寝室那个连想了三个论文题目全被导师否决了的倒霉仁兄,咱还算有学术前瞻性的。

第二,沉下心来分析大佬牛在哪里。比如,是论文理论性更深,还是案例搜集得更多,还是视野更加广阔,把明明不相关的事儿联想到一块了!看了不能白看,总得想出来对方文章究竟好在哪儿,以便未来可以有意识地去学习。这就好比去学习美术,你画个苹果,老师也画个苹果,至少得看出来老师画的苹果为什么好。就算"虽不能至",但也得做到"心向往之"。

第三,对比分析,寻求突破。你以为本文只是在强调"向大佬学习"吗?这么简单的事儿估计也不用我絮叨。我真正想说的是,大佬的确很牛,但未必不能超越!正所谓"尺有所短,寸有所长",大佬的论文写得再好,也不可能毫无瑕疵。如果你读到的论文比你写的论文视野更开阔,那么你很可能会发现大佬对某个细节问题的论述其实没那么充分;如果这篇神作比你的论文理论性更强,那么你很可能会发现大佬的理论模板未必能够解释你论文当中的全部现象;如果这篇神作对案例的分析更加细腻,那么你有99.99%的可能会发现,大佬对同一问题强调的要点和对问题的定性与你存在相当的差异。

以上三个"如果",我都亲身体验过,尤其是最后一点,由于我自己主要写案例实证类论文,我经常能够发现,哪怕是同一个案子,我和大佬的关注重点都截然不同,看上去就像是两个案子。所以,我还真不怕大佬在我前面写了某一主题,我怕的是人家用同样的材料、强调同样的细节、和我形成了同样的观点,结果写得还比我深入。不过,这种情形,真的极其少见。绝大多数情况下,在资料检索阶段,我就会发现大佬的文章已对此进行了论述;在资料分析阶段,我就会发现自己和大佬观点的差异;在论文写作阶段,我因而会尽力去强调此种差异并提出自己的观点,进而形成一篇和大佬截然不同的论文。尽管,必须承认的是,我发表论文的刊物通常情况下没有大佬的等级高,比如大佬可以发表在《中国社会科学》,而我只能发表在《中国社会科学报》。

看不懂的书，你还要反复读吗？

读了博士当然要读书，自然就会从导师那儿拿份书单。那么，你猜书单上会有什么书？《国际经济法简明教程》？那是给本科生看的。《WTO案例汇编》？那本书跟《布莱克法律词典》差不多，是用来查的而非用来看的。你的书单上，更有可能出现两类书：第一类是某个方向的专著，例如《国际经济主权论》；第二类是纯理论书籍，例如，某位国际法导师给他的研究生开的书单：《二十年危机》《国家间政治》。第一类书还好，博士生的抑郁情绪多半会出在第二类书上。每个字都认识，放一起啥也读不懂，合上书啥都记不住，见了导师心发慌。

咋办？先别急，尤其别以愚公移山的精神跟这本书死磕。先分析一下看不懂的原因。其实，最开始看不懂绝大多数理论书籍都很正常，因为你面前会有如下三座大山。

其一，翻译腔。中国人的著作还好，看译著尤其会被翻译腔折磨，看不懂书，很大程度是由于译者过于忠实原文，而牺牲了语言本身的美感。举个例子："霸权可被看为话语或一系列话语的扩张而成为社会价值取向和行为的统治性视域。"你先把句子断明白再说？这比考研英语长难句还烦人。

其二,陌生概念太多。很多书籍之所以看不懂,是因为作者使用了大量他认为是常识性的概念,而这些东西对你来讲约等于天书。我再举个例子:"俾斯麦的改革措施并非其首创。德国加纳利王朝的第三任皇帝在指挥红玫瑰军团对抗摩力人的30年战争中也曾有过类似的举措。"现在请回答,"类似举措"究竟产生于哪一年?红玫瑰军团是啥?30年战争咋回事?只要一个概念弄不清,这句话就看不懂。如果一个个词去百度,得,一上午过去了才看懂一段。这书还有得看?然后,下一句又来了。这句开始讨论俾斯麦的经济政策与赫拉克利特的关系了!(说明:以上内容你看不懂太正常了,我杜撰的,就是让你找找啥都看不懂的感觉)

其三,只见树木不见森林。很多理论书籍的写法是"张教授认为;李教授认为;王教授认为";在罗列多位名家的理论后,作者得出了自己的结论:以上均不对。这时候,你已经读了50页书,完全晕了。对于熟知理论发展脉络的人而言,这种写法没啥。但对于新手而言,想从中刨出来"应当记住"的内容,简直是个灾难。尤其是理论罗列过程中夹杂大量陌生概念,两座大山一起来,你更晕。再举个例子,"进攻性现实主义和结构现实主义的区别,可以类比为米尔斯海默与卡普兰的观点差异"这句话,你看得懂?(这也是我杜撰的,二者真的不能类比)

那么,面对"三座大山",究竟得咋办?不死磕,但书总得看,对吧?

对,但是得巧妙地看,迂回地看。

文献使用篇

首先，认怂。如果你发现自己是新手，比如对国际私法的了解只停留在知道啥是反致就被导师赶去啃巴托鲁斯，千万别装作自己无所不能。老老实实跟导师承认，自己基础差，能不能从基础教科书开始看。这样至多被数落几句基础太差，但是几本基础书看完，至少能扫清陌生概念，教科书的表述一般也比较简明易懂。

其次，从二手资料读起。黑格尔不好懂，对吧？整个中国敢说自己能读懂的其实也没几个人。那么与其去啃原文，不如先去读中国著名学者对其的解读，掌握了名家要义之后，再看要不要去读原文。看二手资料，不丢人。中国古代读书人也不是直接抱着四书五经去啃的，著名的《十三经注疏》是啥？教学参考书啊。

最后，抓大放小。当你终于进入能读原著的阶段，千万别一个字一个字地死磕！那样你又会发现，自己还是看不大懂，没准几句话就被绕晕了。《三国演义》里都说了，诸葛亮和朋友们一道读书，"三人务于精熟，而亮独观其大略"。最后，其他几位做没做成郡守不好说，诸葛亮可是"功盖三分国"了。咱跟人家学学不行吗？

你贪多，还嚼不烂

读博期间，学渣有学渣的烦恼，学霸也有学霸的烦恼。比如，"老师，图书馆里这方面的书太多了，我觉得到了毕业都看不完，咋整？"又如，"导师给了我两个毕业论文题目，方向完全不一样，我感觉都挺好的，咋办？"再如，"省高院有个实习项目，高院耶！我要不要去个半年？可是，我的论文咋整？"

选择太多，哪个都想要，哪个又都放不下，于是，做着这个、想着那个，遇到点困难又开始后悔，然后，抑郁了。

对此，解决方案不是没有，咱们后面再说。先讨论一个前提问题：为啥抑郁？本质上，抑郁多是源于对自身能力无法匹配自身欲望的一种复杂情绪。别抬杠，这当然不是《精神卫生学》当中的定义，是对普遍弥漫于学生当中的抑郁情绪的简化解读。因此，对付抑郁，不是请别人替你拿主意，比如让导师直接命令你"不许去高院实习，老实写论文去"，然后每天一边写论文一边抱怨自己的导师不近人情，思想古板。对付抑郁，最好的方式是坐下来，认真分析一下，你究竟想要什么，究竟怎样做能够达成你的目标。再换句话讲，你想要一个东西，不是因为它"好"，而是因为它对你有用。女生"双十一"购物是如此,博士阶段决定取舍更是如此。毕竟,信用卡和花呗能暂时为选择困难症患者提供点支持,但博士阶段,就那么3年。贪多,就得延期;延期,就耽误找工作,目送同班同学参加毕业典礼,自己还觉得丢人。

因此,此处的问题又可以转化为:怎样才能"不贪多"?

其一,认识到自己能力的局限性。本科、研究生阶段或许还不那么明显,到了博士阶段,个人能力的局限性就越来越突出。因为,你身边啥样的牛人都有。有刚读博士3个月就发了一篇CSSCI的;有熟读王泽鉴《民法思维》全系列,谈一个案例还能说出来自哪一部的;有一边读书一边不误挣钱的。因此,不贪多,第一步就是与自己和解,千万别这山看着那山高。否则,真的是给自己找不痛快。

其二,抓重点。图书馆里的书,你肯定看不完。把你毕业论文涉及的领域的书都读完,你也该毕业了。那么,咋办?找几个重点学者的著作看啊。咋区分?看出版社、看作者单位,实在不行问导师。实习机会宝贵,舍不舍得放弃?那得看你现阶段主要矛盾是什么。如果主要矛盾是"我要毕业和论文还没发表"的矛盾,那还说啥,专心写论文去;如果主要矛盾是"要毕业了我想到面试就紧张得一脑门子汗",行,实习去。锻炼两三个月正好去试讲。换句话讲,一定得对自己有清楚的认识,我缺啥,得补啥。总不至于你"五行缺五行",啥都得补吧?

其三,量力而行。天上掉馅儿饼,也得看自己啃不啃得动。比如说,导师给你两个论文题目让你选一个,其中一个题目看上去高大上,但是写起来需要从巴托鲁斯读到西蒙尼德斯,你写不写?要是已经都读到利弗拉尔了,无所谓。要是连巴托鲁斯和萨维尼谁先谁后都不知道,赶紧放弃。即使是敢闯敢拼的性子,学术上也要保守一点,错不了。

其四,放宽心。学术是一辈子的事儿,今天战略性放弃的机会,毕业之后有极大的可能会回来找你。现在看来是"一辈子就一次"的机会,随着你层次的提升,很有可能对你而言是唾手可得的。举个例子,今天错过了某十分洋气的外所的实习机会,等到你成为副教授的时候,极有可能是直接同对方合伙人展开合作。不信?没事,再过10年,欢迎回来再看这篇文章啊!

读书笔记咋做？你再抄书，书都不高兴了！

吉林大学法学院对研究生有"六个一"的要求，其中第一个"一"就是一份读书笔记。当然，不仅仅是研究生，博士生同样也少不了做读书笔记。毕竟，读书好比水过鸭背，时过境迁，读过的那点东西就一点儿痕迹都没有了。再夸张一点，读到最后一页忘了第一页说啥的也大有人在。因此，所谓好记性不如烂笔头，读书笔记至少可以辅助你留存一点书上的内容。

一个错误

关于读书笔记咋做，先来讲一种错误的做法：把专业书籍的读书笔记做成了小学生的"好词好句摘抄"。看到哪句话写得好，拿个本子抄下来，时不时地朗诵一番。这样做或许能够帮助小学生在写作文时增光添彩，但实在无助于研究生写出好论文。为啥？写论文需要的不是文采而是资料，贸然地拿过来一句话就引用，搞不好正好把意思弄拧了。举个例子，"人生而自由，却无往不在枷锁中"，啥意思？我能不能引用这句话来证明，"只有无政府状态下的自由才是真的自由"?——如果你犹豫了,就证明寻章摘句是没有意义的,读书笔记也不是这个做法。

三句口诀

(我自认为)正确的做法,可以概括成三句口诀:"第一遍不做,第二遍粗做,第三遍细做。"

首先,第一遍读书,不要做笔记。只管去读,为啥?做笔记,是为了留存书中值得注意的地方。连读都没读完,就谈不上对作者的总体思路有一个完整的理解,又怎么知道什么地方值得注意?因此,第一遍读书,甚至可以忽略太难懂的细节,主要看作者的思路体系。合上书,闭上眼睛,能想到作者大致的布局即可。啥叫作"大致"?闭上眼睛能回忆起章标题和节标题就行了。

其次,第二遍读书,粗做笔记,即整理作者思路,或者说,把刚才讲过的"闭着眼睛能回忆起"的东西,落实到纸上。这一遍的笔记,其实做的是知识网络,但没有必要严格按照章节标题进行。你认为知识网络应该长啥样,就把网络列成啥样。做这一遍笔记时,可以读完一章做一章的笔记。

最后,第三遍读书,细做笔记,即整理支持作者观点的细节。这一步可以叫作"丰俭由人"。喜好看观点对抗的,可以重在观点;喜好看案例的,可以在上一步的知识网络中标注"见某某与某某案"。所以,从这个角度来讲,其实即便两个人看同一本书,做出来的笔记也可以完全不同。

这三遍当中,第一遍需要从头到尾读完(不读完则不足以掌握作者整体思路),后两遍完全可以一章一章地做。也就是说,第二遍做完网络笔记,可以立即进行第三遍笔记,在知识网络上补细节。或者,如果连续几章是同一主题,也可以把几章放一块儿做笔记。不过,所谓的"第二遍"和"第三遍",是指读书读两遍,在观其大略时千万别纠缠细节,否则,你很容易就会被绕在细节的汪洋大海里出不来,资料性强的书籍尤为如此。

需说明的是,整个过程,除大的章节标题以及某些实在经典的表述之外,禁止抄书!记住,用自己的话概括。因为,只有概括出来,才是你自己的。不信?你试试,把一页纸的原作者论述用自己的话写成200字的一小段,可难啦!

高级版读书笔记的做法

其实,在上述三遍的基础之上,还可能有一种更加高级的做法供参考:与作者对话!当笔记记到某个地方时,同时换个颜色的笔标注出自己的疑问。例如,"此观点过于偏颇""此观点与某学者观点正好相反"。读书,不止是成为作者的粉丝,更重要的还在于与作者对话。换个角度来想,孔夫子说的话,后世还有无数种解释呢。同一个法律问题,凭啥就只能有一种说法?能对话的读书笔记,才是融会贯通的读书笔记。

答读者问：书太多、读不完，还得读三遍才做笔记吗？

上一篇文章的主题是"书读三遍再做笔记"。文章发表后有读者提问：一个星期上百页论文，囫囵吞枣看完了，一回头全忘，做笔记又没时间读三遍，咋整？

这个问题，瞬间让我回忆起我读研究生时的悲惨经历。一个星期三门英文案例课，一门课二十几页案子，课前看完课上提问。还有一节课一个文件包，里面有六七篇英文论文的"神课"！

其实，"读三遍才做笔记"是一种理想的状态，更加适合无截止期限催促下的自主学习。而作为学生，更常见的状态，是被截止期限追着走，被老师逼着读一堆东西。这种状态下，"读三遍"基本上不大可能。此时应当采取的策略是：抓主线，放其余。

啥叫作抓主线

作为随堂阅读材料，老师选的这些论文或案例，很少是一时兴起随手抓来的。更可能的情况是这样的："各位同学，我们下节课学习企业的社会责任问题。请大家阅读课本第35页的福特公司案和第49页的高通案。"看明白了吗？老师布置的任务并非"读两个案子"，而是"读两个关于企业社会责任的案子"。所以，看材料之前，一定先牢记在心，这些材料是关于啥的。或者说，未来阅读时，啥应该看，啥不该看。具体的阅读过程也需要注意自己的详略选择。比如"福特公司案"除了"社会责任"问题还论述了"陪审团组成"的适当性，这就不需要看了。

笔记做吗？做！

那么，笔记咋做？同理，从主线往下延伸，只记和主线相关的内容，即主线问题在个案当中是如何演绎的。尤其是，当老师布置的同主题阅读材料不是一篇时（通常都不止一篇）更是如此。两个时代不同的案件，面对同一问题，论述逻辑的区别在哪儿？是起点不同还是路径不同？哪个更加科学？这也是笔记需要做的内容。如果你嫌乱，完全可以换个颜色的笔写自己的思考，或者买一本网红"康奈尔笔记本"，在本子右边或者最下面几行记录自己的感想，又或者贴个便利贴也不错哦！

读书笔记向来不是"抄书笔记"，而是加入了自己的思考的。读书，要记录下自己的疑问，围绕同一主题阅读一堆材料更是如此。老师把用于比较的材料都给你整理好了，相当于厨房把葱、姜、蒜、五花肉、春笋都处理利索了，你只需拿来加工一下就可出炉了。这样大厨般的待遇哪儿找去啊？

做完笔记怎么办？拿着笔记去听课

做完笔记,可不意味着大功告成了。这个笔记,听课时一定要带去。为啥？老师留了案例,下节课一定会讲。拿着笔记不仅可以不惧提问,还可以及时对照老师的思路和你的思路有何差异,及时查漏补缺并提出疑问。这时,你就会有一种"和老师平等交流"的成就感,而不仅仅是被灌输知识。甚至,如果此主题同样具有现实意义,你完全可以借此拿出来一篇小论文的大纲！不信？试试去！

这材料跟你有仇？为啥非得用上？

"鸡肋"一词，在中国文化中代指"食之无味、弃之可惜"的事物。而在博士生写论文时，往往会碰到另一种"鸡肋"——好，但不知道怎么用的材料。有学生甚至感慨，把资料物尽其用比找资料本身还难！

可是，打个庸俗的比方，任何一个厨子，都不会把厨房里所有的蔬菜都用上，然后做出一锅乱炖。那么，为啥这资料就一定得用在论文当中呢？道理看上去浅显，但是真正问了几个学生，才发现还真的是当局者迷。

情况一：这篇文章写得太棒了，我一定要引用！可是，用着用着就会发现自己的论文成了对对方观点的转述。知识产权问题迎面袭来。解决方式：别人的文章写得再好也是人家的，至多综述下别人的观点就成了，或者评述下其中哪一点我赞成、哪一点我不赞成。写论文，是个"站在巨人肩膀上"的过程。得相信，自己绝对能写得更好。干嘛花宝贵的篇幅夸别人呢！

情况二：这材料来得太不容易了，不引用岂不枉费我一番心血！比如，某案例是辗转了多个数据库才刨出来的原文，光是找到它就花了一个下午的时间。结果，读完之后，发现这个案例其实跟要写的主题没啥关联。但如果不引用一下,似乎又对不起自己的心血。其实,这种状况倒未必博士生才会有,我自己前段时间研究"中国国有企业问题",也是把美国商务部网站翻了个底朝天才找到某"经典"案例,结果发现其经典之处其实在于美国对中国的偏见让人叹为观止。这是个政治问题而非法律问题,写进论文至多50字。不过,有经验一点的"老司机"往往会毫不犹豫地放弃这些资料,反倒是博士生容易犹犹豫豫不想舍弃。其实,这种现象正应了中国一句古话:芝兰当路,不得不锄。凡是不能服务于论文中心思想的资料,都不是好资料。第一次舍弃觉得可惜,第二次、第三次舍弃就习惯了。

情况三:这材料好啊,新还抓眼球,还有现实意义,我一定要拿来写篇论文!这其实是跟材料死磕的最高级形式:已经脱离了"怎么用资料"的低级阶段,上升到了"要以此为主旨写一篇论文"的高级阶段。然而,这也是最容易浪费精力的一种死磕方式。好的材料,容易让人见猎心喜,想要以此为基点构建出一篇论文。然而,越是此时,越要控制住自己的冲动,反过来检视自己:我是否能够理解此材料的成因和背后的理论依据?这一领域我是否有了坚实的知识储备?我是否要为了吃透此资料而进入一个全新的领域?如果答案是"否,否,是",那么这其实是一个危险的征兆:你要被好的资料牵着鼻子走啦!其实,越是大牌学者,越会表示,"我对某新问题其实没有研究"。这倒未必是人家谦虚,很有可能是这位学者感觉到,现在不是进入此领域的最佳时机。在国际经济法领域,此种谨慎尤其有现实意义:只要美国不停地搞动作,就会源源不断地提供研究资料。其中很多甚至是对中国而言具有强烈现实意义的资料。然而,还是那句话,资料"为我所用"。驾驭不了的野马,宁可放它自由奔腾,也千万别圈回家里养着,搞不好浪费了草料还饿死了原本的好马!

文献综述都做错了，还怎么能写出来博士论文？

虽然受疫情影响不开学，但是教育部的平台还是送来了几个学校的论文，在家待着有了很多时间，就点了接受评阅。一些学校要求学生在论文当中写入文献综述，有的学校则没有这项要求。没有也就发现不了问题，一旦有了这项要求就知道为什么这些论文多数都不过关。

文献综述分为两种类型，一种是知识整理类文献综述，另一种是论证式文献综述。不同类型的文献综述对应的研究目的是不一样的。如果你研究的目的是要展现有关某个研究课题的现有知识，那么你要做一个知识整理类的文献综述。但如果你的研究是为了解决一个问题，然后分析这个问题产生的原因，进而提供问题的创新性解决路径，那么你需要的不仅仅是一个知识整理类的文献综述，更是一个论证类的文献综述。

顾名思义，知识整理类的文献综述是研究者锁定了一个研究主题，客观地呈现出关于这个主题的所有研究状态、研究内容和情况，目的是使大家能够了解关于这个主题的所有研究情况。虽然经过作者的加工整理，甚至还融合了作者的主观认知，但是必须承认，这类文献综述的客观性较强、内容性较强,目的就是呈现这个主题的研究状态。论证式文献综述则不仅是呈现某个主题的研究状态,它更深入一些,它是围绕一个待解决的问题展开,以作者对这个领域的知识的理解为基础,向读者阐述为什么这是个问题、对这个问题研究到何种程度、这种研究的缺陷和优点各是什么(也就是要做文献评析),以及应当如何推进对这个问题的解决。因此可以看出,相对于知识整理类的文献综述,论证式的文献综述是针对一个待解决问题述评结合的,甚至以评为主,作者的主观能动性非常强,作者要用这个综述证明他研究的价值和可行性,争取读者认同自己的研究观点、方法和路径,甚至希望读者能够认同自己的问题意识。

表3 知识整理类文献综述和论证式文献综述的区别

区别	知识整理类文献综述	论证式文献综述
目的不同	展现客观研究情况,更类似一个知识体系	展现作者对某个问题研究状况的认识,并进一步解决其未来发展路径和方向
展开线索不同	可以多个线索并列,如时间线索、空间线索、国家线索、作者线索等	只能以"主题"线索为主,其余的线索作为辅助,比如你要解决正当防卫标准的认定,那你的线索只能是"认定的方式、原则"
作者参与程度不同	客观呈现,主要是整理和呈现	在整理基础之上进行评述,要谈自己的认识
述评比重不同	述多,评少	评非常多,大于述

(续表)

区别	知识整理类文献综述	论证式文献综述
文体也有可能不同	说明文或夹杂一些议论的说明文	议论文
地位和作用上的不同	是论证式文献综述的基础	是知识整理类文献综述的延伸

博士论文需要哪种文献综述？博士论文一般应当是议论文，至少文科如此。议论文是解决问题的文体，强调问题意识和问题导向，更强调作者对问题的看法即作者的观点。这种情况下，论文所需要的文献综述是论证式的文献综述而非一个单纯知识整理类的文献综述。但是最近看到的一些论文都是知识整理类的文献综述，做得好的能够把这些知识按照时间线索或者空间线索整理出来；做得不好的就是单纯把一篇篇文献列出来，然后告诉你说了些啥（有的硕士论文这么做的），这种甚至无法被称为文献综述。

单纯地知识罗列、整理，即便做得再漂亮也只是一个研究的基础，是一个要开展针对某个问题的定向研究的前提。如果要写博士或者硕士论文，你需要一个问题，并且围绕这个问题，不仅要将目前已有的关于这个问题的文献梳理出来，还要有能力按照主题线索进行评述，而且评要大于述。也就是说，作者加工的成分、主观认知的成分要很大，即论证式文献综述，而非一个仅针对相关研究的简单整理或者蜻蜓点水式的分析，例如知识整理类文献综述。因此，知识整理类文献综述不适合做博士、硕士论文的综述。

"一边看书一边写论文",这句话到底啥意思?

秋果同志曾经写过一篇文章,内容是"你得一边看书一边写论文"(参见《不要想着花大块时间专门看书,边看边写才是王道!》),于是有刚刚被我纠正过的同学来提意见了:"老师,你前几天刚刚跟我说过,不许一边看书一边写论文!我听谁的?"

从本文要讨论的主题来讲,以上两者不冲突。前面那位同学是本科生,要写毕业论文,他写论文的方法如下:(1)"我要写一篇关于中美贸易战当中的 301 调查的论文。"(2)我先去看看什么是 301 调查。(3)好,看完了,动笔写论文的第一部分:301 调查概述。(4)好,写完了。看看美国对华 301 调查的报告。(5)好,看完了。动笔写论文的第二部分:美国对华 301 调查综述。对于这种研究方法,我的反应是这样的:

这叫写论文?这叫不太智能的翻译机!那么,这种写法的问题是啥?大家估计能轻松数出来一大堆:第一,没有问题意识。估计 3000 字都写完了,这位同学还不知道美国对华 301 调查存在什么不符合国际法的地方。第二,啰唆,容易控制不好字数。没准儿上面第五步做完都有5000字了。第三,上下文没有呼应,毕竟是一段儿一段儿写出来的东西,而非一气呵成的。你让画家画幅画,今天画头牛,3天后画牧童,6天后再画垂柳,你觉得这幅画能好看吗?

所以,不论对于本科生、硕士生,还是博士生来讲,一篇1万字的小论文,谁让你边看边写的啊!一口气看完了所有的资料然后再列个提纲写不好吗?相信我,你的脑容量一定足以装得下这么多资料。夸张点儿讲,哪怕是3万字的硕士论文,其实也是看完全部资料再布局谋篇的,把架子搭好后,每一部分是可以慢慢去写的。

那么,"不要看完了再写"这句话又是针对谁的?大论文,或者说博士论文,10万字,要看的资料往往30万字都不止。你想看完了再写?我就问一个问题,《三国演义》(原著)看过吧?你还记不记得博望坡那场战役,被火烧了的是谁?或者再简单一点儿,博望坡在哪?人脑不比电脑,根本记不住。不仅如此,这也耽误发表不是?所以,博士论文写作比较科学的方法可以类比为"围着一个苹果啃",每当啃下来一口的量,就咽下去;每当你看的资料足够写1万字的论文,就动笔写。也没听说过谁家孩子非得把整个苹果都啃到嘴里再咽下去,对吧?啃得多了,你总能把整个苹果都啃光。

最后,在写博士论文阶段要"一边看书,一边写论文",不要走入另一个极端。我来演示一下这个极端是啥:导师说,让我写"同性婚姻立法研究"——开始看书,3个月时间,我把"美国同性婚姻立法问题"相关论文看完了,遂耗时2个月撰写关于美国同性婚姻立法研究

文献使用篇

一文——继续看书,3个月时间,我把"欧洲同性婚姻立法问题"相关论文看完了,又撰一文。

这是个完全没有体系的研究,人为地把大论文题目拆成国别研究了(当然也有的同学拆成史学研究或者学派研究)。这种研究的缺点是啥?没有整体思维。好端端的一个题目,很容易被写成研究综述或各国立法现状。论文本身因而会缺乏主旨,资料丰富而说理性不足。

因此,正确的做法,其实是"全局操控"与"逐步攻克"相结合。还以上个题目为例,正常的做法是先用一个月的时间,粗略地读完这个领域的所有论文,至少要知道"同性婚姻立法"问题当中存在着"对公序良俗的解释""现存婚姻法的对接""同性婚姻在外国的承认"等一系列问题,然后,逐个问题去攻破。换句话讲,问题意识很重要,没找到问题别动笔!

读过的资料用不上，心有不甘！怎么办？

本文标题中的问题，是很多博士生跟我抱怨的。本科生一般不抱怨这个问题，因为一部分人会把看过的资料全写进论文里，然后就是他的论文导师抱怨了；另一部分人只会感叹自己看的资料还不够多以至于论文都凑不够字数。而博士生，要写1万字的论文，往往围绕一个主题看了一堆资料，结果，动笔时发现，只有1/3能用上；而且，5000字的某判例，真正写在论文里，只能用得上300字。于是，这位同学就跑来跟我哭诉了："老师，我做了无用功！本来博士时间就很紧，这耽误我再写一篇论文了！"

其实，感觉"资料看多了耽误我再写一篇论文"的同学还好，至多抱怨几句就该干啥干啥去了。还有一类同学，会拿着没用上的资料，绞尽脑汁地琢磨怎么用到自己的论文里才不会浪费。或者，用那些原本"用不上"的资料，索性再花1个月的时间写篇论文。根据我的经验，这么做，基本上就一个结局：悲剧。

那么，为啥会悲剧呢？

先回答看过的资料有相当一部分用不上这个问

题,这种现象正常不？答：正常。不信你来我家,看我给你搓玉米粒。一麻袋玉米,搓出来就一小盆儿。写论文时,你看的资料,不一定都是你要用的。但是,想找到你要用的,就必须得看一堆资料,然后,从里面挑挑拣拣,去芜存菁。

我举个例子。小明,博一,某日导师丢给他一道题：论协议离婚的冷静期设置。这一步,其实已经省去小明"一箩筐"的阅读量。不然,假设他导师给他的题目是"论协议离婚",小明同学得读多少文献才能发现,"哦,冷静期这个问题研究得并不透彻！"于是,小明开始研究。阅读文献为五盆,分别包括：支持冷静期的学者论文一盆；反对冷静期的学者论文一盆；美国婚姻法相关著作一盆；德国婚姻法相关著作一盆；我国台湾地区"婚姻法"相关著作一盆。五盆文献读过后,小明悲催地发现,美国婚姻法无论咋规定,我们都无法借鉴。德国婚姻法可以借鉴,但是相关案例全是德语,读不懂,仅靠法理探讨撑不起一篇论文。第二盆没法研究。我国台湾地区的资料可用。两盆学者著述筛选过重复的还剩半盆,可用。于是,端着一盆半文献,小明将论文题目缩减为"协议离婚冷静期设置的台湾地区经验与大陆立法探析",然后开始列提纲。在此过程中,小明发现面对关于冷静期的种种论述,自己其实最喜欢的路径是"婚姻自由与女性保护之间的关系"。而其他路径要么旧、要么偏。继续过滤掉一盆资料,现在只剩半盆。最终,论文写完,小明掂掂最初的五盆资料,重20斤；到最后的半盆资料,2斤；自己写出来的论文,半两。

你觉得小明亏了吗？没亏啊！小明同学的论文发表在《当代法学》，导师大喜。这才是科研,是你从一堆黄沙里刨出金子来给读者看,而不是提炼出了金子却非要掺沙子进去,然后全部给人家捧过去。你同意吗？（说明:我对婚姻法一窍不通,举的例子请千万别当真）

知道学术训练的重要性,却不知道应该怎么融入日常学习中

老实讲,我带的研究生态度都比较端正,学习观也比较正确。但是,光明白道理是没有用的,也就是说,光有世界观没有方法论不行,学习态度端正是一方面,另一方面还要具体进行学术训练。那么怎么对学生进行学术训练呢?在某个学期,爬树鱼专门对我们两个师门的学生进行特别微观的训练——"说明白话"。简单地说就是学会抽象概括、提炼中心句、进行逻辑分析,使语言表达准确(悄悄地说,其实很多人是说不明白话的,别看说了二十多年的汉语,但是那都是口头语言,跟学术语言是两回事)。训练形式就是给学生一段理论文字、判决或者新闻报道,让学生试着在阅读基础上进行基础的文字表达。

我对学生的训练则有所不同。研究生就是要有研究能力,这种研究能力内在表现为独立的思考力,外在表现为能够自如地进行口头和书面表达。绝大部分研究生都欠缺上述两方面能力,其中一个原因是积累不够,所以要给到最基本的积累,而最基本的训练单元或者积累就是阅读文献。所以,我训练学生的方法就是每周翻译一篇20页左右的英文专业文献。这样做的好处很多。

首先,不至于在毕业论文写作时临时抱佛脚,愁眉苦脸。绝大部分毕业论文写作有问题的学生都是因为积累不够,所谓积累不够其实也就是看的文献不够,所以阅读文献能够解决积累不够的问题。但通常如果让学生自己去按部就班地阅读文献恐怕比较难,因为他们的自主性相对较弱,而且对于文献的选择也缺乏鉴别力和体系性,所以最开始,我主张由老师提供文献让学生阅读,并且提交翻译稿件。

其次,每周阅读一篇英文文献还可以帮助学生进行量的积累,一年有52周,刨除考试等一些被占用的时间,如果学生配合,他至少能够看40篇专业英文文献,两年就是80篇,这个数量完成一篇硕士论文是没有问题的。而且事实上,学生在阅读的过程中为了准确翻译和理解文献中的术语、概念还会进行相关检索和阅读,所以,表面上看是为了完成每周阅读一篇文献的任务,但是相关阅读量也是很大的。

再次,每周一篇英文文献阅读要保证应当是有体系的,也就是要围绕一个主题展开,久而久之,学生就会对这个领域的研究状况有了一个大致的了解,这对他日后进行文献综述、问题的寻找、选题的确定、论文的写作有着非常大的帮助。也就是说,量的积累会引发质变的效果。

最后,文献是英文的,不仅可以锻炼学生的英文阅读能力,同时还可以帮助学生开阔视野,看看相关问题国外研究的情况是怎样的。如果学生对国内的文献掌握较多,对国外的文献掌握较少,这样无形中就会与国际前沿和国际最新发展相脱离,其实不利于学生国际观的形成。

其实还有很多好处,比如外文的注释规则很严谨。HeinOnline会把七种不同体例的注释形式都写在封面上,这对学生的学术规范也是一种训练。学生通过长期阅读,无形中也会学习文章的写作方法、写作风格以及写作结构,这对于日后写作是非常有益的。

我经常跟学生说,所谓的研究能力最终都会体现在你的写作能力上,而写作能力是一种"输出"能力,没有足够的"输入"是没有办法输出的。所以,于我而言,每周阅读一篇英文论文的学术训练是最基本的,只有量的积累够了,才能在"量"的基础上进行"质"的思考。而且,长期坚持也是一个非常好的学习习惯,训练量不大,也不会占用学生太多的时间,要不然这些时间也会悄悄地流逝,你甚至都不知道自己把时间用在什么地方了。

写作流程篇

不要想着花大块时间专门看书，边看边写才是王道！

某天遇到一个博士生，鉴于他已经升至博三，我问她论文写得怎么样？她跟我说："没写，还在看书。"我着急地说："不能光看不写，得赶紧动笔。"该生跟我说："老师，我没准备好之前，不想写。我总觉得我没准备好。"

这个问题其实并不罕见，很多学生都不愿意动笔，都想博览群书之后，胸有成竹再动笔。其实这种想法无非出自以下心态。

第一，逃避写作型。因为写作是一件很有挑战性的事情，几乎是学习阶段遇到的难度最大的工作，所以很多人心里很打怵这个事情，总想逃避。那么逃避的借口也得替自己想好啊，要不然怎么能心安理得地逃避呢？所以，这些人说："我还没有准备好，我没有看完书，我不能动笔写！"

第二，没有自信型。这类学生其实跟上一类学生差不多，区别在于他们偶尔也会想想写作这件事，"让自己闹心一下"。他们内心没有自信，总觉得自己写不好，期待自己多看看书就能有自信。

第三，认识错误型。这类学生认为写作必须是在良好的阅读基础上,而这种阅读必须是集中火力利用大块时间博览群书,然后才能动笔。这类学生认为写作很重要,也不逃避,只是认为需要大块时间先读书。

不管哪种类型的学生,只要光看书不写作就是错误的。我给学生的建议是,研究生尤其是博士生,一定要边阅读边写作,要把阅读这件事情结合在写作之中。主要理由如下:

首先,博士学习就那么几年,没有大块时间让你专门阅读。有些学生把博士生活想得过于宽松,总觉得花一两年时间专门看书是一件非常正常的事情。但实际上由于小论文(也就是资格论文)投稿周期变长、博士论文需要提前半年提交,以及博士论文写作本身还需要耗费将近一年的时间,博士生如果想在三四年里毕业,其实每一天都需要在战斗状态中,而不是你们想象的,先拿出一两年的时间看书,然后再集中写作。

其次,以写作为指引下的阅读会变得更有针对性,不容易散。很多研究生打着读书的旗号迟迟不动笔,是想让自己博览群书。但实际上不在特定写作目的指引下的阅读容易越读越散,容易跑偏,不能为最终的写作服务,当你开始写作的时候,你发现这些阅读可能也用不上。

再次,真正写作过的人都知道,写作不可能一气呵成,写作和阅读其实一直是交替进行的。在动笔之前已经对要写作的问题有了思路,但是在写作过程中却发现某个点还不清晰,这时候就需要停下来阅读和思考。阅读和写作交替上升、互相循环,然后写出一篇成型的文章。

最后,那些想要准备好了才动笔写作的人,什么时候才算准备好了呢?其实阅读是无止境的,学习也是无止境的,很多大学者在成名之后看到自己早年写的文章也会觉得幼稚、不成熟,那难道就不写了吗?要记住,通往成熟的路上洒满了幼稚,不可能一直不动笔,一动笔就写成一个成熟无比的作品。再说,写作是需要练习的,要边写边练,这个练笔的过程是逃不过的,跟你看了多少书并不直接挂钩。

说了这么多,不是说看书不对,也不是批判花大块时间看书,而是想说在博士研究生这个有限的学习阶段,同时还有严苛的考察标准的大背景下,希望博士生不要像在没有目标感的本科阶段那样看书,要有针对性地看书,要时刻把看书和写作、输入和输出紧密结合起来。否则,就会导致节奏不对、拖沓,最后让自己陷入被动。

你的论文提纲,得砍一刀

带学生写论文的第一步肯定是让学生列个提纲。不过,不久前,我带了篇论文,提纲交上来,五部分直接被我砍到剩三部分。你猜提纲是咋列的?

题目也算是个新题目——《2016 年后的欧盟对华反倾销动态》。具体来讲,就是评述一下 2017 年欧盟《反倾销规则》。不难写吧?于是,该生开始列提纲了:"一、反倾销概述:(一)倾销的概念;(二)倾销的危害;(三)与反倾销相关的多边规则;(四)与中国相关的反倾销特别规则。二、欧盟反倾销概述:(一)欧盟反倾销规则演进;

(二)欧盟对华反倾销概述;(三)欧盟与中国的反倾销争议。三、2017年欧盟反倾销新规则概述……"

看到这份提纲,我的反应是:天哪。于是,这份提纲就直接被砍了一半。前两部分全砍了,替换成千字左右的总体性介绍。余下的三部分采用古典式的三段论:2017年欧盟《反倾销规则》概述;新规则的WTO合规性研究;中国对策。还好,这位同学很听话,让砍就砍,没来跟我哭诉找资料多么不容易。最后写得也不错,只剩下后三部分,论文依旧写了一万多字。

为啥?论文写了十几篇,或者有个好导师把关的同学,看到上面那份提纲,估计都会会心一笑。嗯,绝大多数本科生,第一篇论文提纲基本上都是上面那样。因为那时候真不懂论文该咋写。小学时写作文,不也得先交代清楚,"我的妈妈是一位40多岁的中年妇女,她在商场卖衣服"。为啥论文就不需要交代这些背景资料呢?你向陌生人介绍"我的妈妈",当然得这么写。但是,如果你给你姥姥发微信,介绍你妈妈最近在干啥,你还敢这么开头吗?估计你会直接写,"我妈妈最近卖衣服赚了不少钱,都买了3支口红了"。

写论文也正是这个原理。你所看到的教科书介绍"倾销"问题,的确是从"什么是倾销"开始的。那是因为教科书面向的是"陌生人",即完全不知道倾销是啥的人。那么,论文面向的是谁?面向的是已经知道倾销是什么,但是想知道倾销问题最新动向的人。因此一定要直入主题,属于基础知识的部分一定得砍掉。

一篇博士论文10万字,扩展一下就是一本书了。那么博士论文要不要前面的铺垫？我还真看过若干博士论文,例如论述"国际法院判决当中国际习惯法的认定"问题,第一部分先用几千字介绍国际法院;第二部分再用几千字介绍国际习惯法,加在一起,都超过1.5万字了。这么写行吗？不是不行,但是,一定得注意怎么介绍。

如果你写的这两部分内容跟国际公法教科书差不多,那么别写了。毕竟,你的读者不是你的博导就是拥有博导身份的外审专家,他们不需要被普法。他们看了这样的论文,只会觉得你的学问不够还得凑字数。

但是,想写,能不能写？能。怎么写？第一部分别介绍"国际法院",改成介绍"国际法院事实上的司法造法功能";第二部分也别介绍啥是国际习惯法,改成介绍"国际习惯法的产生与认定方式",即不作泛泛铺开,仅介绍其一点;在第三、第四部分紧接着国际习惯法的形成方式两要件,分别论述第一部分提及的"司法造法"如何满足了所谓的"法律实践"与"法律确信"这两个要件;第五部分总结与展望即可。

换句话讲,要想让你的提纲设计不被腰斩,就得每部分都"有用"。就算介绍的是背景知识,也得给后续论述埋下伏笔,让人看到,你的思路是环环相扣的。九连环当中,哪有一个环是没用的、可以砍掉的呢？

让你写摘要,你非得写成电视剧预告!

每年带论文,每年都得给学生改摘要。理论上讲,这东西没啥固定的写法。但是,绝大多数学生的摘要写得都像电视剧预告那样,跌宕起伏,一波三折。

不信?我写一个电视剧预告给你看看:盛家六姑娘明兰自幼聪颖貌美,然命运坎坷。自小生母离世、嫡母不亲、庶姐难缠,面对齐家小公爷的热烈追求、齐母的棒打鸳鸯,明兰应何去何从?这是电视剧预告,没错吧?看了之后,你是否有想看电视剧的愿望?那么,我按照同样的模式再写个摘要给你看看:我国《国家安全法》提出了维护国家安全的种种路径,然而,并没有对国家安全作出明确的定义。本文回顾了各部门法对国家安全的定义,借鉴了外国法中的国家安全的范围,对如何完善国家安全法提出了法律建议。

看看,像不像?都是先揭示一个背景,然后告诉你接下来会看到什么。比如爱情故事,又比如各部门法对国家安全的定义。而且二者都是只告诉你要看到啥,但就不告诉你最终咋样了。看完二者,你既不知道明兰嫁给谁了,也不知道国家安全的定义应该如何完善。

电视剧的剧情介绍写成这样没问题,毕竟所有观众都图个乐呵,跟着剧情走才是正道。要是你在如痴如醉地看着《知否》,你娘亲大人突然走过来指着电视上的齐衡说:看,他没娶成明兰,一辈子结了三次婚却不停地死老婆!你高兴不?这就跟某同学看世界杯决赛,突然被人告知"本场唯一进球是德国队21号在第32分钟用头顶进空门"一个心情。

但是,电视剧讲究个悬念,论文不是啊!读者读的时候,不是享受什么惊心动魄的感觉,唯一目的就是获取信息。好比你去医院看病,希望大夫告诉你:"你感冒了,白加黑吃三天就好了。"论文的读者之所以要看摘要,目的就是短平快地尽快发现,你的论文到底说啥,对他有没有用。而上面那个摘要,不客气地讲,所有论述国家安全的定义的论文,都可以共享这一摘要。读者看了如何能知道,你是赞同用列举的方式写明国家安全究竟包括啥,还是赞同用描述特征的方式让行政机关自行去判断什么属于国家安全?简而言之,凡是提供不了有效信息以帮助读者一目了然的摘要,都不是好摘要!

那么,摘要究竟怎么写?咱们提供个模板,一共就这么几句话。

第一句,背景句,介绍你要研究啥。比如,"正当防卫是刑法中的重要概念,但我国刑法对防卫过当的标准却迟迟未能界定"。一句话,干净利索地交代清楚你要研究啥!我再举个反例,"农村土地承包已有数十年历史,但承包权流转问题在实践中却问题重重"。这句咋样?除非你的题目就是《承包权流转的法律问题探析》,否则,这就是个不清晰的背景句。你得再进一步表述:尤其是承包权能否流转给外商独资企业这一问题并未得到解决。于是,读了这一句,读者们就都知道了,你接下来要论述的不再是笼统的承包权流转,而是能否流转给外商独资企业。

第二句,研究路径,即"本文通过对甲、乙、丙三个问题的研究,得出了如下结论"。这句话,别笼统地列举你研究啥,得写出来研究的这东西究竟是啥样的。举个例子,"本文研究了美国、德国、英国关于公司社会责任的立法",这显然不能提供给读者任何有效信息。你得写成,"美国与德国并未强制企业必须履行社会责任,而英国在环境保护、劳工标准等多方面提供了税收激励措施"。从"研究了啥"到"研究的究竟是啥样"这个飞跃,是决定读者究竟能不能获得有效信息的关键。

第三句,结论,即你论文最终的落脚点。这个落脚点除了少数法理学论文和法制史论文之外,多半是回归到中国问题。因此,还举上面的例子,就别写"为中国企业社会责任立法提出了建议"啦。你得清清楚楚地提出,"中国应当仿效英国立法,在法律当中增设某某事项"。

综上,摘要是信息浓缩,不是路径介绍更不是卖关子。读者知道你走哪条路固然重要,但是你得让读者沿着路看过去,一眼看到路旁边都是西瓜。想吃西瓜?来看论文啊!

像《流浪地球》那样写论文开头

又到了一年一度的毕业论文季,也是我一年一度开始纠结"怎样委婉地告诉学生,你这个开头不行、你这个大纲不行"的时节。大纲的问题此处暂且不谈,只说开头,我几乎每打开一篇论文,开头都是这样的:假设,此题目为《我国应对竞争中立问题的立场》(大家先别管竞争中立是啥了,这个不重要),那么,开头一定是:"1. 竞争中立的定义(300字);2. 竞争中立的缘起(或者是历史回顾)(1000字);3. 竞争中立的外国实践(1000字);4. 竞争中立在我国的推行历程(1000字)。"

对,这是开头,真的是开头。写完了这四个部分,大约3000字过去了,我已经对竞争中立问题有了一个完整的理解,但是,我还不知道我国为啥要"应对"这个问题!耐着性子再往下看3000字吧!类似的问题,一抓一大把。比如,学生如果想写《论我国死刑复核权的归属》,闭着眼睛都能想到,开头肯定是"死刑复核权的定义""死刑复核的意义""我国死刑复核权归属的历史";如果学生要写《论美国对朝鲜的经济制裁》,开头肯定是"经济制裁的定义""经济制裁的方式""经济制裁的历史"等。

于是，我把论文一扔，跑到日新楼吉林大学巨幕影城，看了场一直心心念念的《流浪地球》以压惊。不得不说，几万美元一秒钟的特效就是好看，影片开始那红得要滴血的太阳，那泛着银光的空间站，那席卷一切的暴风雪……对于看过原著的人来讲，一看就明白，这是太阳系要完了。就算没看过原著，听几句旁白也知道了，氦闪要来了，地球已进入刹车时代，要"跑路"了。主要矛盾就在于此，对吧？

然后，出了电影院，我不由得又想到那几篇论文。先生们，女士们，你们就不能把论文的开头给我写得跟《流浪地球》一样引人入胜吗？倒是不求你给我做出点特效来，至少，一开头，你告诉我一声"大事不好了"也行啊！

这句话啥意思？论文的开头，其实就是一个招牌，比如招牌上写着"兰州拉面"，让你一眼就能看出来里面是卖拉面的；你不能在小店门口挂个牌子，只写"小刘的店"这几个字，走过的、路过的甚至不知道这里面是卖快餐的还是卖奶茶的。因此，写论文，你得在最开始，用寥寥数语暴露出主要矛盾：比如太阳要完了；比如美国借着"竞争中立"这事儿给中国国有企业找事儿；比如美国借着制裁朝鲜，把中国的昆仑银行的资产给冻结了等。

当然，上面说的定义、历史什么的不是不能写，毕竟第一句话就暴露问题实在是太突兀了。打个比方，我看的电影当中，貌似只有《达·芬奇密码》这么一部，一开头直接给你看一具死相凄惨的尸体；其他电影大都有个比较平缓的切入，比如《流浪地球》里的刘培强和儿子在水边搭帐篷。论文的开头也是如此啊。你可以第一句话介绍下啥是竞争中立(50~100字);第二句话写一写这个制度在哪一年由谁提出,在若干年发展历程中已经被写入了众多国际条约(对,就一句话,绝对能说明白这事儿。100字绝对能搞定)。但是,从第三句话开始,你一定得拉回主题,从平缓的切入无缝对接到要挂掉的太阳——但是,这个竞争中立制度,被美国拿来对付中国了!真可怕啊!(这个倒可以详细点,300字左右,大概一小段吧)所以,我们一定要研究制度、分析问题,做出应对!(这个再分一段,300字左右)

就这样,一个开头,不到1000字,有问题、有下文论述的路径,该交代的都交代明白了。难吗?不难!

论文有必要从"一只蝙蝠"讲起吗?

又是一年答辩季,本人看了几十篇硕博论文,本文就说一种写作现象,能让人一看就知道你不会写。

有一类论文,甭管大标题是什么,开篇第一部分都是某某基本理论,而且一定会从概念、特征和类型开始描述。纯凑字数,贼烦人。而且这部分内容在开题的时候已经跟学生指出过,没必要存在,建议删除,但是学生就是不删,就是摆在那里,真无奈!

有时候,你说学生凑字数,学生还会很委屈地说:"我不是怕别人不明白我要研究的对象吗?我不得介绍一下吗?"比如《跨国公司转移定价法律规制》(纯虚构),作者上来不先指出转移定价法律规制存在哪些问题,就开始喋喋不休、滔滔不绝地告诉你什么是跨国公司,什么是跨国公司转移定价,转移定价的构成要件、操作模式等,然后十几页就这么写完了,对主题(法律规制)一点儿帮助都没有,属于偏离主题,甚至是文不对题。要记住,你的读者是你的同道中人,不是连什么是跨国公司都不懂的小白,那样他根本没必要也没兴趣看你拉拉杂杂地说什么转移定价,论文是写给专业人士看的,专业人士不会不懂什么是跨国公司,也不会不懂什么是转移定价。即便不懂，自己也能通过自学完成理解，没必要你占用论文这么大篇幅普及基本知识。你还说你不是凑字数！！！

为什么这种追根溯源式的写法不对呢？为什么不能从"一只蝙蝠"讲起呢？理论上说，这种介绍概念、特点以及类型的写法是说明文的写法，而论文是议论文。虽然议论文也可以有说明性文字，但是说明性文字是要为议论服务的。论文的第一部分就应当开门见山地提出问题，指出问题之所在，跟你的概念名词术语没有什么关系，不要铺垫基本理论，这些应当是问题提出的基础，是隐含的基础。如果提出问题是一个金字塔的塔尖，那么基础知识就是这个金字塔的底座，很重要；但是论文需要表达的是塔尖的部分，不是底座。就像人家问你今天穿的是什么衣服，你没必要告诉人家你的鞋子是什么颜色的一样。懂吗？

那么为什么学生会这么乐于在第一部分介绍基础知识。其中一个原因就是字数不够，用基本概念来凑。另外一个原因是，学生不太会写论文。论文是一个论证的过程，需要有论点、论据和推理，这个过程太难了。而说明文是学生最熟悉的文体，因为教科书就是说明文，所以学生自觉不自觉地都会使用这些描述说明性的文字。

什么叫"叙多议少"?
——要论证不要描述!

后台有同学问:接到了一份论文评审意见,那上面写着"叙多议少",老师,请问什么叫叙多议少?其实我自己在评审论文的时候也会写这四个字,这四个字有"一个中心意思"和"两个基本表现"。一个中心意思就是,你这篇描述多议论少的文章,根本就不是一篇论文,因为论文需要议论,也就是发表观点并进行论证。两个基本表现就是:其一,整篇文章就是个说明文;其二,即便有观点,也是没有经过论证得出的观点,下面写了一大堆啰唆的描述性的文字。我们分别来看。论文本质上是议论文,议论文要求论点、论据、论证缺一不可,可是我们每年评审论文的时候都会看到这样的论文:"《某某法律问题研究》:一、某某的概念;二、某某的特征;三、某某各国立法;四、某某未来发展。"

这种结构安排是典型的教科书式的体例,而教科书是典型的说明文,它不发表议论,它的目的就在于告诉你知识,它的主要手法是"描述"而非议论文的"发表观点"并进行"论证"。所以,这样的论文在我这儿就会被毙掉,连论文的基本文体都没搞清楚,别人都研究完定型的东西用你再搬到论文里说一遍吗?别闹,严肃点儿!

另外一种表现比较隐蔽,就是一篇论文伪装成议论文的样子,但是内里还是说明文。也就是议论文的瓶子装着说明文的酒。举个例子:(纯虚构,勿对号入座)精神病人鉴定程序不合理——对精神病人适用强制医疗的前提就是对其是否具有刑事责任能力进行认定,这是启动强制医疗程序的关键环节。根据我国《刑事诉讼法》的规定,在我国只能由侦查机关申请进行鉴定,其他组织、个人和其他诉讼参与人无权启动。经司法鉴定机构出具鉴定意见,作为证据的一种,用于整个刑事犯罪中罪与非罪的认定条件之一。

这段文字是典型的有观点没论证的例子,精神病人鉴定程序不合理,这是作者的观点,接下来作者要证明这个观点,而不是像上文一样描述这个鉴定程序是什么,不然怎么能够证明这个观点是否合理?正确的论证方式是:

精神病人鉴定程序不合理。大前提:标准全面的精神病人鉴定程序是什么样的?小前提:我国的精神病人鉴定程序是什么样的?它们的差距在哪儿?结论:我国精神病人鉴定程序存在设定不合理的情况。

这就是描述性和论证性文字的直观区别,如果你还不懂,那我再给你总结一下。

"描述性写作:告诉读者你所做的事;往往使用大量的引号;对一篇文献进行总结;列出清单(文献、理论等);给出"事实"、数据等;陈述事件、想法等的历史;给重要人物的传记;总结关于主题的已知内容。

论证性写作:给出一个清晰而自信的解释,拒绝简单地接受别人说的话;避免未经证实的主张——断言或假设某事是真的;使用段落来发展和扩展观点;对于相关的证据和论据,总是给出清晰而准确的解释;总是用论据来支持论点;总是给出得出结论的理由;永远避免简单化的结论。"

那么,是不是一篇论文就只能论证不能描述?不是的。作者需要在描述和论证之间取得良好的平衡,在交代场景、背景以及前提、事物本身的内容的时候是需要描述的,但是议论文之所以是议论文,要有观点,并且是经过论证的观点,而不是有观点没论证。

要用知识回答问题,而不是感觉,更不是信口开河!

论文答辩期间,我作为主席,着重考察学生的思路和论证,先问学生提出了什么问题,然后问学生得出了什么结论,最后问结论是怎么被推导出来的。比如这一篇《跨国公司转移定价问题研究》(纯虚构,勿对号),我问学生在转移定价这里面存在什么法律问题?这个问题很重要,因为转移定价不仅法学领域可以研究,经济学领域也可以研究。我问学生,你怎样证明这篇文章是一篇法学文章?学生告诉我,我感觉这是篇法学文章。当时气得我一口老血差点没透过屏幕喷出去。还有一个学生,文章的结论是针对少年犯应当分级立法和分级管理。我问他,这个结论的依据是什么,他回答说他觉得应当分级管理,我继续问由谁分级管理?他说某某部门。我问为什么,他说感觉这个部门最合适。

上面的例子反映的都是一个问题,学生对很多问题的判断都不是出于理性思维,而是出于感性、感觉、直觉,这个是很要命的。往轻里说,学生没有建立起独立思考能力,没有理性思维,也就没有批判性思维;往重里说,我们的教育没有能够使学生具备这种能力。(为了避

免相关人士的误会和误解以及给自己带来麻烦,我需要在这里指出,这不是我们学校独有的问题,我在评审其他学校论文的时候,也发现这个问题)但今天不考虑教育的整体问题,而单独说一下为什么这么回答问题不行,这种回答问题方式到底意味着什么?

论文是什么?是提出一个问题,并在解决这个问题的过程中提出自己的观点,也就是结论,这个结论必须是通过推理得出的,即通过论据能够得出这个结论,这样才构成一个完整的论证。那么什么是论据?一般认为,论据由知识充当,这个知识可以表现为专业的理论、专业的判断,但归根结底是专业的知识。明白了吗?你需要运用知识解释你为什么得出了这个结论(也就是你对于问题的观点)。但上述回答用的几乎都不是知识,而是感觉、直觉和一些乱七八糟的东西。

人的思维分为理性思维和非理性思维,两者都表明人们对于事物的看法和观点,区别在于理性思维是人们依据知识得出的观点和看法,非理性思维是人们依据感性、直觉、情绪等得出的观点和看法。举个例子,在一个案发现场,乙倒在血泊之中,甲站在乙旁边。一个广场舞大妈路过,见状惊恐地大喊:"甲杀人了!"边跑边喊。而这时候如果一个律师或者理性人路过,他不会轻易得出这样的结论。因为要证明甲是杀死乙的凶手必须要满足《刑法》规定的故意杀人罪或者过失致人死亡罪的构成要件,而不是依据人们的感受。这下你明白了吗?这就是非理性和理性思维的差别。

教育的目的是培养学生的理性思维,如果学生接受了十几二十年的教育,只学会了一堆知识,却不知道用这堆知识解决问题,那不就是书呆子吗?而且还是高级的书呆子,书白念了。最要命的是,他们还会认为自己是知识分子,接受过高等教育,狂妄自大地认为自己是天之骄子,这种人还不如没接受过高等教育却明白自己不足之处的人来得难能可贵。

最后对于文章开篇学生们回答问题的方式,我会怎么警醒他们呢?我会说——你以为你以为的就是你以为的吗?

案例评述，有"感"而发

要说啥论文最好上手，当属案例评述式论文。就一个案子写篇评述，既能保证论文的实践意义，又有充分资料可供参考，实乃新手入门不二之选。不过，貌似也有萌新博士生对此不大看得上，听说要写"案例评述"就皱鼻子，感觉这没啥技术含量，不就是讲讲案例咋回事儿、法官咋判的吗？真这么想的人，其实还真不是"会写"案例评述，充其量是"假装会写"。其实，写得好的案例评述，是完全可以发核心期刊的哦！

案例评述等于读后感

那么，案例评述究竟咋写？其实，跟小学的时候被老师要求写"读后感"差不多，只不过所谓的"读后感"，不同的人写出来效果也不一样。举个例子，某小学三年级的同学看完《闪闪的红星》开始写观后感："这部电影讲述了一个叫作潘冬子的小朋友智斗汉奸的故事。潘冬子是（此处省略100字），他的家乡在（此处省略50字）。于是（此处省略200字）。"剧情叙述一遍之后，总结："潘冬子真是个聪明的小朋友。我非常喜欢他。"结束。对吧？才怪！这是剧情概述，"感"呢？

到了小学五年级，再写同样的电影观后感，该同学八成就得写成这样了："看了电影之后，我的感受是，革命先辈为了打好游击战，做出了艰苦卓绝的努力。""首先，在面对敌人的封锁时……其次，在破坏敌人的吊桥时……最后，在给游击队送情报时……"总结："综上，革命先辈是智勇双全的，所以能够赢得战斗胜利。"这才是"感"啊！换句话讲，一篇足以刊登在《小学生优秀作文选》的读后感，主要写的应该是作者对电影的观后感，而不是把电影内容再啰唆一遍。又不是给《广播电视报》写稿子！

案例评述，你有"感"吗？

话又说回来，一篇好的案例述评式论文，究竟要怎么写？跟后一篇读后感一个写法啊。首先，当然要对案件进行简单概括。然后，重头戏其实在于后面的"评"，即这个案例究竟判得如何。它的意义究竟在哪里。

例如，见义勇为反被刑拘的福建赵宇案。让你写评述，咋写？是不是想立意在"论正当防卫的判断标准"？本科生毕业论文，这个立意还凑合。想拿去发表？除非你论证过程能写出彩来，否则比登天还难。为啥？此处的"感"，就是"创新性"啊。或者说，你的博导耳提面命的"论文创新性"，首先就体现在"观点创新"。

因此，你得坐下来，慢慢琢磨，赵宇案最让你受不了的是哪一点？是对防卫必要限度的认定过于苛刻？可以。毕竟,将论文题目起作《论防卫必要限度》,总比《论正当防卫》确切得多。那么,还能再小点儿吗?可以啊。我也可以写,问题还不在于防卫必要限度的认定过于苛刻,而是法律对公民理性的要求过于苛刻,即"防卫必要限度"认定当中,再细分出来一个要件:"正当防卫者如何认定加害人已无继续加害能力,进而停止正当防卫。"然后,只写这一个要件。关于"必要限度"的其他方面(如无限防卫权等)全都不写。咋样,更确切了是吧?

那么,还能再玩点儿花样吗?能!我再玩一次给你看。《论法律对道德的指引——从彭宇案到赵宇案》,即若干个案子联合评述,案情不一样都可以。咋样,有点朱苏力的风格了吧?

写案例述评,你导师究竟想教你啥?

最后,咱们来玩一出宫心计,揣摩一下你导师让你写案例述评,究竟想锻炼一下你的什么能力?简单地说,就是发现问题的能力。"从实践中发现问题"向来是法学专业博士生(也可能是几乎所有文科类博士生)都必须具有的能力。连问题都发现不了,写论文就真的甭想了。拿彭宇案来讲,如果你只能揪着"法官弱智"不放,那么估计这个案例分析要凉了。如果你能发现"民事诉讼举证责任分配"有问题,或者"公平责任"条款不公平,那么至少这篇论文能写。如果你发现的问题是:"啊,这不是《黑格尔法哲学批判》中的'德法结合'问题吗?"好,恭喜你,核心期刊的大门至少向你打开一条缝儿了。

那么，案例述评式论文写得好了，下面呢？"从实践当中发现问题"里最简单的一种，当属"从个案中发现问题"。如果你把这个做好了，后面极有可能会被要求去研究"同案异判"的两个案子，从两个案子当中发现问题。再往后，就是"实证研究"，从一堆案子中发现问题。如果这个也能做好，那么估计你导师就可以心满意足地把你赶出师门了——赶紧给我毕业找工作去，老夫还指望你光耀师门呢！

不想动笔？你就是懒！

光看书，不动笔，就是懒。题目有了，迟迟动不了笔，原因之一是懒。看书是"输入"，轻松不费脑子；写作是"输出"，呕心沥血。因此，抱着本儿书、泡一杯茶，在图书馆窝一天，就认为自己学习了的这种同学写不出论文，就是懒。为啥这么说？不信你试试，以"读书"为目的的读书，一天要是能读一本儿三四百页的，我算你厉害。但是，以写作为目的的读书，一天三四本儿不在话下，第一天借七八本儿书，第二天统统还回去的同学也不在少数。而且，你问他每本儿书都讲了啥，人家还真能给你说个一二三。就算不全面，至少也能证明人家读过了。后者，才真的是"勤快"，而且，往往读书还不耽误写论文。

那么，为啥？或者说，为啥以写作为目的的读书，速度快、记得牢、效率高？原因很简单，因为这是带了脑子的读书。或者说，当读书有了明确的目的——例如，"我就是想知道补贴专向性问题在实践当中如何发展了《补贴与反补贴协议》的规则"，那么，读书时就有了明确的目的。拿到一本儿书，首先知道自己需要什么；其次，边读还能边做个笔记。哦，甲书讲了第一个发展，"事实上的专向性",分析了美国的两个案子。嗯,乙书也讲了这两个案子,但是观点和甲书有如下区别。乙书还讲了针对基础设施建设的专向性如何计算。这么看下去,当然越看越快。一天看七八本儿书难吗?当然,有的同学可能要抬杠:这也叫读书?都没从头读到尾!你要是让我一本儿书只看几十页,我一天能看一架子!问题在于,除非要构建自己的知识体系,否则,到了博士阶段,有几位同学需要从头到尾地看完一本儿书?如果你想知道罗尔斯的《正义论》是咋回事,好,你需要从头看到尾。但是,如果你只想知道,"无知之幕"究竟是咋回事儿,那么甚至不需要看完整本原著,只需要看相关的那一部分就可以了。其他部分完全可以通过论文等途径得知。再或者说,这其实是个精读和泛读的关系。以精读为幌子地浪费时间,往往没有泛读得到的知识更加有效。

那么,咋办?其实,说起来很容易,有目的的读书,绝大多数同学其实都做过,至少,在开卷考试的考场上都做过。举例来讲,某年期末考试,我出了这么一道题:请列举我国国际私法当中明确允许当事人意思自治的法律条文,并解释为何现代国际私法更加重视当事人的意思自治?那么,你要怎么做?首先,翻开《涉外民事关系法律适用法》"合同"一章,找几个法条;其次,翻开"物权"一章,找几个法条,诸如此类,再打开教科书总论那章,寻找关于现代国际私法演变的叙述,然后,扣着"意思自治"开始答题。对吧?这就是以写作为目的进行读书,即一旦你的题目被确定下来,立即将头脑中现有的知识列个提纲。对于此问题,我初步认为,应当分解为一二三个小问题;然后,就每个小问题,有针对性地去读所涉书籍的专章,同时做笔记,标好出处。当你穷尽手头的资料且能够就此形成初步结论(关于法律"是什么""缺陷在哪儿"的结论即可),就可以迅速转移到下一个小问题了。读若干本儿书(或者若干本儿书加一堆论文)过后,你就会突然产生一种诡异的感觉:你有一种很想表达的冲动,头脑中对这个问题的积累,已经让你感觉不吐不快了。就像一只母鸡下完了蛋,一定要咯咯叫到全世界都知道。一旦熟悉这种感觉,你就知道了:初稿在向你招手!冲啊!

论文写到一半就写不下去了,正常吗?

论文写着写着就发现无论如何都写不下去了,你说吓不吓人? 真吓人。于是,有的小朋友就在深深的自我怀疑当中找我来了:老师,你说我是不是太好高骛远、眼高手低了? 这个题目是不是我完全驾驭不了啊? 呜呜呜!

先别嚎,"写到一半写不下去了"这个现象,我很有经验,至少,就在上个月,我就刚刚出了一起这样的严重翻车事故。所以,"写不下去"正不正常? 正常,太正常了! 不过,咱得问两个问题:其一,这种现象在你身上经常发生吗? 平均一年一次(前提是你这一年不止写了一篇论文),还是一篇论文一次? 其二,你知道这种现象为啥发生吗? 对于第一个问题,如果是每篇论文都写一半就想扔了,那问题就大了。具体咋回事,咱得分析其中原因。

第一种原因:我想得好好的,到了写的时候就全乱了! 这是最常见的一种现象。比如,我想在这个地方引用某某案,结果,写到"这个地方"就发现逻辑全乱了,用这个案子是有漏洞的! 这种现象怪谁? 怪作者准备工作不充分? 可以,但没必要。即便是准备得很充分了,也很可能仍旧出现此种现象。原因很简单,我们的思维往往是跳跃的,但论文写作是线性的。思维可以一眼望到尽头,但论文写作却像多米诺骨牌,哪一块和后面那块搭不上都会"断"。所以,到了需要一笔一笔搭起来论证结构时,才会发现从前的跳跃思维不足以保证逻辑的严谨性。我举个我自己掉坑里的例子:美国反补贴,中国受害了;然后,某某案判决美国违法!结论:好,中国利益有保障了!构思的时候这么一路平推过去,没啥问题;但是,真正写起来的时候,"违法"和"中国利益有保障"之间可差着十万八千里呢。那个"美国违法"的案例很可能只是判决美国程序违法,下一个案子美国只需修正程序而非实体规则即可。

第二种原因:我想得好好的,到了写的时候发现又出了新点子!这种稍微不常见一点儿但是也时有发生。比如说,想到"从法不溯及既往的角度,某某条例不应适用",写的时候就突然发现,是不是还应该论证一下不溯及既往的除了这个条例还有啥?于是,论文结构又得重新安排。又乱了!这种现象,其实还真不是你准备不足。而是,人的思维往往是在紧张和兴奋当才具有跳跃性的。懒洋洋地晒着太阳时,脑海里突然冒出来个论文选题,这种现象不能说没有,但是可遇而不可求。所以,遇到这种新点子,你就随遇而安吧。就是麻烦点儿,反正不是啥坏事!

第三种原因:我构思得可完美了,可不知道为啥,写起来就感觉怪怪的,还说不出来哪里怪怪的!这种现象,基本可以排除案例不对口与逻辑不全面。否则,估计你会很容易发现问题在哪儿。我自己的经验是,"怪怪的"感觉通常来源于视角混乱。比如,我应该论证的是"应该加强公司治理",但是用的案例是"某公司的公司治理结构混乱以至于审计时一大堆问题"。很可能在论证部分就越写越怪,比如说每写一句话都得反过来说。这种情形下,通常可以通过转换视角解决问题,比如,把主题句从"应该加强公司治理"改成"应该加强公司治理,以避免某某、某某等问题"。这样前后就顺啦,后续可以名正言顺地论证某某问题是如何毁灭了公司治理的。

当然,还可能有第四种原因:资料准备不足。比如,想得很好,"此处应该有'风险社会'理论";不过,写起来才发现,自己除了这个名词啥都不知道。或者,"此处应该援引'操场埋尸案'",结果写起来发现自己根本不知道这个案子涉及的是啥罪名,这种情况咱不讨论,一旦出现只能证明学艺不精还敢写论文啦。

每天写1000字,半个月写8000字,你信不?

一天写1000字,半个月写8000字,这究竟是咋回事儿?

这可不是赵本山小品式的脑筋急转弯,而是我现在写论文的真实写照。没做过科研的同学往往不理解这一点,总以为写论文就是"每天写一点",时间长了就"日积月累"地攒出来一篇论文了。甚至有些无良公众号都这么推文,号召大家"利用边角时间每天写一点儿东西,时间长了就写出一部书了"。你信不?反正我不信。恰恰相反,论文字数不守恒才是常态。

那么,为啥?

其一,你知道草稿和定稿的区别吗?教过我写论文的一位老师(此人现在在北大法学院)曾经说过,"论文,就是写。灵感来了,别管语言糙不糙,别管表达严不严谨,你只管写。写了再改。"这时候写出来的就是草稿。这份草稿往往长势喜人,我曾经有过一天5000字的先例,但是,这5000字,往往在第二次修改时只剩下2000字。原因很简单,文思泉涌的同时往往顾不上修饰,这5000字极有可能反反复复地表达同一个观点。真正对其进行精雕细琢后,2000字足矣。

其二,你有过写论文"写偏了"的经历吗?第一天美滋滋地就甲问题写了3000字,第二天早上起床再一看,啊,这和我论文的主旨只是略微相关而非直接相关。原本稍稍提一句就行的!于是,之前那3000字或者进脚注,或者进你论文文件夹里的另一个文档"删.doc"。顺便说一句,刚开始写论文的同学往往还舍不得删掉这些东西,感觉写出来的就一定得用上,好比自己做的菜不论多难吃都得吃光。于是,论文看起来就相当臃肿。

其三,你是否有过"论文现有8000字,今天敲了2000字,但论文字数还是8000字"的经历?这是"字数不守恒"的高级阶段——论文定稿前的修饰阶段,往往出现在论文字数已经增长到"标准体重"之时,但你仍然感觉论文语言啰唆、表述不清、有的句子没说透。于是,在保留原意的基础上,对段落进行改写,这边改那边删。这一阶段往往极其耗费心血,颇有种"吟安一个字,捻断数茎须"的架势(本人没有胡子,所以通常会掉头发数十根)。

以上三种经历都体验过的亲,估计你已经是"一枚"对自己负责也让导师放心的合格的"科研汪"了(或者是"科研喵")。至于一种也没体验过的亲,我其实有一种不祥的预感:你的导师在看你的论文时,一定有过想替你写一遍的冲动!

你只有 100 天时间,却想要一天写 1000 字

博士生的抑郁,高发于博士论文的冲刺阶段,即截止期限到来之前的最后几个月。当然,这段时间的外界干扰的确也比较多。例如,交博士论文的同时得交发表成果了,我还得催催编辑部;又如,某某政法大学发布招聘广告了,我要不要跟某师兄套套近乎去?再如,女朋友又开始念叨了,咱们要不要毕了业就结婚,或者你看三环旁边那个新开盘的高层怎么样?不过,除了这些因素,另有一大抑郁催化剂,就是博士论文的进度。很多博士生到了最后几个月才会发现一个真理:传说中的"每天写 1000 字,坚持 100 天,你就有了一篇 10 万字的博士论文"是行不通的!

为什么?其实,我不知道。因为,我自己的博士论文不是这么写出来的。但是,本着"实践是检验真理的唯一标准"这一马克思主义经典理论,我给大家做了个实验:"小白鼠:我。博士已毕业 6 年,总科研经历 10 年。核心期刊总发表数量两位数。实验对象:我要写的一本儿书。已构思一年,提纲十分确定。所有资料均已找齐、读过。实验条件:我家。温度适宜、零食充足、营养丰富

且实验期间,我没课,可以倾情投入写作。"

这条件,应该比绝大多数博士生写毕业论文都好了,对吧?至少,我不用愁找工作,不用抱怨食堂饭菜不佳,不用去图书馆抢座位、抢插线板还得担心电脑被偷了。

你猜,结果咋样?在实验第十天,书稿进展为2万字。腰酸背痛肩膀也疼,夜里睡不着,看到电脑里堆着的还没写完的案子就想把电脑扔了。感觉还是网络小说好看,特别想看昨晚开始热播的某电视剧。决定今天下午出去玩儿。

为啥?首先,每天被任务催着的感觉真不好。当你设定了一个"每天1000字"的计划,早上睁开眼睛就感觉自己欠了自己1000字。这就好比出租车司机,每天早上一睁眼睛就发现自己欠了公司300元份子钱,得把这300元挣回来,此外多挣的钱才是自己的——注意,我这还仅仅是体验生活式的闭门写作,真正的截止期限是2年以后,我其实一点儿都不急着写完。当你导师提着你的耳朵命令你必须一个月之后交稿子,你的压力只会比我大。

其次,你是人,不是机器。人总会累,不要认为一天写1000字很容易,也许第一天容易、第二天容易,但是到了第四天、第五天,你就会发现脑子里全是前几天的信息,再想处理新信息就不是那么灵光了。当你睡觉时还想着论文咋写的时候,恭喜你,失眠了。更别说你的腰背肩颈,这些部位的辛苦与否是不以你的意志为转移的。

最后,成就感的丧失。第一天,你看到论文从无到有,会感觉很有成就感。第二天,或许同样如此。到了第

三天可就难说了。当你习惯了一天写1000字,成就感就会慢慢丧失。换句话讲,这事儿就不新鲜了,成了机械劳动。就好比小大夫做了第一台阑尾炎手术,会感觉自己很伟大,救死扶伤了。但是,1个月后、30台手术后,这个小大夫就会开始念叨:咋又是阑尾炎?不能来个新鲜点儿的吗?写论文也是如此,机械劳动100天,换了谁都烦。

当如上三种状况同时出现在你身上的时候,你会发现自己开始焦虑、暴躁,特别容易因为一点点小事生气。这是写博士论文时特有的一种"六亲不认"的状态——此概括来自我的一位在美国拿了法学博士的老师。这种状态,也是抑郁的前兆了。比如论文被拒稿、女朋友闹分手、亲妈不给你生活费之类的事情,很容易引发真正的抑郁。

那么,怎么预防?把抑郁掐死在萌芽阶段不就行了?比如,留出一整年的时间写论文,时间充分,截止期限遥远,写时劳逸结合,当然不容易六亲不认。我自己的博士论文基本上是用一年半时间写完的,所以,没咋抑郁。唯一让我处于抑郁前兆的是初稿写完,论文里的重要案例,二审宣判了,且是改判,不是维持原判。判决书200多页,英文的!

你以为你写的是比较法论文,那其实只是外国法简介

一个问题:你写的究竟是不是比较法论文。

很多同学——尤其是英文比较好的同学,在写论文时喜欢选择比较法题目。既能体现资料的新颖性,又能体现研究方法的先进性,多好?但是,相当一部分同学的比较法论文,是这么写的:"第一部分,外国法综述;第二部分,外国法详述;第三部分,外国案例详述;第四部分,对中国的启示。"表面上看,挺好的,对吧?有外国法,有中国法,这咋不叫作比较法呢?答:这不是比较法研究,真不是。

那么,有同学继续发问:老师,那么我再加一部分,"外国法与中国法的比较",这就是比较法论文了对吧?答:不好意思,也不是!

那么,为啥?其实,以上两种写法不算是比较法论文,问题并不在于其中没有研究外国法,也不在于只研究外国法但没进行比较分析,而是在于这两种写法,均属于隔靴搔痒,并未触及比较法的实质——它山之石,可以攻玉,即外国法能够为我国做些什么。

当然,有的同学可能对此提出抗议:谁说我没涉及这

个问题!看,我比较分析了啊。我还专门有一部分论述"对中国的启示"。这难道不算吗?对,真不算。原因很简单,你凭啥说外国法一定对中国有启示呢?你论证这个了吗?至于为啥非得论证这个。举个粗浅点的例子,"猫和狗的比较分析"有价值吗?有点无厘头,对吧?咱们比较啥?猫会使用猫砂,狗不会?可是,假设我这个比较分析,是为了论证"猫可以吃狗粮吗"?比较分析就瞬间有意义了,对吧?我们可以从猫和狗的消化系统构造、饮食结构、能量消耗等各个角度来分析啊。

再举一例,"中日婴儿喂养方式分析"有意义吗?婴儿吃啥要紧吗?可是,假设这个题目是为了论证"中日奶粉强行性质量标准设置可以有差异",这个比较分析也必然会有意义。例如,一个天天吃海苔的小朋友,就没必要从奶粉里补充碘啦,对吧?所以中日奶粉碘含量必然存在差异,而且是十分合理的差异,对不?

所以,比较法论文写什么、怎么写,归根结底取决于你想用外国法来证明什么中国问题。或者说,你想通过比较,解决一个什么固有难题。而非"我很喜欢某部外国法,所以我想把它介绍到中国,也想让中国学习"。这种思维方式,注定了是一条发不出论文的不归路。

那么,比较法论文究竟该咋写?有模板不?其实,真的有模板啊。第一步,找中国问题,即你想要使用比较法方式去解决的问题。比如,我国停车位是否应当颁发独立的所有权凭证?第二步,细化这个问题。比如,当前影响车位获得产权证的因素包括什么?车位是否符合"不动产"的定义?车位是否可以独立于住房享有所有权登

写作流程篇

记?——请注意,这一步一定要细化成中国实践当中的一系列小问题!第三步,外国法研究。这一步需要注意的是,千万不要被外国法的思维方式牵着走啦,比如说,"德国法上的所有权定义模式;德国法上的请求权基础;德国法上比较特别的某某制度分析"。而是,用中国问题牵着外国法走,即此部分在对外国法进行综述的基础之上,直接分析上述那些中国问题都是如何在外国得到完美解决的。这一步,也是全文最难写的。越是对外国法熟悉的同学就越是如此。因为你得随时抵抗"照抄"外国法的诱惑,仅仅摘取那么一丁点儿符合中国需要的制度安排,还得按照中国人的思维方式,让全然不懂该外国法的人能看得懂。真的挺难!第四步,中国立法建议。这一步可不是把外国制度直接搬进中国立法,而是把外国制度融合进中国既有法律体系,求得无缝衔接。举个例子,英国信托制度下的"双层所有权",在中国进行类似安排就得费点儿考量。

综上,请大家记住比较法论文的两句口诀:第一句,"中学为体,西学为用"。时刻牢记,外国法必须为中国需求服务,论文必须始于中国且终于中国。第二句,问题意识!比较法论文,要比较的其实仅仅是那么一个小问题哦。千万别写成外国法简介啦——至于为啥是"外国法简介"?一篇论文想介绍完整美国的某项制度,这不是面面俱到的简介是啥?

你的博士论文能"保鲜"吗？

通常来讲,博士期间的大论文和小论文,至少在主题和方向上应该是一致的。不过,前几天碰到一个商法学专业的博士生,我惊奇地发现,他的大论文和小论文的方向完全不同,而且是"八竿子打不着"的那种不同。我以为这家伙不懂得资源循环利用的道理,小心翼翼地劝他,要不要同一份资料再开发一次;这位兄弟长叹一声,道:你当我不想啊？还不是因为,当年研修报告里确定的博士论文题目,不到 2 年就过时了。学术界再没人关心这玩意儿了。博士论文已经写了几万字,只能咬着牙写下去了。小论文呢,要是再沿着那个方向写,估计普刊都不愿意给我发!

这位兄弟的遭遇有点极端,但是,博士论文选题过时了,却是隔三岔五就会发生的现象。那么,如何保证一个博士论文选题能够至少在 3 年的时间里"保鲜"？

方法一:保证你的选题背后有充分的利益驱动。

这句话当中的"利益驱动",当然不能解读为"有人掏了银子请你研究这个题目",而是,这个题目能够产生,是因为现实对此问题有强烈的解决需求,而且近期内一定闹不出个说法。例如,某师姐毕业论文研究"海洋石油污染的损害赔偿",正是由于当年康菲石油污染案闹得沸沸扬扬,估计几年内别想结案,而且世界各沿海国均有可能再次面临同样问题。于是,此师姐直至毕业,都能从大论文中不断拆出小论文拿出去发表。又如,我自己的毕业论文研究"WTO项下的自然资源贸易",也正是由于当时DS394案刚刚立案,该案直接涉及国内大批资源产业的出口问题,而与该案产品相关的反倾销、反补贴等各种争议层出不穷。后来,正好在DS394案结案后的4个月,我毕业了,案件热度还没过去,论文答辩恰逢其时。

因此,简单地说,论文选题一定要着眼现实需求,有需求就一定有热度,有热度才好发表小论文啊!而且,这种需求一定要是利益驱动下的真实需求,而非单纯的学理之争。高中政治课本讲得好,"经济基础决定上层建筑",只要利益有驱动,你的题目就永远有人关注。甚至在你功成名就的某天,真的会有人掏了银子请你研究。

方法二:保证你的选题符合"小切口,深发掘"。

现实中的热点,找起来固然方便。某位博士生曾经对我说过,论文选题的思路之一是从新闻中发掘。这句话当然没错,但是,并非所有的热点都适合写成10万字的论文。真正要发掘的热点,一定是能够深挖的题目。

所谓的"深挖"又可以分为两个方面:其一,此热点与其他法律争议存在联系,即像农民收获土豆那样,一挖一大堆。能够从广度上保证论文的"旁征博引",至少就能保证论文"有得写",不至于抓耳挠腮地写不出来。举例来讲,某师兄论述"交通肇事"问题,就直接联系了"注意义务"相关的案例并加以比较,论文宽度一下子就上去了。其二,此热点也可以是虽无广度但有深度的,可以发掘出更深层次的法理问题,并最终将论文进行升华。举例来讲,某同学博士论文研究自贸区建设,写到最后开始翻罗尔斯了,这也能保证论文资料不至于受限。此种"升华"最好的例子,当属朱苏力的系列论文,能够从平平无奇的小事儿当中刨出来高大上的东西。有兴趣的同学可以搜一下他老人家从梁祝出发对制度变迁的研究,那一步步推理,实在让人拍案叫绝!

综上,想要博士论文"保鲜",要么让现实需求当你的保鲜膜,要么让你的论文跟不过时的东西"沾亲带故"。然后,你就可以放心地答辩、安心地毕业啦!

来,咱们一起寻找创新点!

"你论文的创新点是什么?"这句话听着耳熟不?本科论文答辩时听、硕士论文答辩时听、博士论文答辩时听,向期刊投稿的时候,有的杂志还让你写一写。那么,究竟啥是创新点?

其实,这个问题本身挺简单的。凡是你有但别人没有的,就都是创新点。这么说还是有点儿笼统,此处先给你列个提纲。下次答辩不知道咋陈述创新点的时候,可以按图索骥一番。

第一,资料创新。这个最好解释了!例如,2019年3月,欧盟刚刚推出了一个国家安全审查规则。那么,你2019年4月拿这个为主要资料去写论文,这当然就是资料创新。别人肯定没写过,对吧?当然,资料创新也不见得是跟着最新的案子跑,否则法制史专业的就只能坐等出土文物了。又如,某位教授写了一篇论文,从中国民间谚语当中分析中国古代的"礼法结合",这也是资料的创新。谁能想到谚语当中可以刨出来法理呢?

第二,观点创新。资料是旧的没关系,如果能从旧资料里得出别人都没得出过的结论,这就是观点创新。举个例子,某知名教授研究国际投资法,首次提出,当前的主要矛盾已经从"南北矛盾"转化为"公私之争"。他使用的全部资料都是别人已经研究过的,但这个结论就是新鲜!

第三,方法创新。再举个我自己的例子。澳大利亚竞争法,有人研究过;美国竞争法,当然更有人研究过。但是,似乎从来没有人将二者作比较,从而发现二者居然规制目标有根本差异。好,这就是方法创新。把别人没比较过的东西拿来比较,进而得出新结论。当然,方法创新也可能体现为跨学科研究。比如,从"复合相互依赖"的角度研究当前WTO改革。资料还是那些资料,换个视角切进去,论述就新鲜啦。

顺便说一句,论文必须得有创新点,但是可千万别为了创新而创新。例如,感觉写不出啥新意,就突发奇想将《大宪章》和《明大诰》对比一下。再比如说,觉得公司法已经被研究透了,于是就开始研究一下"现代公司法与东方法文化的暗合"。这不叫作创新,叫作黑暗料理。比英国名菜"仰望星空"还黑暗的料理。因为,你的指导教师一定会被你弄得吃不下饭。创新点不是想出来的,坐在那里等着天上掉下创新点是不可能的。

创新点其实是在你的研究过程当中,像小蘑菇那样悄咪咪地钻出来的。例如,分别研究完了美国和澳大利亚竞争法,一拍脑袋:啊,它们不一样!又如,看到一堆中国民间谚语,一拍桌子:哈,礼法合一!这时候,你才会被自己的聪明才智给惊到:啊,创新点,你在这里啊!对,创新点和霍姆斯口中的法律差不多,它本来就在那里。只能被你后知后觉地发现,而不能被你创造。

你的论文里究竟有多少创新点？

讲个故事。我读博士的时候，法学院曾经请了一位教授来讲论文写作。这位教授讲了一个故事："有一天，我的博士生拿了一篇论文给我看，说：'老师，您一定要仔细看，我这篇论文里，有好多创新点哦！'我当场表示，第一，你要是真的有创新点，我还能看不出来？第二，你一个博士生，论文里还能有很多创新点？我自己也只敢保证，一篇论文有一个创新点！"

一晃十几年过去了，这位教授叫什么名字我都记不清楚了，但是这个故事，包括他当时讲故事的语气我都记得清清楚楚。虽然当年我的确不理解为啥一篇论文只会有一个创新点，但是现在写了 10 年论文，再回头来看，原来我自己的一篇论文里面也真的只有一个创新点！

为啥？其实要说原理，还真挺简单的。啥是创新点？你有而别人没有的东西就是创新点。所以，一共万把字的论文，还不得紧紧围绕着这个"只有你才有"的东西玩儿了命地论证啊！打个比方，某年春节的时候，京东铺天盖地地打广告，你猜猜主题宣传词是啥？它们的货质量多好，价格多便宜？才不是呢，人家广告词是"春节不打烊！"为啥？跟天猫超市斗得你死我活都一年了，可算赶

写作流程篇　**385**

上天猫超市物流不顺畅那几天,还不往死了宣传自己春节期间24小时速达?写论文也是同理,不紧紧围绕着自己最突出的那个主题去写,还等啥呢?

几个创造?可能有的人又要抬杠了:对,我是要围绕自己最具创造性的东西去写。但是,我就不能有两个创造吗?还真不能。

其一,字数所限,你写不完。法学类的刊物,貌似只有顶级的几本儿愿意刊发10000~15000字的长文。对于一个创新点,摆事实4000字,讲道理2000字,再加上开篇介绍1000字、对策2000字,就算不加过渡段,9000字就已经用光了。还想论证俩创新点?小心顾此失彼哦。

其二,你的论文究竟有几个中心?一个!而这一个中心,恰恰只能是你的创新点!10万字的博士论文,可以有"明线"和"暗线",比如我自己的论文即为明线是贸易问题、暗线是产业结构问题。但是,1万字的论文,想弄成双线结构、两个中心分别论证,难。越小的论文,结构就得设计得越简单,最好是简单粗暴的"提出问题、分析问题、解决问题"的三段论。否则,真看不懂。

其三,创新点放在哪儿?绝对是放在主线上,而非支线上!而论文的主线只能有一个。有人可能说,我论文的中心不包含创新点,创新点反而在于分论点。行不行?我再举个例子,我们论证"公司法应当取消最低注册资本"这一老掉牙的题目,下设三个分论点:A. 最低注册资本无助于保护债权人;B. 最低注册资本无助于坚持公司与股东的独立性;C. 最低注册资本不符合国际大趋势。

然后,我的创新点在于分论点 B——我创造性地使用了制度经济学分析方法验证了 B 的成立,此种方法可是国内首创,以及分论点 C——我研究了 2019 年美国、英国、日本……的新公司法,这资料绝对新!中国知网上没有同类论文!

这么写行不行?不是不行,但不是最优解。咱功利一点儿地说,这么棒的创意,为啥不分别以分论点 B 和分论点 C 作为主题,写两篇文章然后分别发表呢?这样,科研奖金都能拿两份儿呢,何必挤在一起跟人"合租"?

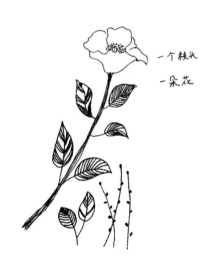

啥是创新性？为啥老师总是问我的文章中有没有它？

前脚刚忙活完硕士录取、博士录取，后脚各路盲审论文就已经摆在案头，毕业季悄无声息地来了，后台的留言也多数跟论文和答辩有关系。其中有一条留言是：什么是创新性？我心想，学生除了不明白怎么创新，其实他们也不明白为什么要创新，于是有了这篇介绍为啥要有创新性的文章。

要想说明白为啥要有创新性，得从你们决定开始读研究生那时候说起。什么是"研究"生？研究生和本科生最大的区别就在"研究"二字上，它意味着这个阶段的学习活动和本科生阶段的学习活动不一样了。那么怎么不一样呢？

本科生阶段主要是打下坚实的专业基础，对于专业的体系、概念、范畴、术语等有一个较为清晰的认知。而研究生阶段一般都有研究方向，在研究方向之内，找到一个研究的问题（这是另外一个复杂的问题），这个问题是一个没有被人们解决的问题，因此你要寻找资料、分析评判、评估综合，最终找到一个解决方法，也就是说这个问题被你解决了。这个过程就叫作研究。研究生跟本科生最大的不同在于，研究生要运用专业知识、专业思维去解决人类社会没有解决的问题，而这个过程就是创新，你的创新有可能体现在你运用的资料上、你使用的方法上，也有可能体现在你的结论上。总之，在解决问题的过程中，你与前人在相关问题上的研究所不同的方面就是你的创新之处。

那研究生的学习活动（主要体现为写作）为什么要创新呢？这就要从国家的培养方案和整个教育体系来说了。在自然科学领域，这个问题很好回答，老师们要领着研究生做实验，实验的结果就是要推动科技的进步，每次科学领域的进步变革都跟学术群体（研究生属于学术研究群体）的研究活动密不可分。这个是很好理解的，举个例子，我们的手机从二十几年前的诺基亚变成现在这个样子，都是科技推动的结果，这体现在学术研究上就是创新。

同理，人文社会科学领域（法学属于社会科学）也要创新，与自然科学推动技术创新不同，我们的研究是推动社会进步的，人类社会从没有法律，到有法律，再到要实现法治社会，这都是我们法学研究不断深入所导致的社会变革。试想如果社会科学领域的学者不研究、不创新，人类社会就无法进步。所以这就是我们研究的目的，这里的我们包括老师、学者和他们所带的研究生。

写到这里，研究生终于知道自己读的"研究生"意味着什么了吧？从国家发展和专业培养的角度是这样设计研究生这个培养类别的。只不过现在很多研究生很迷茫，他们并不知道自己为什么读研究生，也不知道自己为什么要写论文,写论文为什么要有创新性。可能当初作出考研的决定,只是因为研究生可能好找工作,或者研究生比本科生更有竞争力。所以研究生也就多把注意力集中在了毕业证和法考等考试上,而没有把自己放在国家和社会发展这个层面上考虑问题。

老师,我没什么创新之处!

论文答辩的时候,答辩组老师肯定要问的一个问题就是:同学,你论文的创新之处是什么?有些同学不知道是出于谦虚,还是出于诚实,或者是出于无知,直接跟答辩组老师说:老师,我自己研究能力有限,我就把这个问题说清楚,并没有什么创新点。这个时候甚至还有老师说:硕士生能把一个问题说明白就行了啊,也没有必要有创新点。

这个看法是不对的,因为学术论文考察的其中一项就是创新,你的论文给理论或者实践带来了哪些创新?论文是必须要有创新的,之前公号也发表了一些关于创新点的文章,同学们可以自行查看一下。论文和平时的期末考试不一样,不是简单地回答个问题就完了,而是研究。研究的目的就是解决一个具体的问题,从而弥补、填充或者提升、改进现有的学术研究状态。你可能会说,这太难了,这是学者才能做到的事情,我的论文肯定做不到。这样的想法同样是错误的。

首先,创新并没有你想象得那么宏大,可以是大创新,也可以是小创新。我一个做编辑的同学曾经说过,盖一个房子是创新,安一个窗户也是创新,上一个窗帘也是创新，再不济改进窗帘上的花纹和装饰也是创新。同学们不要一想到创新就总跟轰轰烈烈的大事情搞在一起，小小的改变也是创新，这是你要思考的。比如我小的时候家里房子都是木窗，下雨容易受潮，冬天容易进风，密闭保暖都不好。长大了到城市里有铝合金窗，这种窗比木窗好，但是密闭性也一般。后来进化到塑钢窗，再后来塑钢窗不仅可以横着开，还可以上下开（用于防雨）。你看看这一步一步的不都是创新吗？虽然不是大创新，但是给人们的生活带来了舒适。

其次，为什么学位论文写作要求有创新点？每次你们毕业，无论是本科毕业、硕士毕业还是博士毕业，都需要伴随着论文写作和答辩，这是为什么？因为我们平时上课、实习都是在记忆、理解和应用层面上学习，只有写论文会涉及评价、分析和创造等高级的学习能力，这方面请参看我之前写的文章《从教育学角度来看，什么是最好的学习方式？》。所以写论文以及随后的答辩过程是能力的提升，是高级别认知能力的培养，其中最高级别就是"创新"，这是你毕业的其中一个要素，所以毕业论文要求学生在写作中有创新点，以体现出你的学习能力。

最后，无论哪个学校的毕业论文评审意见表都会明确要求论文必须具有创新性，这是毕业论文打分项，也是你毕业论文的核心要求。你的创新点可以很小、可以很不起眼，但就是不能没有。你这么直白地说才疏学浅没有什么创新点，这答辩我是让你过还是不让你过？

正确的操作是，同学在写论文之初，就要明确论文的要求，并在老师的指导下找到自己研究的问题，问题本身也可以具有创新性,如果是老问题可以用新方法,或者得出了新结论,这些都可以归纳总结为自己的创新点,千万不要说自己没有创新点,那不是谦虚,那是傻!当然,如果你的论文里真的没有创新点,那么在这么严苛的评审、答辩以及事后审查(教育部每年抽查)中,我只能祝你幸运了!

一篇论文里,究竟有多少是你自己的见解?

一篇论文里,究竟有多少是你自己的见解,你觉得答案应该是哪个?20%?50%?80%?100%?我说答案是100%,你信不?估计你八成不信。不过说到这儿,咱们就得掰扯掰扯,啥叫作自己的见解。

我写这个问题,其实还是让一位同学给闹的。那位同学给我交上来一篇论文,看了提纲我就感觉眼晕:"第一部分:中国应该坚持某某立场。第二部分:中国应该秉持某某观点。第三部分:中国应该从事某某行为。"我:亲,咱们这是写论文,不是喊口号,也不是外交部发言人表明立场啊。你是不是加一点儿对争议事实的描述和相关案例的描述?某同学:可是某某老师教育我们,写论文一定要有自己的看法,不能写成纯介绍性的!

估计在这位同学看来,论文当中的内容只包括两种:第一种纯介绍,例如,"2001年,中国加入了WTO"。第二种自己的见解,例如,"我认为中国加入WTO是正确的抉择"。前者是炒冷饭,后者是创新点。对吧?

那么,我可要再问一个问题啦,大家看我接下来这句话:"中国加入WTO近20年来,进出口贸易量增长了5倍,国民生产总值翻了两番,这足以证明中国加入WTO是正确的抉择。"(数字是我虚构的,别当真哈)你说这句话究竟是纯介绍还是"见解"?还是说,前半句是介绍,后半句是见解?

如果这么说,那么,很可能一篇1万字的论文,只有大概100字是自己的见解。因为,我写的论文,你经常会看见这样的论述:中国应当建立自己的外资安全审查制度。从现实需求分析,我国当前吸引外资数量攀升,因而需要外资审查加以平衡(此处省略相关案例)。从国际环境分析,我国缔结的FTA当中通常包含类似条款,我国因而需要国内制度建构以落实条约要求(此处省略相关条约)。这一段大约得500字,居然只有第一句是自己的见解啊。

真的吗?才不是!在我看来,整段可都是我自己的见解。哪怕"我国吸引外资数量"是客观事实,是我从商务部网站上看来的,但是,运用这个事实去证明我国存在"建立外资安全审查制度的必要性"可是实打实的创新。毕竟,事实就放在那里,也不是每个人都能写出来一模一样的论文,对吧?这就好比我拿着西红柿和鸡蛋炒了盘儿菜,还有必要计较"西红柿是不是我种的"吗?这年头有哪个厨子自己种菜呢?

因此,其实说到论文不能是纯介绍性的,必须有自己的见解,还真不是说不能摆事实、不能复述其他学者的论断。而是你复述可以,但一定要为你所用,而非为了凑字数而絮叨一遍。不然,世界上一半以上的文献综述都该原地消失。所以,从这一意义上讲,一篇论文里你自己的见解还真的是百分之百。从每一份材料的使用到学者著述的适当援引,每一次"站在前人肩膀上"都应该有自己的用意,都服务于你最终要证明的那个主题。每一份被你引用的资料,就好比你曾经吃掉的鸡腿、鸭脖、红烧肉、糖醋小排……最终,成为你骨血的一部分。这个过程就是创新。如果你引用了某些资料,但是这个资料还真没服务于你的总目的,甚至你自己都说不出来为啥要引用这个资料,那还等啥啊,删掉!这才是开头那位同学竭力要避免的"纯介绍性文字",嘿嘿。

从初稿到定稿到底要修改几遍?

当老师有时候会被学生气得一口老血喷涌而出,比如,点灯熬油花了3个小时看学生论文,要求修改,然后学生在30分钟之内回复说,修改完了。比如母亲节那天,学生在群里发信息,老师您之前让我校对修改论文,我已经校对了两遍了,是不是可以了?我相信看到上面的文字,学生都不会觉得怎么样,但是你想知道你导内心是什么样的吗?如果能穿过屏幕,他会一把抓住你的肩膀疯狂地摇晃你,大喊:"你一定是老天派来考验我的!"但是痛定思痛,这主要是信息不对称导致的,也不能怪学生,于是我决定,把师生之间这点信息不对称写出来,好让学生别踩雷,老师的血条能持续时间长一点儿。

本文咱们说一说从初稿到定稿到底要修改几遍?按照我的理解,也是我觉得正常的论文指导流程,先把关学生的文献,然后考察学生的问题意识,之后考察学生的标题和大纲,大纲要求考察到四级标题。上述这些内容都没问题了,学生可以开始动笔写初稿。因为在动笔写之前已经通过之前的几个步骤将论文的结构固定住,所以初稿写作不会偏离主旋律,只存在表达不到位等问题。如果不依上面的指导顺序,则有可能在写完初稿后才发现没有问题意识等重大缺陷,这个就比较严重了,这也不是本文探讨的重点。我写此文是严格以我的指导顺序为前提,因为没有问题意识,这篇文章就算写废了,咋修改也白扯,得重写。

如果之前的指导过程顺利,学生完成初稿之后,就需要调整语言,让表达能够到位以及保证文题相符,同时要修改一些错别字、注释等形式问题。通常如果初稿大概方向没问题,我们会让学生一遍又一遍地校对。(其实这个时候老师能做的也比较少了,因为老师不能亲自操刀给学生改错别字,同时这也是文责自负的一种表现,所以这个过程只能靠学生自己一遍一遍地校对来消除自己的文字错误)有时候学生校对两三遍就发过来问我行不行。呵呵,我自己写论文从初稿到发表至少也要30遍,即便是这样,你会发现编辑的眼睛更毒,能发现你修改了30~50遍的论文还存在很多小问题。所以,学生的毕业论文以及以你们的校对能力只校对3遍肯定是不够的。

那么文章为什么要不停地修改?好的文章不会自然而然地出现,它们通常是从耗时很多的草稿中产生的。每一遍修改,作者都会更接近自己想表达的意思。第一遍或第二遍与其说是与读者的交流,不如说是作者与自己的对话。只有不停地修改才能够更好地帮助读者理解,也更能够帮助作者实现从读者角度组织和表达自己观点的目的。

成手尚且如此,初尝写作的学生对文字的驾驭能力更是非常有限。对于一篇写作,成手初稿的一段话能让读者理解50%,通过几十次修改能使读者理解度达到

90%;但是一个新手刚开始写作的一段话,读者的理解度绝对不会超过20%,有时候甚至是0(别笑,这是真的,有时候学生都不知道这句话放在这里是为了啥)。

为什么会出现这个情况?一个原因是新手的文字驾驭力差,这个上文已经提及,写作是需要文字功力的,需要长期训练。另一个原因是学生写作通常对读者的阅读体验关注度不够,有的甚至不关注,只关心自己字数够不够,自己能不能写完,根本不管读者能不能理解。好的文章是要注重读者的阅读体验的。

综上,孩子们,尽管你们写的是毕业论文,但还是应该尽量地让阅读的人能更好地理解你的意思,所以你要不停地修改,同时在这个修改过程中感受自己在越来越接近自己要表达的意思,这就是你的文字功力在积累。还有就是,你们的导师经常写论文,他们知道文章是修改出来的,他们让你修改、校对论文,心里其实有一个数量的预期,即不会少于20遍,如果你只天真地理解成3~5遍,那你可能就踩雷了。所以,安心、踏实地修改个几十遍,遍数越多你的收获也就越多,也会给老师留下一个严谨认真的好印象。

当然,修改这么多遍是很不容易的,因此你需要耐得住性子,这是相当考验心性的,通常这也是老师观察学生是否能沉心静气搞科研的一个方式,甚至也是你导决定你是不是可以继续跟他读博士的一个因素。总之,千万别跟你导说:老师,我都修改3遍了,是不是可以定稿了?这句话在你导心目中意味着:这娃还是年轻不历事,得磨炼!

老师，我的论文还有错别字以及形式问题吗？

一天大清早，一开邮箱，就收到学生一封邮件，是返回的修改论文，上面写着：烦请老师帮忙看看错别字以及形式问题是否合格。还有类似的邮件表述为：老师，我校对到这个程度是否可以？在这种情况下我也通常会看一下，看到错别字还是会让学生继续修改，还会有个别学生会问具体是什么地方，通常我就不会理会了。这种邮件其实会引起很大程度的心理不适。原因是，论文经过了开题、大纲、初稿写作，进入校对、调整格式等阶段的时候，老师的基本工作就已经完成了，剩下就需要你自己不厌其烦地校对，校对到学校要求的错误比例要求（通常是1万字的内容中不能超过三处错误）。如果你校对完都不知道自己校对的效果，也不知道自己达没达到学校的要求和标准，并且把这个问题又抛给导师，是非常不恰当的，而且越过了老师和学生之间的界限。为什么，你听我给你掰扯。

首先，导师不是保姆，很多工作不能替你干，只能从旁指导，告诉你有错别字，论文格式需要调整，剩下的工作需要你自己做，同时你在做的过程中会增强对文字的敏感度,了解并掌握基本的注释规范。如果你做完了还不知道自己做得对不对,那就说明你这项能力不达标,还是得回去自行训练。所以,这个问题需要你自己控制,控制到符合学校要求的程度和标准,具体标准都在那儿摆着,自己控制。

其次,导师的任务是指导,不能替你直接上手干,你还需要明白,导师最主要的工作是在关键问题上提点你,比如教你正确的科研态度、科研方法,教会你怎么查文献(教会你之后,你还是得自己查,不能等着老师给文献),教会你选题,教你文章基本架构和组织形式,教会你什么是论证……这些问题你靠自己有可能学不会,所以需要一个经验丰富的导师指点你。相对于上述这些问题,修改错别字那是小学老师教你的内容,基本的注释规范都摆在那儿,像药品说明书一样,自己看去。错别字和形式问题相较于之前的研究方法、问题意识形成而言没什么技术含量，不是导师指导的主要内容，自己按照标准做即可。

再次，跟上文有关，错别字和形式问题其实难度较低，可以自己通过研究攻克，不需要老师帮忙。如果你连这个问题都需要请示老师，就说明你不是想偷懒，就是缺乏主动学习的意识，哪怕是这个难度系数不高的领域你都无法驾驭。多说一句，错别字和形式问题让老师们看着心情特别不好，因为多数老师会认为这不是能力问题，这是态度问题，这些问题可以通过严谨的学习自己解决掉。

最后，我虽然说形式问题难度低，但不是说它不重要，所有的论文都有形式要求，这个部分很重要，学生也需要掌握这个形式控制能力。你是否掌握这个能力的标准就在于你能否准确地判断出你自己的论文是否在这方面已经达标。

另外，论文需要作者文责自负，无论是形式问题还是实质问题，需要你自己负责，老师告诉你一个标准，能做到什么程度是你自己的努力程度决定的，不是导师能决定的。我只能告诉你，这个问题你需要自己负责，然后通常校对30~50遍之后，你还会发现有错别字和错误的表达，所以，努力吧，少年！

用多长时间修改老师返回的论文才不会惹怒你导?

有一次,我看完一篇硕士论文,大概用了 3 个小时,陆续提出了一些修改意见,然后用邮件发给了学生,结果 30 分钟之后,手机提示,我收到了一封邮件,学生说他修改完了。我当时一口老血,差点想辞职不干了!

可以负责任地说,关于论文的修改,不管是关于什么问题的修改,都不可能在 30 分钟之内修改完毕。举例来说,如果你的论文缺乏问题意识,那么估计你的修改时间约等于重写一篇合格论文的时间。如果你的论文缺乏的是理论基础,那么你需要做的是补充文献、补充理论基础,这最起码需要 1 个月以上的时间。如果你的论文是没有论点,那完了,你还得回去琢磨你的主要观点是什么。估计也得 15 天以上。如果你的论文以上问题都没有,就是一个单纯的校对、润色和修改注释、调参考文献格式,也得 10 天以上。我记得我博士论文初稿写完了之后,第一遍校对用了 1 个月,十几万字的东西,得用这些时间。

所以,我想说的是,无论你的论文需要修改的是什么方面的问题,都需要时间,至少 10 天,因为你或者需要补充检索，或者需要思考，或者需要耐心细致地调整形式，细到一个小逗号到底是全角还是半角。你说你几十分钟就返给我，或者隔了一天就返给我，你让我怎么能心情好？

为什么会出现这种问题？我个人觉得还是学生不明白论文写作的要求，而且，很多学生写毕业论文时是第一次写作，没经验，对于什么是写作也不清楚，无知者无畏，所以就会出现用几天写论文，用几分钟修改论文的状况。

再有就是写论文是很磨炼人的心智的，很多同学刚开始写论文都没有耐心，就想着赶紧写完拉倒，至于合不合格，能不能达到老师的要求都不想考虑，就是想摆脱这种写作的郁闷状态，越快越好。所以很快速地修改，然后把问题丢给老师。但是，你导毕竟是你导，他经验丰富，你这种新手操作以及新手心态他都心知肚明，一定不会被你糊弄的。所以，还是乖乖地好好思考、好好修改，不要着急，改到自己满意为止，然后再发给你导，而不是将问题再次推给你导，相信我，你还得修改。因为不是你导让不让你通过，是论文的标准在那儿摆着，你达不到不行，勉强糊弄过关，后续还是会有风险，你导也会跟着惹麻烦哦。

你就是不自信，连稿都不敢投

有一种同学，写论文时有一种严重的不自信情绪，总感觉写出来的东西不完美，想着改改再投。结果，越改越闹心，越改越觉得自己的论文一无是处，改了一年还是这一篇文章。甚至，第二篇文章连头儿都不敢开了。

这通常出现在勤奋、对自己要求比较高的学生身上。人数倒不多，每年大概只有百分之几是这种情况。但是，这种学生着实难劝，你甚至没法训他一顿让他快点儿接着写，因为，人家态度非常好，每天的确都在用功。只是，往往是事倍功半。因此，这种学生，你得跟他讲道理，比如本文当中的道理。

学生问：不是说"好论文是改出来的"吗？为啥我反而越改越闹心？

对，这种说法没错。但是，正如吃水果有利于美容，但一天一个西瓜没准儿会得糖尿病，啥事儿都有个过犹不及。好论文是改出来的，这个"改"是建立在"我知道哪儿写得别扭，也知道我想改成什么样子"的基础上，而不是"我看着就是不满意，我得改"这种朦朦胧胧的想法上的。这可以粗略地类比为,你去了理发店,对造型师说,我觉得鬓角太长,得修修;头顶有点儿塌,要烫烫。人家应该能给你弄出来个满意的发型。但是,如果你对人家讲,"我觉得自己的发型很丑,你给我换一个",但又说不出来想要啥样的,哪怕是造型总监亲自出手,估计你也不会满意。改论文也是同理。如果只是模模糊糊的不满意,但自己又不知道咋改,千万别浪费时间跟论文死磕!这意味着,你的能力,已经不足以识别论文的问题,更不足以把论文改到更好了。那么,咋办?投出去,让编辑老师给你改!(或者,把论文拿给你导师让他头痛去也行。)总之,一定不能在一篇论文上磨磨蹭蹭追求完美。再磨蹭,热点都凉啦!

此外,补充一句:这种"写完了不满意"的,仅仅是轻度"不自信"患者,而重度"不自信"患者,往往是根本"写不完",比如刚刚写了 2000 字就开始改的。这样的同学

请注意,写论文讲究一气呵成,写写停停会把"文气"弄断,而断了就再也续不回去。不仅仅是写论文,一切创作都是如此。你听说过王羲之写《兰亭集序》是写两个字描一下再写两个字的吗?因此,你完全可以第一天写1000字,第二天先用1小时的时间改这1000字,再接着写1000字;但绝对不能连续一周都跟这1000字较劲。因此,不论你写得多不满意,只管写。要改也是写完了再改。原因很简单,你写完了,至少能找老师帮着看看。但是,拿着2000字的开头请老师看看为啥写不下去了,你是想让老师帮你写吗?

学生问:你是让我写完了就投出去?我导师会骂死我的!

答:你导师不会骂死你。你导师只会因为你一年只写了一篇文章而骂死你。事实上,"改到自己满意"很难,对博士生而言尤其难。刚刚做学术,很容易会发生眼高手低的现象,即想写成的效果,是自己做不到的。

这可以类比为,我刚刚学国画,看到一幅中国风花鸟画感觉很美。但是,我能画出来吗?不能。那么要不要抱着这一幅画死磕?不要。先找些容易画的临摹,等着水平一步一步上升,总有一天,那幅花鸟画会不在话下。写论文也是同理啊。当你发现某论文你不满意但是改不动,那就投!投完了接着写,你的水平一定会缓慢上升的。总有一天,你回过头来看学术生涯的第一篇论文,会感慨一番:啊,我当年真幼稚。然后,再感慨一番:啊,我今天成熟多了。对吧？

学生问：老师，你是在教导我制造学术垃圾吗？媒体上不是天天说，制造学术垃圾是亵渎学术？

答：严格来讲，你制造的论文就算水平不高，也不算学术垃圾。所谓的学术垃圾，是能好好写的人不好好写，弄出来一堆自己看着都心烦的东西去恶心别人。但是，如果一个人的能力就在那儿，只要他认真写了，这就是有效的输出。不然，按照同样的逻辑去推演，幼儿园文艺汇演就都该取消啦。

因此，刚刚开始写论文的博士生们，一定要自信点儿，你的所有劳动都是有价值的，是你通往核心期刊的桥梁。为了毕业，为了工作，冲啊！

一共就写过两篇论文,还想都能发核心,做梦呢?

一个关于论文发表的死循环

我去给博士生上课的时候,经常和他们有这样的对话:

学生:"老师,我毕业时要发2篇核心论文,好难好难好难啊!"

我:"不急不急,也可以先别给自己那么大压力,先往口碑好的非核心投一投试试。"

学生:"那可不行!我手里就这2篇论文,哪能浪费在非核心上!"

我:"算了,算我没说。"

看到这是个啥样的死循环了吗?学生水平不够,先别说论文质量,就是"写",也只写得出2篇。这2篇论文又一定得投给核心期刊。但核心期刊又不可能发表质量一般的论文。那么,先拿非核心期刊练练手行不?不行,因为没有第3篇文章了。

至于有没有学生这辈子第一篇论文就能独立发核

心?有,我见过。这位神人现在就职于北京大学法学院。只不过,我也就见到过这么一位。

于是,对于绝大多数同学,可能的结果是:遇上个心怀悲悯的导师,给学生改好了,带着学生联合署名,发了。学生毕业了,毕业之后还是不会写论文,于是抑郁了。遇上个佛系随缘的导师,撒手不管;学生就会一直磨蹭到博六,手里还是这 2 篇文章,于是也抑郁了。

两种结局其实都有些惨,对吧?

釜底抽薪之问:为啥你手里就 2 篇文章?

手里就 2 篇文章,这锅肯定不能是你导师背。毕竟,这么多年,我就没见过哪个导师教导学生:压着最低要求毕业就行,写 2 篇就够了。

那么,问题到底在哪儿?要是说哪个博士生能力真的差到只能写得出2篇文章,这完全是鬼扯。毕竟,写论文是一个熟能生巧的过程,越写手越熟。没道理前两篇文思泉涌,第三篇江郎才尽。谁听说过执业30年的牙科医生,临退休连怎么拔牙都不会了?

真正的问题,其实在两方面:第一,懒;第二,不自信。先说"懒"。博士生的懒,倒未必体现在像本科生那样天天打游戏、K歌、网购、追剧。毕竟,这样的学生最后也懒得考博。博士生的懒,其实更多体现在只看书不动笔。毕竟,看书多容易,抱着本书,在图书馆吹吹空调,一天就过去了。而写论文就是个绞尽脑汁还掉头发的过程了,你要是发现身边哪个博士生头发蓬乱、脸色苍白、黑眼圈比熊猫大,那么他很可能就是"持续输出"论文的时间太长了。所以,只看书、迟迟不动笔的学生,你不是性格沉稳、不急躁冒进,你就是懒。再说"不自信"。这部分学生倒是勤快,往往博一就开始动笔。但可怕的是,第一年10月开始动笔,但到了第二年7月放暑假了,这一篇论文还没收尾。若是问问人家为啥这样,往往会告诉你:"老师,我觉得写得不好,得再改改。于是,越改越闹心,越觉得自己天资不够。第二篇连开头的勇气都没有了。"

那么,咋治?对于懒同学,治疗方式很简单,给自己设个期限就行了。比如,就这个问题,我要用2个月的时间看完书,然后,就开始动笔。2个月时间,够不够看能够支持1万字小论文的材料?够啊。除非你是以金融学硕士的身份考的法学博士,然后一上来就要挑战高难度民法学论文题目《论法律行为的效力评价体系》,你写

《论互联网金融的法律规制》不行吗?

对于不自信的同学,治疗方式更简单:写完了迅速投出去。找口碑好的非核心或者集刊,投出去,先别管浪不浪费。毕竟,这稿子你自己心里也知道,"不大满意"、不大可能发核心,对吧?然后呢?套用网上一个笑话,"你只管把论文交出去,然后,就是读论文的人抑郁了"。只要你论文写得不太草率,投的刊物门槛也不高,对方杂志往往会给你一个审稿意见。只要有修改、发表的可能,只管改,只管发!改得多了,你就知道编辑喜欢看到论文当中的什么元素了。以后写论文自然会越写越好。发得多了,随着你案头的样刊越来越多,你也就会越来越自信,下笔越来越快。发核心就是顺理成章的啦!毕业时提着一登机箱的论文去面试绝对不是梦!

萌新博士生投稿，如何选择目标刊物？

"老师，你说我可咋办啊！我们好多同学的论文，都是直接被导师拿给杂志社然后就发了，可是我导师不管我啊，呜呜呜……我连往哪儿投都不知道！"——来自焦虑的某同学。

前两句，咱们先不管它；尽管这样的好导师在我看来就好比天上的凤凰，我一直都听说过但从来没见到过。我自己的博导也不带着我发论文。先解决最后一句，在没导师带着的情况下，一个萌新博士生该怎样决定往哪儿投论文？

首先，咱不讲方法，先讲忌讳。有几类刊物是绝对不能投的。

第一，某些虽然列为核心，但名声极差的刊物。为避免被人身攻击，具体名称我就不列举了。这种刊物或者是充满了关系稿、人情稿，你投了也没用；或者是只看银子不看文章，版面费交足了就一切好说，即便发表了未来也会被人看不起。当然，你要是想知道具体啥刊物是这种，很容易，哪天碰上导师请吃饭，不妨请导师大人给你八卦一下。或者找个平时关系比较好的、年轻点儿的老师八卦一下也可以。

第二,某些对作者身份有特定要求的刊物。不怕大家笑话,我也被这种刊物拒过稿子,某杂志直接回信给我说只接受教授的稿子,连副教授都不成。而有的刊物,是默认不接受学生投稿的。博士们一定不要在这种刊物上浪费宝贵的时间。那么,怎么判断啥刊物不收学生来稿?很简单,去图书馆拿一本杂志,从头到尾翻一遍,每篇稿子的第一页脚注一定会标明作者身份(也有极少数杂志是在该稿件末尾)。如果你连续翻了五六期杂志,发现该刊物一百多篇稿子里只有5篇博士生来稿或者一篇都没有,那还不赶紧撤啊!

第三,风格差异过大的刊物。有的刊物完全不刊登某一类论文,比如某杂志几乎从不发表国际法类论文,这种杂志当然是避开为妙。不过,此处的"风格差异过大",主要是论文本身的风格而非领域。博士生们,投稿之前一定看看该刊物的征稿启事!有的杂志会直接写明,"本刊欢迎具有理论深度的论文",那么你的"最高人民法院张某某诉李某某案评析"就别投了;有的杂志会要求"论文需具有中国视角和实践意义",那么你的"诺曼登陆后的司法改革"也最好换个地方投。如果征稿启事里没写这么明白,咋整?自己琢磨啊。这事儿其实简单得很,你去拿一本杂志,就你正在研究的领域读几篇论文。要是感觉越读越闹心、极其不合你口味,那么编辑读你的来稿,很可能也是同样感受。

其次,可能踩的雷都排除完毕了,那么究竟如何选择要投哪儿?靠抽签吗?当然不是,其实也有章可循。

第一,翻翻你的参考文献。你读过且觉得很好的论文,必然是对方编辑也喜欢的。既然你和编辑口味相似,那么,论文就投出去试试?

第二,搜搜类似题材的论文都发在哪儿了。所谓"类似题材",倒不要求"同题",近似就行。比如说,对方杂志一年前刊发过一篇关于 TPP 谈判的论文,你的关于美墨加协定的论文也属于类似题材。此处一定注意上述第三点:题材类似,也得文风类似才行!

第三,如果前两点都选不出合适的刊物,那么再极端一点儿,搜搜你身边的师兄师姐都把论文发到哪儿了。毕竟,这些刊物已经对咱们的博士生释放了善意,对吧?不过,如果你师兄师姐的论文是由导师作第一作者,你投稿一定要慎重。这种刊物很可能是以上第二点当中"对作者身份有要求"(只接受教授投稿或不接受学生投稿)的。你有把握劝说你导师来当第一作者吗?

第四,如果前三者都不成,好吧,最后一招,去找排名不那么靠前且此前大量刊发过博士生论文的刊物(此处"大量"的标准为 10% 以上,即每期 10 篇论文里至少有一篇是博士生为第一作者)。不管有枣没枣都要打一竿子,没准儿你就开拓了一个投稿新据点呢?

注:据本人经验,刊物选择通常走到第二步且略微结合第三步就足以搞定,所以不要紧张!

关于拒稿的那些小事儿

不论是博士生还是"小青椒",论文被拒都不是啥稀罕事儿。为此郁闷一番也实属正常。出于苦中作乐的乐观主义精神,特搜集一批神奇的拒稿故事,让大家乐呵乐呵,明白自己居然还不是最惨的,从而鼓起勇气迎接更多的拒稿。

1. 神奇的拒稿时间

编辑们通常是特别敬业的一个群体,因此拒稿时间可以千奇百怪。比如我就曾经在大年三十当天收到拒信一封,我自己都纳闷:这编辑难道也享受法定节假日三倍薪水?

2. 神奇的拒稿理由

传说中的"大作与本刊风格不合,拟不刊用"已经不新鲜了,比较新鲜的拒稿理由包括:您的选题很好,但这个选题只适合教授来写(而您不是);您的论文不错,但本刊从来不发表这个题材的文章(那我咋知道?);此栏目只接受约稿(你不早说!)。

3. 特别实诚的编辑

有的杂志不仅拒稿,还老老实实地告诉你真实的拒稿原因。比如说,"我们在终审环节对您的论文展开了激烈的辩论,最后以微弱的优势决定不采用您的文章"。再比如说,"我们讨论一致认为,您的选题很好,但怎么被您写成这个样子"。

4. 特别漫长的审稿流程

你能想象到距离投稿日期4年的拒稿信吗?

5. 特别迅速的拒稿

邮件投稿,10分钟后得到回复:"不好意思,我们的这个版块,稿子都排到年底了。您要不换个地方再投?"

6. 最让人伤心的拒稿:不拒绝、不主动

投进去之后直接永久停留在"收稿",3个月之后系统自动拒稿。啥,你问我咋知道的?系统显示的投稿时间和3个月之后的拒稿时间是完全一样的,连一秒钟都不差!

那些没能写出毕业论文的博士生,究竟是败在了哪里?

有段时间,国内各大高校加紧对超期答辩博士生的清理工作,博士生的"毕业难"问题再次引发大家的关注。以本人所在专业为例,有30%的博士能按时毕业就已经是一个很好看的数据了,绝大部分博士都延期、超期,甚至最后被清理。那么人们就会问,按理说这些能考上博士的人也都是聪明人,为什么读博士的过程对他们来说这么艰难?是他们的智商还不够吗?

其实这本质上不是智商的问题,而是考博和读博这两件事儿性质不一样,对人的能力要求也不一样。考博士就是把专业的知识和要求掌握了就好了,内容基本固定、有迹可循。读博士需要写论文,而写论文是一个漫长的研究过程,这个过程很多东西都需要自己慢慢参透、慢慢领悟、慢慢积累。读博士就像是做一个3—8年的项目,需要用项目经理的思路对论文写作工作进行管理。

也就是说,新手博士生需要在入学伊始就把自己的论文写作当作一个大型项目,进行所谓的项目管理,即把项目运作需要的各种资源进行梳理和整合,在规定时间、预算和质量的要求下完成项目的各项工作,以便能够最

齐头并进 一起飞!

终实现毕业的宏大目标。

写博士论文需要:检索大量的文献;大量阅读以及思考;发现问题及做好解决该问题必备的理论和实践储备;有逻辑且顺畅地写出来。其中光检索就是一个很耗神的工作,要反复进行很多次并且检索多个数据库,检索出来的文献要符合"四性"(参见:《什么是参考文献的"四性",同学你做了一个"假"参考文献》)。这么说吧,写一篇博士论文没有几百篇中英文文献以及上百本专著作参考根本就是扯淡,这些文献是需要管理的,这本身就是一个很浩大的工程。

而后,阅读量就更大了,需要边读边做笔记。这么说吧,没有个几百万字的笔记,也不会出来十几万字的博士论文,可见这也是一个量非常大的工作,需要管理,博士生应该清晰地安排每天的阅读量和笔记量,并对博士期间的笔记进行分类管理。

思考就是个更烧脑的工作了，刚开始的思考总是零星的、片面的。后期随着阅读量的增加，思考的东西也开始出现井喷，超出你的控制能力，这时候随身带一个小本子，把自己的思考内容记录下来，并且隔一段时间就进行整理是一个特别好的习惯。总之，博士生要对自己大脑里不停闪现的思路和灵感进行管理。

问题意识的寻找是更困难的事情了。之前的阅读和思考还是在别人的文献基础上进行的梳理，也就是说大脑做的工作还是"加工、整理和消化"，从寻找问题意识开始是大脑自己开始产生新的东西。输入别人的东西和输出自己的思想本身就是难度系数不同的工作。刚开始，你的大脑对于什么是问题的认识是粗浅的、不成体系的，甚至冒出了多个相互关联，但是你又无法整合的想法，有时候你的大脑里又空空如也，什么也没有。不管怎样，你需要按部就班地管理你的大脑，让它按时地、源源不断地产生一些问题、产生一些分析和比较，最后一点一点拼凑成写论文需要的那些成千上万的碎片化信息，并将这些信息有逻辑地聚集在一起。而做到这些，需要你的自我管理能力。

最后，阅读了几千万字，笔记写了几百万字，文献组织了几百篇，这些东西不能散落在桌面上或者躺在你的电脑里，你要用你强大的脑力在这些素材中循着你之前的思考进行写作。在写作的时候，你会感到非常困难，因为经常会出现对觉得已经没有问题的东西表达不出来的情况。这种时候不管怎样，每天逼迫自己写作1000～2000字，刺激你的大脑持续产出，而不是放空自己，随遇而安,那样你永远也攒不出来十几万字。

说了这么多,唯一的目的就是想让新手博士们明白,写论文是一个浩大的工程,需要进行项目管理,不仅要整合所有论文写作的资源,还要设计论文写作的流程,优化流程并在落实的过程中对这些流程中的每一个环节进行控制,这样才有可能在规定时间之内按照规定标准完成规定动作。

写一个博士论文写作的项目管理方案吧,每天看着它,每天落实一点点,而不是坐着空想,时而发愁,持续脱发,失眠焦虑,最终延期!

你为什么不会写论文？（代后记）

首先要感谢"女教授跟生活的死磕"微信公众号后台的读者们，若不是大家一贯地支持和一再地要求，这本由公众号前期(截至2020年8月9日)推送的文章结集而成的书就不会出版。我在吉林大学当了18年的老师，一开始，对于学生不会写论文这个问题，我也不知道为什么。为了弄懂这个"为什么"，我开启了探索之路，边探索边把经验通过公众号推送的形式跟大家分享，竟然意外地获得了很多反馈。后台读者的鼓励、提问和回复，让我一直坚持写作并把分享写作经验这件事情当作自己工作的一部分。老实说，不会写论文这件事儿，其实也不能全怪学生。

首先，写作不仅需要知识，还需要思维。

有很多同学特别纳闷，明明自己学习成绩很好，为什么在写论文这个问题上就困难重重。原因在于，成绩好指的是对于知识的理解还不错，但是写论文这件事情光有知识是不行的，它考察的是用知识解决问题的能力。也就是说，知识只是你手中的原材料，你需要用这些原材料去加工制作一个东西。运用知识(原材料)解决问题的过程就是研究过程，将这个研究过程用文字表达出来就是写论文。

在论文写作过程中,我们需要三样东西:知识(理论基础)、思维(逻辑或推理)与语言表达。在这三样东西中,知识可以帮我们发现问题、分析问题和解决问题,但是这个过程需要遵循思维的规律,还要用语言表达呈现出来。所以,光掌握知识以及知识体系是不够的,还要知道这个知识的体系在解决问题的时候是以什么形式和逻辑存在的,以及如何用自己的语言把它们呈现出来。因此,对知识的掌握只是写好论文的必要条件,但不是充分条件,你还需要具备其他技能。

其次,中国的教育擅长知识传递不擅长思维培养。

中国现代高等教育起源于19世纪末的洋务运动后期,那时候中国比较落后,中国的知识分子就开展了向其他国家学习的教育运动,先后仿照日本、德国、美国、英国、法国以及苏联的高等教育模式构建起中国的高等教育体系。这套体系长于知识传递,短于思维培养。学生毕业之后,都具备一套完整的学科知识体系,但是不擅长运用知识解决实际问题。这也是中国教育目前遇到的最大问题。如上文所述,写作不仅需要知识,还需要思维。但是思维的培养目前在中国的教育体系中其实是不系统的,甚至是很薄弱的。这就造成了很多同学在写作的过程中其实没有达到写作所要求的思维水平。所以,当我发现学生在写作过程中遇到问题时,我一般不太忍心苛责他们,因为这也是时代和整个教育体系存在的问题,我们的高等教育也没有教给学生如何思维。

最后,高校对于论文写作的课程设置其实存在问题。

目前，国内开设写作课程的大学很少，即便有高校开设相关课程，其课程内容也主要集中在写作流程的介绍、写作技巧的讲解方面，但这不能满足学生写作的本质需求。学生在写作过程中最需要培养的是思维能力，无论是形式逻辑还是非形式逻辑；论证还是推理；构思还是表达无一不是在考验学生分析、评价以及创新的能力。然而，现在的写作课在上述方面对学生几乎没有帮助，不能满足写作对思维培养的要求。

更多的高校没有专门的写作课，只是给每位同学分配指导教师，这种方式就是默认学生具备论文写作的基本能力，可以直接进入"以干代练"的实践环节，这是错误的。我们的很多学生对什么是论文、论文的文体、论文和研究的关系、研究的要素都不清楚就开始写论文了。此外，指导教师的论文指导也缺少统一规范，充满了个性化和经验主义，不能揭示论文写作的本质规律，在和学生的互动上缺乏界限感、体系性和科学性。更有甚者，老师只是告诉学生看书，没有任何方法论上的和细化的指导，学生看了几年书都没有参透写作的要义，最后还将不会写作的问题归结于自己太笨，对自己过分苛责，这种情况已经酿成了很多惨剧，也是现在的教育需要反思的地方。

以上是中国教育体系中存在的问题，在教育体系中的你和我都脱离不了这个宏观的背景，于是在对学生思维培养和论文指导不到位的情况下，还对学生写作能力要求特别高，想让学生会写作，擅长写作和写出质量上乘的论文，那就是天方夜谭。这种背景下的写作就变成了学生个人素质和悟性的"裸奔"和"血拼"。由于教育体系和指导课程没有安排老师将写作的必要能力都传授给大家,于是只能靠学生自己,至于什么时候能悟透,是否有耐性等到那一天,是否在此过程中始终坚持而不沮丧则纯粹依靠个人天赋。于是,写作就变成了对人性的最大考验,在这场考验中,有人因天赋不够而退场;有人因耐性不够而掉队;甚至有人因耐性不够选择逃避甚至更极端的做法。

是时候结束这种对于写作的"无组织"状态了!让学生在对写作的要求有充分认知的基础上,有机会获得充分的指导,这是我和爬树鱼想要做的事情。这样就会使得那些原本徘徊在写作大门门口的人们有机会走进来;也使得那些不愿意走进来的同学清晰地认识到自己放弃的原因——这不完全是自身的问题,也有外在的因素。如此,他们至少能够保持心智和对论文写作全面的认识,而不是在严重的信息不对称中磨光自己的意志和韧性走进生命的至暗时刻;会使那些在此方面有天赋、有悟性的同学能少走一些弯路,迅速走上学术训练的康庄大道。

我和爬树鱼对于写作这件复杂的事情的探索永远不会停止,今后我们还会继续研究,还会跟大家分享更多心得。感谢微信公众号后台十多万读者的关注和支持,没有大家的提问、认可和鼓励就不会有这本书,也不会持续推动我和爬树鱼思考这个问题。在某种意义上,我们共同完成了对中国高等教育中某个教育环节的思考,而中国教育的历史终将记住我们为这个目标而付出的共同努力。

　　最后,本书从启动到出版历经了近两年的时间,首先要感谢中国政法大学的陈夏红老师,是他鼓励我将微信公众号后台的文章结集出版,给了我和爬树鱼莫大的信任;其次要感谢北京大学出版社、编辑以及相关工作人员的大力支持,这是本书得以顺利出版的重要因素,我和爬树鱼在此向为本书刊印付出艰辛努力的同人们致以最诚挚的问候和深深的谢意!

吉大秋果

2022 年 3 月 23 日于家中封闭隔离